크래프트 맥주 창업론

소규모 크래프트 맥주 전문점 창업 가이드북

크래프트 맥주 창업론

소규모 크래프트 맥주 전문점 창업 가이드북

구본자 · 정봉원
신석호 · 이재훈 공저

미세움

머리말

개성 있는 맛을 뽐내는 크래프트 맥주가 소비자의 입맛을 사로잡으며 '크래프트 맥주 열풍'을 일으키고 있다. 크래프트 맥주를 팔고 있는 전문점도 빠른 속도로 늘어나고 있다.

크래프트 맥주는 단지 훌륭한 맥주나 소규모로 양조된 맥주만을 가리키는 것이 아니다. 열정이나 혁신성, 고결함, 최고의 맛만이 전부도 아니다. 크래프트 맥주란 풍미(flavor, 향미라고도 함), 품종, 재료, 스토리와 연관이 있는 사려 깊은 양조(brewing) 및 음주 방식이다.

양조자가 원하는 스타일의 맥주를 양조하려면 베이스 몰트와 특수 몰트의 색과 맛의 특징을 알아야 하고, 부재료로 사용하는 곡물들, 그리고 수십 종류의 홉, 수백 가지의 효모들의 특징들을 기억하여야 한다. 그리고 양조과정 중 몰트 분쇄의 크기, 당화온도, 발효온도, 숙성온도 및 기간 등을 고려해야 정확한 맥주를 양조할 수 있다.

계획한 맥주를 정확하게 양조하기까지는 재료뿐만 아니라 양조사의 기술적인 부분도 굉장히 중요한 요소들이 많다. 훌륭한 맥주는 단순히 어떤 발견이나 자연의 일부가 아니라 예술작품이고 순수한 의도와 상상력의 산물이라 할 수 있다.

알코올음료를 만들려면 반드시 발효를 위한 당이 필요하다. 포도는 그 자체에 당이 있으나 보리는 맥주를 제조하기 위해 필수요소인 당으로 전환되어야 하는 탄수화물로 이루어져 있다.

이 과정은 탄수화물이 '워트(맥즙, wert)'라 불리는 달콤한 액체인 맥아즙으로 변환되는 매쉬(당화, mash) 과정을 거쳐야만 된다. 워트는 끓이는 과정을 통하여 홉의 쓴맛, 풍미가 만들어지는데, 끓이는 과정 마지막에 홉 향을 더 첨가하고, 맥즙을 차갑게 식힌다. 그 다음 발효용기로 보내지고 효모가 첨가되고 그때부터 신비한 작업이 시작된다. 이 신비한 작업이 끝나면 향긋하고 달콤한 워트가 맥주로 바뀐다. 간단하게 들리지 않는가? 어떻게 보면 그렇다.

본 교재는 크래프트 맥주에 관심이 있고, 크래프트 맥주 전문점 창업자들을 위해 '크래프트 맥주의 기초지식, 재료, 홈브루잉 장비, 상업양조장 허가 및 제조방법, 맥주 전문점 창업 프로세스'로 구성하였다.

교재를 구성하기 위해 많은 학자들의 교재를 참고하였고, 브루마스터들과 크래프트 맥주 전문점을 운영하는 경영자들과 면담을 하였으며, 2017-2018년 일본 크래프트 맥주 연수를 통해 벤치마킹하였다.

2019년 6월

저자 대표 씀

차 례

크래프트 맥주의 기초지식

제 3 장

크래프트 맥주의 장비

제 4 장

크래프트 맥주의 양조 순서

크래프트 맥주의 관능평가

크래프트 맥주 전문점 창업 프로세스

소규모 주류제조자를 위한 가이드북

제 1 장

크래프트 맥주의 기초지식

제1절 맥주에 대한 기초지식

1. 맥주의 탄생

가. 맥주의 어원

맥주는 민족과 나라에 따라 50여 개의 다른 이름으로 불린다.

맥주를 뜻하는 비어(beer)는 두 가지 어원이 있다. '마시다'는 뜻을 가진 라틴어 비베레(bibere)와 '곡물'을 뜻하는 게르만어 베오레(bior)에서 나왔다는 설이다.

현재 한국 주세법에서는 맥주를 '맥아*, 홉** 및 쌀, 보리, 옥수수, 수수, 감자, 녹말, 당분, 캐러멜 중 하나 또는 그 이상의 것과 물을 원료로 발효시켜 여과하여 제성한 것'으로 정의하고 있다.

* 밀, 엿기름을 포함한다.

** 홉 성분을 추출한 것을 포함한다.

세계 각국에서 맥주는 '비어(bier, 독일), 세르비자(cervija, 포르투갈), 비에르(biere, 프랑스), 에일(ale, 영국), 피보(Pivo, 체코·러시아), 비르라(Birra, 이탈리아), 올레트(Ollet, 덴마크), 비어(Beer, 미국), 페이주(碑酒, 중국), 세르베사(cerveza, 스페인)'라고 한다.

맥주를 '세르베사'라고 부르는 국가가 많다. 이는 로마 신화에 등장하는 곡물의 여신으로, 시칠리아 섬의 수호신이기도 한 케리스(ceres)의 이름을 맥주라는 술에 붙인 것이다. 그 옛날 곡물로 만든 술을 일컫는 에일과 연관되었다.[1]

나. 맥주의 태동

1) 고대 맥주의 제조법

맥주의 기원은 BC 3000-6000년경 바빌로니아의 수메르인들에게서 찾을 수 있다는 게 정설이다. 그들은 발효라는 원리를 이용해 빵을 만들었다. 또 이 빵을 가지고 대맥(大麥)의 맥아(麥芽)를 당화(糖化)시켜 물과 함께 섞어 마시기도 했다고 한다. 이것이 가장 오래되고 원시적인 맥아 제조방법이다.

고대 이집트의 맥주 제조법은 거의 완전하게 회화에 남겨져 있기 때문에 옛날부터 상세하게 알려져 있다. 한 연구 자료에 따르면, BC 2200년경에 제작된 고대 이집트의 벽화는 그 시대의 맥주 제조 과정을 잘 보여주고 있다.

그 당시 맥주는 〈그림 1-1〉과 같은 순서로 만들어졌다.

① 대맥을 고른다.

② 대맥을 방아로 찧는다.

③ 찧은 대맥을 가루로 분쇄한다.

④ 물을 넣고 반죽을 한다.

⑤ 반죽한 것을 빵 모양으로 만든다.

⑥ 고인돌형의 불돌에 외부만 약간 누를 정도로 굽는다.

⑦ 빵을 갈아서 항아리에 넣어 물을 가한 후 하루를 방치한다. 농숙한 죽 형태로 된 것을 버드나무가지 체 위에서 눌러 큰 항아리에 흘려 넣어 자연발효를 행한다.

⑧ 첫 발효를 마치고 소비할 맥주만 항아리에 붓는다.

⑨ 나머지는 다른 항아리에 붓고 숙성시킨다.

⑩ 항아리가 넘어지지 않도록 구멍을 뚫어 놓은 평판 위에 세워 저장한다.

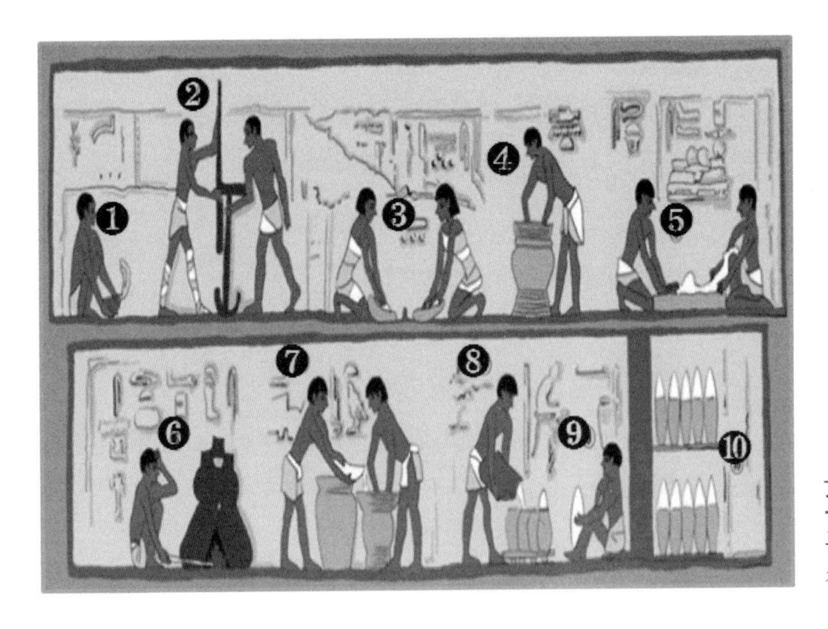

그림 1-1
고대 이집트의 맥주 양조법
자료 : 상게서, p.21. 재구성

2) 수메르 문명에서 시작

문명의 발상지인 메소포타미아 지역 그리고 최초의 가장 발달된 도시를 건설한 민족 수메르인들이 바로 맥주를 발명한 최초의 인류이다. 사냥과 수렵으로 근근이 연명하던 인류는 메소포타미아 지역에서 농경을 시작하면서 비로소 문명이라는 꽃을 피우기 시작한 것이 BC 5500년경이다.

〈그림 1-2〉와 같이 메소포타미아 지역에서 시작된 맥주는 이집트와 로마 제국을 거쳐 유럽 각지로 빠르게 퍼져 나갔다. 특히 영국, 독일, 덴마크, 네덜란드처럼 포도를 재배하기 어렵거나 우수한 양조용 포도를 재배하기 힘든 북유럽 지역에서는 상대적으로 쉽게 재배할 수 있는 곡물을 바탕으로 한 양조가 이루어지게 되어 맥주가 발달하게 되었다.

곡물(보리·귀리)이 비에 젖어 발아한 것으로 만든 빵·죽이 더 맛이 있었다. 빵을 만든 후 뜨거운 물을 부었는데, 거기서 이상한 거품이 생기더니(발효) 씁쓸하고 야릇하지만 정신이 번쩍 드는 액체를 발견하게 된 것이 바로 맥주이다.

고대 이집트 양조업자들은 엄청나게 열정적이었다. 그들은 자

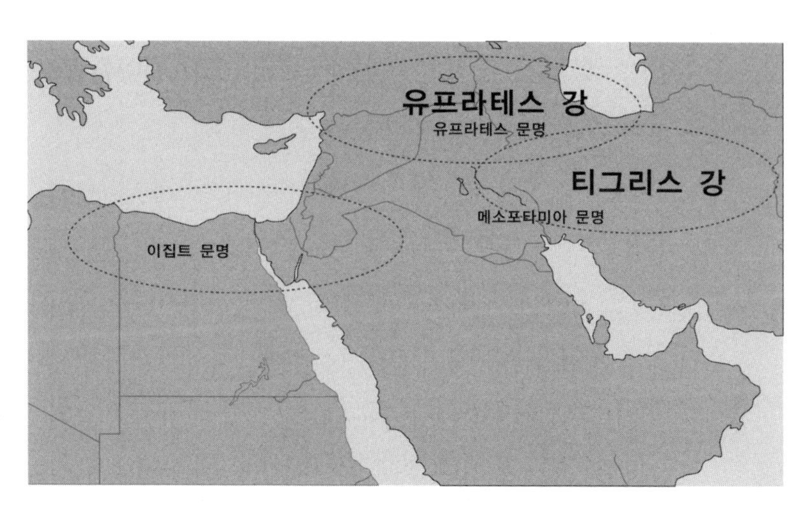

그림 1-2
메소포타미아 문명

그림 1-3
갈대로 맥주를 마시는 모습

신들의 브랜드를 가지고 있었다. 브랜드가 바로 '조이 브린거(Joy Bringer)'이다. 그들은 〈그림 1-3〉과 같이, 갈대로 맥주를 마셨다.[2] 그 당시, 맥주는 저장성이 없고 거품도 없는 단맛이 나는 탁한 저알코올의 음료로, 마시면 기분이 좋아지는 신의 선물이었다.

고대 바빌론의 함무라비 왕(BC 1728–1686) 때의 법전 360조항에 맥주와 관련된 조문들이 있었다.

108조: 맥줏집 여인이 맥줏값으로 곡식을 마다하고 귀중한 은전을 요구하거나 곡물의 분량에 비해 맥주의 분량을 적게 주면 벌을 받을 것이며 물속에 던져지리라.

109조: 죄진 자를 맥줏집에 숨기고 관가에 알리지 않으면 그 주인은 사형에 처하리라.

110조: 수도원에 거주하는 여승 또는 사제가 맥줏집을 내거나 맥주를 마시러 주점에 들어가면 화형에 처하리라.

111조: 맥줏집에서 보통 맥주 60실라(sila, 1실라는 약 0.5ℓ)를 외상으로 주면 추수 때 곡식 50실라를 받으라.

3) 수도원을 중심으로 맥주 제조방법 발달

유럽에 기독교가 정착되기 시작하면서 유럽 전역에 수도원이 세워지게 되었다. 수도원에서 금식기간에 영양 보충용으로 맥주를 지급하자 수도원에 방문자가 늘기 시작하였다. 수도원은 방문자를 위한 맥주를 양조하게 되었다.

영국에서는 당시 맥주를 '에일'이라고 불렀고 전통적인 맥주라고 생각해도 된다. 당시 에일은 누구나 마실 수 있는 음료였고, 지위고하를 막론하고 심지어는 거지들에게도 나누어주는 것이 관습이자 미덕이었다. 수도원을 방문하는 사람이 늘수록 수도사들은 양조량을 늘려 갔다. 특히 절제된 수도사들의 생활과 노동을 중시하는 기독교적 정신으로 맥주 품질은 향상되었고, 노하우도 쌓이게 되었다. 기독교를 인정하고 전파한 로마인들 덕에 맥주 품질과 문화에 일대 혁신이 시작된 것이라고 볼 수 있다.

〈그림 1-4〉는 수도원에서 맥주를 제조하는 그림들이다.

그림 1-4
수도원에서 맥주를 제조하는 그림
자료 : 나무위키

2. 독일 맥주의 태동

북독일의 브레멘, 함부르크, 도르트문트, 쾰른, 아이베크 등의 도시는 12-15세기경에 한자동맹에 가입하고 활발한 해외무역을 벌였다. 이들이 빚은 고품질의 맥주는 유력한 수출품이기도 하였다. 포도밭이 많았던 남부 바이에른 지방에서는 주로 와인을 마셨다. 1618년에 시작된 30년 종교전쟁은 독일 맥주 역사의 축을 흔들어 놓았다. 독일의 전 지역은 전쟁으로 초토화되었고, 그간 번영하였던 북독일 도시들도 모조리 파괴되었다. 남독일의 포도밭 역시 치명적인 타격을 입으면서 포도주 양조가 불가능해지자 남독일의 양조산업은 북독일을 따라 맥주로 바뀌게 되었다.[3]

가. 맥주 맛을 위한 양념

초기에 맥주를 양조할 때, 홉을 사용하지 않고 쓴맛과 떫은맛을 내기 위해 구르트라는 것이 사용되었다. 구르트는 여러 식물의 혼합물을 사용하는 것이다.

구르트 맥주는 〈그림 1-5〉와 같이 '(오른쪽 상단부터 시계방향으로) 생강, 오렌지 껍질, 파슬리, 홉, 고수씨앗, 로즈마리(허브)' 등등 다양한 종류의 약초와 향을 섞은 것이다.

736년 독일 맥주의 시작은 바이에른 지방의 할레타우에서 처음으로 홉이라는 것이 재배되면서부터다. 홉은 처음에는 음식으로 사용되었다가 독일의 브레멘에서 맥주의 재료로 처음 사용되었다

그림 1-5
그루트와 홉의 사용

고 한다. 홉은 구르트보다 맥주의 쓴맛이 훨씬 상쾌하였다. 그래서 양조업자들은 너도나도 구르트를 버리고 홉으로 맥주를 생산하였다. 고객에게는 훨씬 맛있는 맥주를 제공하고, 자신들은 쉽게 상하지 않아 유통기한이 긴 맥주를 팔 수 있었기 때문이다.

그러나 그 당시 교회와 영주들이 구르트를 팔고 사용료를 받는 구르트권을 독점하고 있었기에 양조업자들의 홉 사용을 금지하였다. 홉이 독초라는 헛소문까지 퍼트렸는데, 교회와 영주들은 그 사용료로 부와 권력을 유지하고 있었기 때문이다. 하지만 결국 15세기가 되면서 홉의 맛과 효능은 더 많은 사람들에게 인정받기 시작했고, 16세기에 이르러서는 대주교도 홉의 사용을 허가하고 구르트권 대신 홉의 사용료를 받아내었다. 즉, 지금 우리가 즐기고 있는 홉이 들어간 맛있는 맥주는 정확히는 독일에서 시작하였다.

나. 맥주 순수령 공포

독일 맥주는 다양한 종류로 유명하다. 1614년 하인리히 크나우스트가 쓴 독일 맥주에 관한 최초의 책을 보면 120개 이상의 독일 맥주 종류가 나온다. 맥주에 대한 역사만큼은 독일도 절대 뒤지지 않을 것이다.

독일 맥주는 맛있는 것으로도 유명한데, 이것은 '맥주 순수령' 때문이다. '맥주 순수령'은 1516년 독일 바이에른 주 의회에서 맥주의 품질을 지키고자 공포한 법령이다. 이 법령에 따른 맥주 제조법은 "홉, 보리, 물* 외 다른 어떤 물질도 첨가되어서는 안 된다"고 하였다. 오늘날 효모까지 추가되어 위 4가지 외 다른 성분이 포함되면 '맥주'란 명칭을 쓸 수 없었다.

* 당시 효모는 과학적으로 잘 알려지지 않은 물체였기 때문에 언급되지 않았다.

사실 이 법은 원래 독일이 주식인 빵의 주재료인 밀을 확보하기 위한 목적으로 만들어진 법령이었다. 비록 다른 목적으로 출발했지만 현재 이 '맥주 순수령'은 독일 맥주의 순수함과 맥주의 질을 높이는 데 크게 기여했다고 할 수 있다.

〈그림 1-6〉은 '독일 황제 빌헬름 4세와 맥주 순수령'으로 세계 최초 식품위생법을 공포하였다. 맥주 순수령(麥酒純粹令, 라인하이츠거보트, Reinheitsgebot)은 신성 로마 제국과 그 후신인 독일에서 맥주의 주조와 비율에 관해 명시해 놓은 법령이다. 원문에는 "맥주를 주조할 때에는 홉, 정제수 그리고 맥아만이 사용되어야 한다"고 명시되어 있다. 순수령은 1487년 11월 30일, 바이에른 공작 알브레트 4세가 제정하였는데, 맥주를 만들 때 '물, 맥아, 그리고 홉' 등 단 세 가지 재료만을 사용해야 한다고 밝혔다.

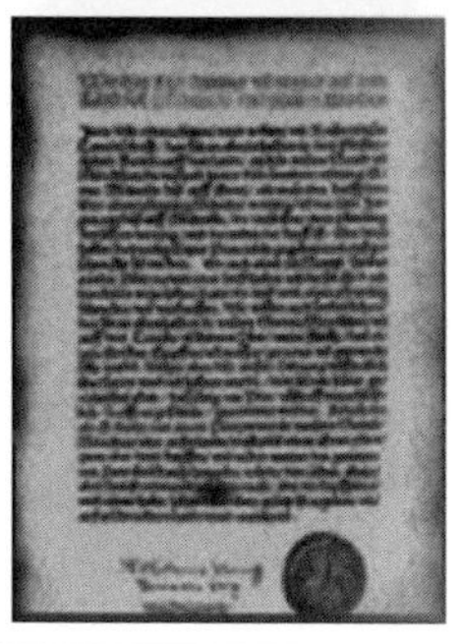

그림 1-6
독일 황제 빌헬름 4세와
맥주 순수령

자료 : Garrett Oliver, *op. cit.*, p.29.

이어서 1516년 4월 23일, 바이에른 공국의 도시인 잉골슈타트에서 바이에른 공작 빌헬름 4세가 공국의 모든 사람들이 이 순수령을 따라야 한다고 공표하였고, 맥주 판매에 대한 기준을 확립했다. 독일에서 맥주가 언급된 최고(最古)의 기록은 974년, 신성 로마 제국의 황제 오토 2세가 지금의 벨기에에 위치한 리에 주의 교회에게 맥주 주조를 허락하며 그 허가증을 부여한 것이다.[4]

맥주 순수령은 더 이상 독일인들이 준수해야 할 법령이 아니다. 이는 1993년 맥주 순수령이 폐지되고 임시 독일 맥주법으로 바뀌었기 때문이다. 현행 법 역시 맥주 순수령이 금지해 온 효모, 밀, 맥아나 설탕 등은 여전히 맥주에 첨가할 수 없고, 발아시키지 않은 보리 또한 맥주에 넣을 수 없다고 쓰여 있다. 그러나 맥주 순수령 원문에는 효모에 관해 언급이 없었다. 이는 19세기, 루이 파스퇴르(Louis Pasteur)가 발효 과정에서 미생물의 역할을 발견할 때까지 효모의 존재를 알지 못하였기 때문이다. 효모는 당시 맥주에 들어가지 않았다. 당시 양조장에서는 이전의 발효 과정에서 나온 침전물을 효모 대신 사용했는데, 이 침전물이 시간이 지나면서 미생물들을 생성하며 다시 발효를 촉진시킨다. 이러한 침전물도 없을 시 통에 재료들을 모두 넣고, 공기 중에 자연적으로 효모가 발생하여 양조되기를 기다렸다.

홉은 맥주의 맛을 깊게 해주는 역할도 중요했지만, 더 중요한 역할은 바로 방부제로서의 기능이었다. 맥주 순수령에서의 홉 사용은 홉이 알려지기 이전에 민간에서 사용하던 여러 보존 방법을 전면 금지하기 위함이었다. 중세의 양조자들은 자칫 위험할 수 있는 재료들을 방부제로 사용했었는데, 그을음이나 광대버섯이 그것이었다. 또한 그루트 허브도 줄곧 널리 사용해 왔으며 쐐기풀이나 사리풀도 자주 쓰였다.

맥주 순수령을 위반하여 순수하지 않은 맥주를 만든 자들에 대한 처벌도 명시되어 있다. 순수령에서 금지한 재료를 넣어 주조한 양조자들은 맥주를 주조할 때 쓰는 통을 무조건 압수당할 수 있었다. 즉, 맥주를 담을 통을 뺏어 해당 맥주의 유통을 금지한 것이다.

독일의 양조장들은 맥주 순수령에 대해 굉장히 자랑스럽게 여기고 있으며, 오랜 세월이 지난 지금도 여전히 준수하고 있다. 몇몇 독일 양조장들은 지역 사회에서 유서가 깊기 때문에 역사적으로도 관계되어 있다. 대표적으로 1516년의 맥주 순수령을 여전히 준수하고 있다고 주장하는 나미비아 맥주가 있다.

맥주 순수령은 본래 밀과 호밀을 놓고 극심한 가격 경쟁을 벌여오던 제빵집과 양조장의 갈등을 무마하기 위해 발의되었다. 이러한 각 곡물간의 사용처를 명확히 한 규제는 보리는 맥주와 빵에 모두 사용하게 하였고, 당시 값이 더 비쌌던 밀과 호밀은 제빵사들이 빵의 주재료로만 사용하게 하였다. 오늘날 많은 바이에른의 양조장들이 맥주를 주조할 때 밀도 같이 넣기 때문에 더 이상 맥주 순수령을 준수하고 있지 않다.

맥주 순수령은 몇 세기에 걸쳐서 바이에른과 독일 전역에 퍼지며 그 근간을 마련해 갔다. 바이에른은 당시 북독일 연방이 통일을 주도하는 1871년, 제국에 가입하는 조건으로 맥주 순수령을 따를 것을 제시하였다. 이는 맥주 순수령에서 명시한 세 가지 재료를 제외한 갖가지 재료를 넣어 맥주를 주조하는 것을 방지하기 위함이었다. 이는 바이에른을 제외한 독일 전역의 양조장에서 극심한 반대를 불러일으켰으나, 독일 제국 정부는 이 조건을 받아들여 맥주 순수령을 따를 것을 각 양조장에 고지하였다.

이에 따라 독일 각지에 퍼져 있던 수많은 맥주 주조법과 지역의 특산품 노릇을 하던 여러 종류의 맥주들, 예컨대 독일 북부 지방의 향신료를 넣어 만든 맥주와 체리 맥주가 쇠락의 길을 걸었다. 대신 이후 맥주 시장을 바이에른의 전통 맥주인 필스너가 장악하기에 이르렀다. 오늘날 극소수의 몇몇 맥주 주조법만이 전래되어오고 있는데, 대표적으로 쾰른의 쾰슈, 또는 뒤셀도르프의 알트 맥주가 계속 옛 주조법을 보존해 오고 있다.

맥주 순수령과 비슷한 취지의 법령도 독일 각지에서 계속해서 발의되어 제정되었다. 1952년, 당시 서독은 맥주 과세법(Biersteuergesetz)을 제정할 당시, 많은 양조장들이 맥주의 주재료의 범위를 늘리는 것보다, 맥주에 세금을 뗀다는 것에 극렬히 반대하였다. 그러나 과세법이 라거 맥주에만 적용되자 라거를 만들지 않는 양조장들은 곧 반대 성명을 철회하고 법을 따르겠다고 밝혔다.

1988년 5월, 유럽 사법재판소는 맥주 순수령을 폐지할 것을 권고하였다. 사실상 맥주를 주조할 때 다른 재료들의 사용을 허용했다. 이 맥주 과세법의 철폐는 수입 맥주에만 국한된 것이었고, 독일 국내에서 주조되는 맥주는 여전히 맥주 과세법과 맥주 순수령을 반드시 준수하여야 했다.

1990년 독일 재통일 이후, 동독 브란덴부르크 근처의 노이첼러에 소재한 수도원 운영하에 있던 노이첼러 클로스터 양조장에서 설탕을 넣은 채로 흑맥주를 주조해 주의 조치를 받았다. 정부와 해당 양조장은 여러 협상 끝에, 양조장이 흑맥주를 '슈바르처 압트(Schwarzer Abt, 검은 수도원장 맥주)'라는 이름으로 재생산을 허락하였다. 그러나 상표에 맥주를 뜻하는 'bier'는 붙일 수 없었다. 곧 독일 연방행정법원에서 이를 특별 행정처분으로 무효화하였다. 10년에 가까운 법적 공방, 이른바 '브란덴부르크 맥주 전쟁' 끝에 노이첼러 클로스터 양조장은 다시 상표에 'bier'를 붙일 수 있게 되어, 지금은 '슈바르처 맥주(Schwarzer Abt bier)'로 판매되고 있다.

1993년에 제정된 임시 독일 맥주법은 맥주 순수령에 몇 개 조항을 조금 덧붙인 것이었다. 물, 발아된 보리, 홉, 그리고 효모만이 하면발효 맥주 주조에만 허용되었다. 상면발효 맥주는 해당 네 가지 재료 외에 여러 가지 맥아와 사탕무, 그리고 수크로스의 사용을 허용하여 하면발효 맥주보다 더 유연한 기준으로 맥주를 만들 수 있었다. 모든 재료와 주조 과정은 또한 새 법에 따라 추가 규제의 대상이 된다고 명시되기도 했다. 오늘날, 독일의 양조장은 맥주 순수령의 후신이나 다름없는 임시 독일 맥주법에 따라 맥주를 제조하고 있기 때문이다.

그림 1-7
독일의 다양한 맥주들

독일이 맥주 순수령을 지금도 철저히 지키고 있다는 것은 오류이다. 맥주 순수령에 따르면, 밀 맥주는 금지된 재료인 밀로 주조한 것이기 때문에 불순한 맥주로 간주되기 때문이다. 이 때문에 독일의 양조장은 자신들 스스로 순수령을 준수하지 않는다는 것을 잘 알지만, 순수령이 유서가 깊기 때문에 상당수의 양조장이 맥주를 홍보할 때, 순수령에 따라 만들었다면서 판매하기도 한다.

유럽 사법재판소에서 그 효력이 정지될 때까지 맥주 순수령은 19세기 초에 바이에른 출신으로 그리스의 왕위에 오른 오톤에 의해 제정되어 100여 년 넘게 시행되었다. 맥주 순수령은 수입 맥주의 유통을 차단하고 일종의 보호무역주의적 장막으로서 옥수수나 쌀, 설탕 등 다른 재료가 들어간 벨기에산이나 영국산 맥주의 유입을 봉쇄하여 자국민들에게 국내산 맥주만을 강요했다는 비판의 대상이 되기도 한다.

'맥주' 하면 빼놓을 수 없는 나라가 바로 독일이다. 세계 최대의 맥주 축제 '옥토버페스트'가 매년 열리는 나라라는 것만으로도 맥주의 아이콘 역할을 한다. 실제 체코, 아일랜드와 함께 연간 개인

그림 1-8
세계 최대의 맥주 축제
'옥토버페스트'

맥주 소비량 베스트 3위 안에 들 정도로 맥주를 사랑하는 나라이다. 또한 지역 맥주 양조장이 약 1300개로 세계 최다 규모를 자랑한다.

3. 영국 에일 맥주와 펍 문화

족발에도 원조가 있고 떡볶이에도 원조가 있는 법, 과연 맥주의 원조는 어느 나라일까?

맥주의 원조를 따지자면 기원전 4000년경으로 거슬러 올라가야 한다. 까마득한 그때 맥주는 메소포타미아의 수메르 왕조에서 탄생하였다. 그 후 유럽으로 건너가 영국, 벨기에, 독일, 체코 등지에서 맥주 문화를 꽃피우기 시작했다. 각 나라마다 다른 맥주의 역사, 문화, 종류들이 탄생하게 된다.

영국을 대표하는 맥주는 에일 맥주이다. '에일'이란 맥주는 브랜드명이 아니라 맥주의 한 종류를 말한다. 맥주는 크게 발효 방식의 구분에 따라 '에일(Ale)', '라거(Lager)', '람빅(Lambic)' 세 가지로 나뉜다. 이 중 람빅은 벨기에의 특정 지역 중심으로 생산되기 때문에 전 세계 맥주로 보자면 에일과 라거가 양대 산맥을 이룬다고 볼 수 있다.

라거의 어원은 독일어의 창고라는 의미인 라거(Lager)라는 명사로 '창고에 저장하다'라는 의미이다. 냉장고가 없던 중세 유럽에서는 완성된 맥주를 상하지 않도록 저장할 서늘한 공간이라고는 지하실이나 동굴밖에 없었을 것이다. 공간적·계절적으로 한정되어 있어서 대량생산이 불가능했으며, 발효와 저장기간이 짧고, 빨리 소비할 수 있는 상면발효 맥주만이 19세기 이전에는 만들어졌다고 한다.

19세기 중후반 냉장기술의 개발로 인하여 맥주를 발효할 공간과 시간적 여유를 확보하게 됨에 따라 하면발효 맥주가 탄생할 때, 마침 산업혁명의 여파로 공장에서 대량생산이 가능하였고, 선박, 기차, 자동차 등의 수송수단의 발달로 다시 만들어진 라거 맥주는 전 세계에 퍼져나가게 된다. 세계에서 생산되는 맥주의 90% 이상은 라거이고, 에일 맥주는 오직 영국, 벨기에, 미국, 독일, 아이랜드 지역에서만 생산하고 있다.

라거는 '톡 쏘는 맛, 깔끔함, 가벼움, 시원함' 등으로 대표되는 맥주이며, 한국에서 생산되는 모든 맥주는 라거 맥주이다. 국산 맥주 이외에 대표적인 수입 라거 맥주로는 유명한 '하이네켄(Heineken), 버드와이저(Budweiser), 밀러(Miller), 아사히(Asahi), 칼스버그(Carlsberg), 칭다오(Tsingtao)' 등 너무 많아서 그 종류를 셀 수가 없을 정도이다.

그림 1-9
라거 맥주
자료 : 네이버 지식사전

라거는 하면발효 맥주를 표현한다. 좀 더 세분화한다면 필스너(Pillsner), 헬레스(Helles), 복(Bock), 엑스포트(Expot), 비엔나 라거라 불리는 메르젠(Maerzen) 등이 있다.

에일 맥주를 표현하자면, 19세기 라거 맥주가 탄생하기 전 유럽에서 만들어지던 맥주로, 라거가 세계 맥주의 대세가 됨에 따라 자연스레 대중으로부터 멀어지게 된 맥주이기도 하다.

세계의 맥주시장은 상면발효의 에일, 하면발효의 라거로 양분되어 있다. 심지어 북한마저도 라거를 생산할 만큼 세계 각지에서 라거를 생산하는데 반해, 에일은 벨기에, 영국 아일랜드, 독일 일부 그리고 미국을 비롯한 세계 몇몇의 매우 실험적이고 열성적인 소규모의 양조장들이 생산하고 있다.

에일은 라거에 비해서 맛이 특색이 있고 풍부하며 깊다는 것이 특징이다. 우리나라에서도 매우 유명한 아이리시, 스타우트, 기네스, 드래프트를 마셔 보면, 이것이 다른 라거들과 매우 비교되고 특징적인 맥주라는 것은 누구나 알 수가 있다.

그림 1-10
에일 맥주
자료 : 네이버 지식사전

라거 맥주와 에일 맥주 둘을 역사로 비교하자면 에일이 좀 더 앞선다. 오랜 역사를 가진 에일 맥주는 맥주를 발효시킬 때 위로 떠오르는 효모, 즉 상면발효 효모로 실온에 가까운 온도에서 만들어진다. 이는 고대 맥주가 처음 만들어졌을 시절부터의 전통 양조방식 맥주로, 현재는 영국에서 가장 많이 양조된다.

에일 맥주는 인공적으로 배양한 효모를 사용하지 않고 대기 중에 떠도는 여러 균체를 이용해 순수 자연적인 환경에만 의지해 발효시키는 맥주다. 이로 인해 드라이하고 강렬한 신맛과 상큼함, 그리고 균류 특유의 텁텁한 질감과 신 뒷맛을 가지고 있다. 뿐만 아니라 상미기한이 사실상 없다.

영국에서 에일 맥주를 즐기기 가장 좋은 곳은 '펍(pub)'이다. 영국의 맥주 문화를 말할 때 절대 빼놓을 수 없는 펍은 'Public house'의 약자로 그 지역 사람들이 모이는 커뮤니티의 중심이다. 성인 중 80%가 일주일에 한 번 이상 펍에 갈 정도로 영국에서 펍 문화는

그림 1-11
영국 펍의 모습
자료 : 네이버 지식사전

일상이라고 할 수 있다. 내무부장관을 지냈던 한 정치인은 펍에 대해 "영국 역사 형성의 하원 역할을 했다"고 평하기도 했다. 또한 아르센 벵거 영국 프리미어리그 아스날 감독은 "펍에서 내 축구 철학을 완성했다"고 말한 일화 등 영국에서 펍이 차지하는 위치는 상상 그 이상이다. 그것은 5만여 개에 달하는 펍의 수만으로도 짐작할 수 있다.

영국의 펍은 몇 가지 특징이 있는데, 가장 큰 특징은 펍의 간판에 가지각색의 그림이 그려져 있다는 것이다. 문맹률이 높았던 시절 글을 읽지 못하던 사람들도 쉽게 펍의 이름을 기억할 수 있도록 관련 그림을 그려 넣은 데서 생긴 전통이라고 한다. 또한 보통 밤 11시경에 문을 닫는데, 마감시간을 종을 울려 알려주는 것도 재미있는 특징이다.

4. 체코 맥주 필스너 우르켈

전 세계인이 마시고 있는 맥주의 90%를 차지하는 라거 맥주의 효시는 바로 체코에서 탄생한 필스너 우르켈(Pilsner Urquell)이다. 오리지널이라는 뜻의 'Urquell'이 붙은 맥주는 필스너 우르켈이 유일하다. 세계에서 맥주를 가장 많이 소비하는 체코인들을 사로잡은 주인공이 바로 필스너 우르켈이다.

1295년 '플젠'이라는 도시가 설립되면서 체코인들만의 맥주 전통 또한 시작된다. 플젠과 맥주의 절대로 뗄 수 없는 역사적인 사건은 13세기 이전으로 거슬러 올라간다. 벤체슬라우스(Wenceslaus) 2세

왕에게 맥주를 양조할 수 있는 권한을 부여받은 시민은 260명이었다. 이들은 본인의 집에서 맥주를 빚어 팔았는데, 수세기 동안 맥주의 맛은 그리 좋지 않았다. 시의원들이 양조권을 뺏기도 하고, 저장 중인 맥주를 버리기도 하면서 질 좋은 맥주를 요구하는 사태가 벌어졌다. 이후 플젠의 양조업자들은 독일 바바리아 지방의 질 좋은 맥주 양조사로 평판이 높은 요세프 그롤(Josef Groll)을 초청해 로컬의 재료로만 맥주를 만들다 보니 완전히 다른 맥주가 탄생하게 되었다. 희고 두꺼운 거품, 맑고 투명한 황금빛, 쌉싸래하면서도 달고 청량한 세계 최초의 라거 맥주인 필스너 우르켈이었던 것이다.

맥주의 역사는 필스너 우르켈의 탄생 전과 후로 나뉜다. 그전에 맥주는 탁하고 짙은 에일에 불과했지만, 투명한 황금빛에 깊고 강한 끝 맛, 가벼운 청량감, 부드러운 목 넘김이 특징인 필스너 우르켈은 독일로 건너가 독일식 필스너를 탄생시키기도 하였다.

플젠에서 만드는 맥주의 맛이 뛰어난 것은 원료에서부터 차이가 났다. 플젠의 물은 경도가 낮은 연수라 맑은 맥주가 만들어졌

그림 1-12
체코 맥주인 필스너

고, 체코 사츠 지역에서 재배하는 사츠홉이 있었다. 오늘날 체코에서 소비되는 맥주의 절반 이상이 플젠에서 생산하는 필스너 우르켈이다.

5. 벨기에 맥주 문화

가. 벨기에 맥주의 개요

벨기에 맥주는 2016년 인류무형문화유산에 등재되었다. 맥주하면 독일이라는 인식 때문에 대중적이지 못한 편이지만 소비량은 몰라도 품질 면에서는 더 뛰어난 맥주가 벨기에 맥주이며, 맥주 마니아들 사이에선 인기가 높은 맥주이기도 하다.

세계적으로 유명한 맥주의 선두 주자는 수도원에서 비상업적으로 제조되는 트라피스트 맥주와 수도원에서 속세의 양조장들이 제조법을 인수받아 만드는 애비 맥주가 유명하다. 숙성기간이 상당히 긴 맥주들이 많고, 트라피스트 맥주 중 트리플, 쿼드러플 같이 도수가 10% 이상인 경우도 있다. 〈그림 1-13〉과 같이, 트라피스트 맥주는 맥주 마니아들의 최고의 로망이며, 트라피스트 맥주 중 '베스트블레테렌 12(Westvleteren 12, 성 식스투스 수도원, 도수 10.2%)'는 죽기 전에 꼭 먹어봐야 하는 맥주 중 톱으로 알려져 있다.

그림 1-13
베스트블레테렌 12와 전용 잔
자료 : www.ratebeer.com

전 세계에서 가장 다양하고 특색 있는 맥주 브랜드를 500여 개를 갖고 있으며, 맥주 펍 및 카페도 많이 발달되어 있다. 벨기에 맥주 카페는 수십 가지의 맥주를 판매하며 각 맥주에 맞는 전용 잔이 구비되어 있는 것이 특징이기도 하다.

벨기에 대표적인 맥주 종류로는 '스텔라 아르투아(Stella Artois), 호가든(Hoegaarden), 레페(Leffe), 듀벨(Duvel), 주필러(Jupiler)'이다. 맥주의 종류를 구체적으로 설명하면 다음과 같다.

(1) 몬고조(Mongozo)

여러 가지 첨가물을 넣어 양조하는 벨기에 맥주들 중에서도 가장 이국적으로 튀는 색깔을 가진 브랜드로, 위게(Huyghe) 양조장에서 위탁 생산하고 있다. 1993년에 내전을 피해 네덜란드로 망명한 앙골라 난민 엔리케 카비아가 1998년에 벨기에 사업가 얀 플뢰르켄스와 합자 형태로 만들기 시작했다. 카비아는 고향에서 기름야자(oil palm)의 열매를 넣는 맥주를 만들다가 유럽으로 망명하였다. 이 양조법은 유럽식으로 개량하여 몬고조 팜넛(기름야자 맥주)으로 양조되었다. 몬고조 팜넛은 케냐와 탄자니아의 바나나 맥주 제법을 응용한 몬고조 바나나로 출시하였다. 이것은 유럽 맥주 업계에 아프리카식 양조법을 도입한 브랜드가 되었다. 공동 창업자 중 카비아가 2003년에 사고사한 뒤로는 플뢰르켄스가 단독으로 브랜드 소유권을 갖고 운영하고 있다. 2003년에 볼리비아의 퀴노아 맥주를 응용한 몬고조 퀴노아, 2005년에 코코넛을 넣은 몬고조 코코넛, 2008년에 망고를 넣은 몬고조 망고를 론칭했다. 2010년에는 페일 라거 맥주인 프리미엄 필스너도 만들기 시작했고, 이어 글루텐 알레르기 때문에 밀 맥주를 못 마시는 소비자들을 공략해 밀 맥아 대신 메밀 맥아를 첨가한 메밀 맥주 몬고조 벅위트 화이트를 출시했다. 모든 맥주의 원료는 유기농으로 재배한 것을 공정무역 절차를 거쳐 수입해 쓰고 있다는 점을 강조하고 있다. 한국에는 2017년 초반 롯데마트를 통해 바나나, 코코넛, 망고와 메밀 맥주가 들어오기 시작했다.

(2) 빌리안 브로이(Willianbräu)와 마르텐스(Martens)

이마트에서 영어식 표기인 '빌리안 브로이/마튼즈'라는 이름으로 수입해 자사 매장에서만 판매하는 맥주로, 둘 다 네덜란드와 가까운 벨기에의 보홀트(Bcholt)에 있는 마르텐스 양조장에서 만든다. 빌리안 브로이 브랜드는 바이첸과 알트 에일, 다크 라거, 무알코올 네 종류가, 마르텐스 브랜드로는 필스너, 골드, 엑스포트, 바이첸 네 종류와 레모네이드를 섞은 저알코올 칵테일 맥주 라들러가 수입되어 시판되고 있다. 서부 독일의 알트 맥주 제조법으로 만드는 알트 에일의 경우, 영국산 에일의 가격이 부담스러운 이들이나 독일식 알트 맥주를 맛보고 싶은 이들에게는 가장 싸고 접근성 좋은 품목이다. 다만 브랜드 이름만 다를 뿐 겹치는 종류의 맥주가 몇 가지 있다. 예로 엑스포트의 경우 같은 양조장 제품임에도 담부르거(Damburger)라는 브랜드명으로 팔리는 캔 제품이 있고, 필스너도 하켄베르크(Hackenberg)라는 브랜드의 캔 제품이 따로 있다.

(3) 오이페너(Eupener)

벨기에 독일어 공동체*의 행정수도 오이펜의 맥주이다. 1990년대 중반 양조사업이 접혔다가 10년 후 프리미엄으로 유명한 벨기에 맥주 하크(Haacht) 양조장에 의해 부활, 현재는 뢰번 근처에서 양조되고 있다. 한때 독일이었던 곳의 맥주인 만큼 레시피는 독일식 맥주 순수령을 따르고 있다. 판매 지역이 벨기에 독일어 공동체

* 인구 약 8만 명.

에 한정된 조건인지라 현지 바나 레스토랑에서만 접할 수 있는 맥주*이다.

* 2012년경 1년 정도 병맥주로 한시 판매한 적이 있으나 규모가 부족하여 생산이 중단되었다.

(4) 세인트 버나두스(Saint Bernardus)

버나두스 양조장은 베스트블레테렌 12를 만든 세인트 식스투스 수도원, 즉 성 식스투스 수도원으로부터 라이선스를 받아 46년간 맥주를 만들었다. 이 46년 동안에 베스트블레테렌 출신의 브루마스터인 매티유 스자프란스키가 양조자와 동업자가 되어 레시피, 노하우, 세인트 식스투스의 이스트를 도입시켜 트라피스트 베스트블레테렌, 세인트 식스투스, 식스투스 등의 이름으로 트라피스트 맥주를 판매하기 시작했다. 1992년 라이선스가 끝나 계약이 만료되었으나 이미 사업이 돌이킬 수 없이 커지는 바람에 성 식스투스 수도원과 관계를 청산하고 독자적인 길을 가게 된다. 그러나 트라피스트 수도원인 성 식스투스 수도원으로부터 직접 노하우를 전수받은 것으로서 맥주의 질이 트라피스트 에일과 비교될 정도로 유명하다.

(5) 어베이 데 락(Abbaye des Rocs)

에일 전문 맥주 브랜드로 1979년에 벨기에의 마을 몽띠니-슈흐-혹(Montignies-sur-Roc)에서 만들기 시작했다. 우리나라에서는 어베이 데 락 브륀(Abbaye des rocs Brune), 어베이 데 락 그랑 크뤼(Abbaye des rocs Grand cru) 두 종류의 맥주를 수입하고 있다. 어베이 데 락 브륀은 숙성된 바나나, 스위트 체리, 레몬 등 여러 과일의 풍미가 느껴지는데, 달콤한 맛으로 시작해서 중반에는 엷어지다가 시큼한 맛으로 마무리되는 신비한 맛의 맥주이다. 어베이 데 락 그랑 크뤼는 강하고, 풍부한 체리, 복숭아의 과일 아로마 풍미가 인상적이고 피니시는 초콜릿, 로스팅 아몬드의 맛으로 마무리되는 맥주이다.

(6) 칸티용(Cantillon)

브뤼셀 도심에 위치한 양조장으로 가장 대표적인 람빅 양조장이다. 국내에는 기본 라인업인 칸티용 괴즈, 칸티용 크릭, 그리고 큰 병인 칸티용 감브리너스, 칸티용 세인트 길로이즈가 들어와 있다. 벨기에 여행자에게는 맥주 박물관으로 유명하며, 높은 품질의 람빅을 다양한 시도로 만든다.

(7) 블랑쉬 드 브뤼셀(Blanche De Bruxelles)

도수 4.5%의 밀 맥주로 벨기에의 대표적인 화이트 맥주들 중 하나로 꼽힌다. 중앙에 그려진 오줌 싸게 동상 심벌 때문인지 맥주만큼이나 맥주 라벨도 인기가 많다고 한다. 부가재료로 코리안더 씨앗과 오렌지 껍질이 들어가 호가든과 상당히 흡사한 맛과 풍미를 느낄 수 있다. 그야말로 벨지언 화이트 맥주의 전형적인 표본이다. 한국에서는 호가든의 훌륭한 대체재로 주목받고 있다.

(8) 킹덤 오브 벨지엄(Kingdom of Belgium)

저가 수입 맥주지만 사실상은 이전부터 들여오던 마르텐스 양조장의 필스너와 밀 맥주, 엑스포트를 리패키징한 것이다. 기존의 마르텐스 양조장제 수입 맥주들이 온갖 다른 브랜드명으로 팔리던 것을 통일시킨 것으로 보이는데, 다만 빌리안 브로이 브랜드로 들여오던 다크 라거와 알트 에일 두 종류는 이 시리즈로 론칭하지 않고 종전 그대로 수입되고 있다.

나. 21세기 비어벨트

21세기 비어벨트는 어떤 모습일까?

맥주는 유럽으로 건너가 다양한 모습으로 발전했다. 술로 유럽을 나눈다면 '와인벨트(wine belt)'와 '비어벨트(beer belt)'로 나눌 수 있다.

영국, 아일랜드, 독일, 벨기에, 체코 등 북유럽 국가들이 맥주 강대국이다. 이들 나라를 하나로 묶은 곳이 이른바 '비어벨트' 지역이다. 주요 와인 생산 국가들이 속해 있는 '와인벨트'보다 위도가 조금 높다. 북유럽의 경우 포도 재배가 어려워 각지에서 보리를 원료로 맥주를 제조하면서 유명세를 떨치게 된 것으로 보인다.

비어벨트 지역을 살펴보면, 체코 쪽으로 가면 라거의 전통이 강하고, 영국 및 아일랜드 쪽으로 가면 에일의 전통이 강하다. 생산량이나 소비량으로 볼 때 전 세계적으로 라거가 대세다. 특히 라거 가운데 필스너 계열의 맥주가 전 세계 맥주의 90%를 차지하고 있으며, 우리나라를 비롯해 아시아 국가에서 생산되고 소비되는 맥주는 거의 모두 라거이다.

비어벨트의 한가운데에 자리 잡고 있는 벨기에도 맥주 강국으로 불린다. 벨기에 대표적인 맥주는 람빅이다. 앞서 언급한 맥주의 발효 방식에 따른 세 가지 종류 중 하나인데, 람빅은 효모를 인공적으로 첨가하지 않고 공중에 떠다니는 천연 효모로 발효시킨다.

〈그림 1-14〉는 벨기에 파요턴라드(Pajottenland) 지역과 브뤼셀 일대를 중심으로 생산되는 자연발효식 맥주이다. 명칭의 유래는 파요턴란드 할러(Halle)의 렘비크(Lembeek) 마을에서 유래했다는 가설

그림 1-14
람빅 맥주

이 가장 유력하다.

완성된 람빅은 시간이 아무리 지나도 맛이 변하지 않는다. 물론 잘 밀봉되어 있고 적절한 온도를 지키고 직사광선을 피해 준다면 말이다. 발효 과정에 매우 세심한 주의가 필요하긴 하지만 일단 완성되면 산패되기 가장 어렵다니 아이러니하다.

맥주의 원형이라고 할 수 있으며 발효의 제어가 힘들지만, 양조에 성공했을 때의 맛과 향의 종류가 풍부하고 다양하다는 장점이 있다. 처음 접하는 이들은 식초 같은 신맛과 치즈 같은 구린내 때문에 쉽게 손을 대기 힘들다는 난점도 있다.

현재는 람빅의 원액을 마시기보다는 괴즈 등 다른 람빅의 재료로 이용하거나 벨기에 전통요리의 맛술로 유용하게 사용한다. 브뤼셀이나 브라반트 일대의 레스토랑에서 홍합요리 등에 필수 조미료로 람빅이 사용되는데, 치즈나 식초가 동시에 들어간 듯한 풍미가 느껴지는 신기한 체험을 할 수 있다. 가열하다 보니 알코올은 전부 사라지지만 특유의 개성만은 남아 있다.

람빅은 한국에서 흔히 접할 수 있는 라거 맥주와 전혀 다른 시큼한 맛이 나서 처음 접하면 생소한 느낌을 받을 수 있다. 하지만 람빅의 매력에 한 번 빠지면 헤어나지 못한다고 한다. 그만큼 벨기에를 대표하는 특색 있는 맥주라 할 수 있다.

전 세계 맥주 소비량을 보면 체코가 1위, 아일랜드가 2위이지만, 맥주의 본고장으로 알려진 독일이 꼽히는 건 이런 배경 때문이다. '독일 = 맥주'의 이미지가 굳어진 것은 15세기경 독일 바바리아 지방에서 탄생한 라거 맥주 때문이다. 그 이전까지 맥주의 효모가 발효를 끝내면 거품과 함께 위로 떠오르는 상면발효가 주류였지만, 이 시기 효모를 맥주통 밑에 가라앉혀 발효시키는 '하면발효법'이 새로 개발됐다. 라거는 하면발효를 위해 일정 기간 창고에 맥주를 저장하면서 붙여진 이름이다.

라거가 오늘날처럼 대량 유통되기 시작한 건 1800년대 중반 독일 맥주회사 슈파텐의 제들마이어가 영국의 '페일 에일*' 기술을 가져와 라거에 도입한 '페일 라거'를 만들면서부터다. 라거가 에일을 누르고 맥주의 주류가 된 건 1950년대부터다. 모튼 카우츠란 뉴질랜드인이 라거 맥주 생산기간을 단축시키는 기술을 발명했다. 곧바로 라거 맥주가 양산되기 시작해 순식간에 라거가 에일을 압도하게 됐다.

* 에일 맥주 가운데 색이 밝은 것.

이밖에 비어벨트에서 만들어지는 각 국가의 대표 맥주를 연대순으로 소개하면 다음과 같다.

(1) 스텔라 아르투아

라틴어로 별(star)을 뜻하는 스텔라 아르투아는 1366년 이래 맥주 마을로 불려온 벨기에 루벤에서 유래된 600년 전통의 라거 맥주다. 스카치 위스키를 만드는 방식으로 생산돼 체감 알코올 도수가 본래 도수인 5.2%보다 높게 느껴진다.

(2) 크로넨버그 1664

프랑스 판매 1위인 '크로넨버그 1664(Kronenbourg 1664)'이다. 1664라는 이름에서도 알 수 있듯 300년 이상의 전통을 자랑하며 에펠탑 형태의 병 모양으로 프랑스 파리를 연상하게 하는 시각적인 멋까지 느낄 수 있다. '홉 중의 캐비어'로 불리는 알사스산 홉으로 목넘김이 부드럽고 진한 벌꿀의 맛과 향이 오래 남는 것이 특징이다.

(3) 기네스

아일랜드의 명물, 기네스 맥주는 1759년 아서 기네스(Arthur Guinness)가 만들었다. 구운 보리의 구수하고 쌉쌀한 향이 깃든 '드라이 아이리시 스타우트' 맥주로 흑맥주의 글로벌화에 성공한 대표적인 사례다. 상면발효로 만드는 포터 맥주(Porter beer)다.

(4) 하이네켄

1863년 네덜란드에서 설립된 하이네켄은 당시 하면발효라는 새로운 양조 방식과 암스테르 강 물을 사용한 전략으로 차별화에 성공했다. 오늘날 세계 맥주 시장을 평정한 세 가지 맥주 상표 중의 하나로 세계 어디를 가도 있을 정도로 널리 퍼져 있다.

(5) 벡스

독일 북서부 브레멘에서 창시자의 성을 상표로 1873년 만들어진 벡스(Becks)는 전통적인 독일 맥주 제조법에 따라 제조돼 전 세계 120여 개국에서 판매되는 정통 독일 라거 맥주다.

(6) 칼스버그 필스너

안데르센과 함께 덴마크의 2대 자랑거리로 불리는 칼스버그가 생산하는 맥주 가운데 가장 유명한 맥주가 칼스버그 필스너(Carlsberg Pilsner)다. 로고는 1904년, 덴마크의 건축가 토르발트 빈데스뵐(1846-1908)이 당시 전 세계적으로 유행하던 아르누보 양식을 바탕으로 디자인한 것으로, 로고 위에 그려진 왕관은 덴마크 왕실이 인증한다는 일종의 라이선스다. 이로 인해 사람들은 칼스버그를 왕실을 의미하는 '커트(court)'라는 이름으로 부르기도 한다.[5]

6. 미국 맥주

가. 아메리칸 크래프트

신대륙 발견 초기에는 영국에서 건너온 사람들이 상면발효 맥주를 만들어 마셨으나, 이후 '독일, 영국, 아일랜드, 이탈리아, 동유럽'의 사람들이 모여들면서 그들이 본토에서 익힌 맥주 양조 기술을 미국에서 펼쳐 보인 것이 버드와이저 밀러와 같은 하면발효 맥주가 발달하였다. 1920년 금주령 때문에 주류업계가 휘청거리게 되었다가 1930년대 이후 금주법이 해제되면서 다국적 거대 맥주회사가 등장하게 된다. 현재 미국은 세계 최대 맥주 생산량과 판매량을 기록하고 있다.

1961년에는 미국 전역에 활동 중인 양조장이 230곳, 1970년에는 142곳만이 존재했던 대기업 양조장에 의해 소규모 양조장들은 위기를 맞고 있었다. 1978년 미국 대통령 지미 카터는 홈브루잉(home brewing, 자가 맥주 양조)을 공식적으로 승인하면서 미국의 맥주 문화는 본격적으로 꽃을 피우기 시작하였다. 차고, 뒤뜰, 창고 등에서 취미 삼아 자신만의 맥주를 만들던 사람들이 소규모로 맥주 판매 사업을 시작하여 호응을 얻자 점점 규모가 큰 양조장으로 성장하게 되는데, 그 유명한 시에라 네바다의 설립자 그로스맨과 가무시(Ken Grossman & Paul Camusi) 등이 홈브루어로 시작하여 성공한 사례이다. 또한 40ℓ의 양조시설만으로 맥주사업을 시작한 도그피시 헤드의 샘 칼라지오네(Sam Calagione)는 2011년에는 구글로부터 '구글 직원들의 화합을 이룩할 수 있는 맥주'를 의뢰받는 유명인이 되었다.

소규모로 시작하기에 시장성, 사업성에 구애받지 않고 자신만의 개성 있는 맥주를 만들 수 있었던 미국의 홈브루어(자가 맥주 제조자)들은 각자의 양조장, 브루펍(brewpub, 자가 제조 맥주를 파는 선술집) 등을 세우기 시작하였다.

1980년에는 가동 중인 맥주 양조장이 미국 전역에 80곳에 불과했지만, 2001년에는 1400곳, 2009년에는 1500곳으로 늘어난 원동력은 정부에서 허용해 준 낮은 사업규제가 일차적이며, 그로 인해 열정적인 맥주 양조가들이 만들어낸 창의적인 맥주의 탄생이 이차적, 그러한 맥주들에 호의적인 사람들이 많은 미국 크래프트 맥주

문화가 성장하였다.

그러나 미국 내 버드나 밀러 같은 대기업 맥주의 시장 점유율은 아직도 약 92-93%, 소규모 양조장들의 맥주 점유율은 7-8%라고 한다. 그래도 미국에서 7-8%면 엄청난 수치이다. 미국의 수많은 소규모 양조장에서 만들어내는 맥주들은 각 국가를 가리지 않는다. 영국, 독일, 벨기에, 체코, 아일랜드 등 모두 받아들여 양조해내며, 오히려 그것들을 미국식으로 재해석하기까지 한다. 맥주에 어떤 재료를 사용하든 먹고 죽는 것만 아니면 상관이 없고, 오리지널 맥주 스타일을 뒤집어 새로운 것을 창조해내고*, 심지어는 이미 멸종된 맥주 스타일을 재복원하거나 잘 알려지지 않은 스타일의 맥주들을 직접 양조해 선보이기도 하였다.**

* 예를 들어 호펜바이세.

** 예를 들어 그래처, 고제, 브로이한, 아메리칸 사우어.

이와 같은 미국 소규모 양조장들의 실험정신은 오히려 유럽의 양조장들에게 영향을 주었는데, 영국, 덴마크, 네덜란드, 벨기에, 이탈리아 등지의 젊은 양조장들은 유럽 맥주의 문화유산과 미국식 창의성을 겸비한 매력적인 곳으로 거듭나고 있다고 한다.

나. 아메리칸 라거

20세기로 넘어가는 전환기에 미국에서 맥주를 마셨다면, 그때 즐긴 맥주는 오늘날 대량생산되는 밍밍한 라거와는 공통점이 별로 없을 것이다. 금주령 이전의 라거는 풍미가 진하고 복합적이었다. 이 라거를 양조한 이들은 유럽 이민자들로, 효모 배양균을 가득 채운 짐과 양조 지식으로 꽉 찬 두뇌를 갖고 미국에 도착한 사람들이었다.[6]

미국 정착 직후 이 양조 장인들은 에일 골수팬들을 도수가 높은 맥아 보크와 같은 라거 애호가로 바꿔놓기 시작했다. 이 보크는 뉴요커들의 봄철 기호 맥주로, 또는 치료 효능이 있는 약물로 판매된 시절도 있었다. 한때 시장을 잠식하던 과일향의 에일 애호가들을 다시 끌어오기 위해 라거에다 오렌지 껍질과 주니퍼베리를 향신료로 쓰기도 했다.

미 중서부와 동부 연안에서는 옥수수를 사용한 페일 라거가 크게 유행했다. 오늘날 '옥수수'는 욕으로 통하며, 이를 사용하는 양조장은 원칙을 무시한다는 조롱을 받는다. 그러나 이런 토착 원료는 초기 라거 양조업자에게는 필수였다. 이들에게 미국 보리는 거칠었고, 유럽 보리는 수입 가격이 만만치 않았다. 방법은 미국 보리 맥아를 옥수수와 섞는 것이었다. 그 결과 차분한 달콤함이 더해졌고, 수입된 독일 홉과 궁합을 이루어 미국 시장을 잠식한 묵직한 라거가 탄생했다.

라거의 인기는 올라갔지만 금주령*을 만나 빠르게 추락했다. 대공황이 라거의 몰락을 부채질하더니 모래폭풍(dust bowl)**과 제2차 세계대전으로 맥주 원료가 귀해지면서 더욱 어려워졌다. 양조장들은 문을 닫거나 통합되었다. 미 중서부와 동부 연안의 라거는 갈수록 쌀의 함량이 높아져, 쌀이 풍부한 미 서부 연안에서 인기가 높았던 순하고 홉의 향이 덜한 서부식 라거와 비슷해지기 시작했다. 포틀랜드 지역 헨리 웨인하즈(Henry Weinhard's)는 당시 인기 있는 양조장이었고 지금까지도 라거를 생산한다. 현재는 밀러쿠어스(MillerCoors) 사가 이 브랜드를 소유하고 있다.

쌀은 청량감 있고 가벼우며 갈증을 해소해 주는 라거 생산에

* 18차 수정헌법에서 제정됐고, 1920년 1월 17일 발효되었다가 1933년 12월 5일 폐지됐다.

** 1930년대 미국 중부를 황폐화시킨 가뭄과 먼지.

일조해 폭넓은 소비자 층을 끌어들였으며, 슐리츠(Schlitz), 햄즈(Hamm's), 칼링 블랙 라벨(Carling Black Label)은 물론 버드와이저와 같은 브랜드가 성장할 수 있는 길을 닦아주었다. 하지만 그동안 시장을 잠식하고 있던 투명한 미국 라거에는 죽음의 그림자가 드리웠다.

20세기 상당 기간 동안, 라거는 미국 맥주를 의미했다. 사람들이 맥주를 마시고 있다면 라거일 확률이 높았다. 따라서 1980-1990년대에 크래프트 양조 운동이 확산되기 시작했을 때, 양조업체들은 대세를 모방하지 않았다. 당시 양조업체들은 미국이 꺼려왔던 풍미 위주의 풀바디 맥주로 돌아가기를 갈망했던 것이다. 시에라 네바다 페일 에일, 더슈츠 블랙 뷰트 포터(Deschuter Black Butte Porter), 스톤 아이피에이(IPA)는 당시의 상황에서 급격히 이탈한 결과물로, 맥주와 풍미는 상호 배타적인 개념이 아님을 보여주었다.

이렇게 해서 점점 극단적이고 결정적으로 라거와 다른 더블 IPA, 임페리얼 스타우트, 통 숙성의 사우어 에일과 와일드 에일 등이 부상해 인기를 얻었다. 미국 양조업체들은 맥주의 경계를 어디까지 늘릴 수 있을까? 한계점에 도달했다고는 생각지 않는다. 기쁘게도 미국 양조장들은 오명 투성이의 라거를 정성을 다해 감싸주면서 출발선으로 되돌아가고 있다.

라거는 여러 전선에서 부활하고 있다. 첫째로, 양조장들이 시간여행을 하면서 금주령 이전의 맥주를 부활시키고 있다. 오리건 주의 풀 세일 양조장은 통통한 11oz(약 310g) 병으로 판매하는 세션 라거 시리즈 외에 한정판 라거인 LTD 라인을 생산하고, 네브래스카의 럭키 버킷 양조회사(Lucky Bucket Brewing Co)는 금주령 이전의 꽃

향이 나면서 맥아의 풍미가 가벼운 라거를 양조한다.

캘리포니아 주, 패서디나의 크래프츠먼 양조회사(Craftsman Brewing Company)는 소량의 옥수수로 1903 라거를 만들며, 1829년 설립되어 지속적인 성장세를 보이는 캘리포니아의 D.G. 유엔글링 앤드 선 역시 옥수수가 들어간 자사 대표 맥주 유엔글링 라거(Yuengling Lager)를 출시할 예정이다.

그러나 라거의 트렌드를 과거에 대한 향수로 설명하는 것은 어리석은 짓이다. 크래프트 양조업체는 한때 에일의 전유물이었던 혁신적인 사고를 라거에 적용해 홉 향이 강한 독특한 라거, 전통을 존중하면서도 새로운 라거를 생산하고 있다.

시카고의 메트로폴리탄 양조장(Metropolitan Brewing)은 독일 맥주를 주로 생산하는데, 치포틀레 고추로 풍미를 낸 비엔나 라거와 호밀을 넣은 둥켈 스타일의 다크 라거 같이 양조장 한정판으로 진행하는 어번 에볼루션(Urban Evolution) 시험 제품에서 입증되듯이 스타일과 획기적인 변화를 모두 추구한다.

뉴햄프셔의 스로백 브루어리(Throwback Brewery)는 드라이 홉(dry hops) 공법으로 필스너에 볶은 할라페뇨를 첨가해 생맥주 전용인 스파이시 보헤미안(Spicy Bohemian)을 생산한다.

샌디에이고의 밸러스트 포인트 양조장은 1년 내내 다양한 일곱 가지 라거를 생산하는데, 그중에는 어밴던 십 스모크트 라거, 가끔 브랜디 통에서 숙성을 거치는 묵직한 내비게이터 도펠복(Navigator Doppelbock), 패섬 인디아 페일 라거(Fathom India Pale Lager)가 있다.

향기로운 IPA와 상쾌한 라거가 결합된 인디아 페일 라거에도 뭔가 달리 만들어낼 구석이 있다. 매사추세츠의 잭스 애비 양조장은 호퍼니어스 유니온(Hoponious Union)을 만들고, 캘리포니아의 더 브루어리(The Bruery)는 후물루스 라거(Humulus Lager)를 양조하며, 슈말츠 양조장(Shmaltz Brewing)은 여덟 가지 다른 홉을 사용해 홉 성향이 강한 스워드 스왈로워 라거(Sword Swallower Laer)–코니 아일랜드 크래프트 라거(Coney Island Craft Laer) 시리즈의 하나를 생산한다.

스틸워터 아티저널 에일즈(Stillwater Artisanal Ales)는 양조 방식을 뒤집어 금주령 이전의 전형적인 레시피인 맥아, 옥수수, 쌀을 사용한 다음, 에일 효모와 야생 효모인 브레타노미세스의 여러 변종으로 맥주를 발효해 프리미엄을 만든다. 규칙이 파괴된 맛있는 미래를 위해 과거가 재창조되었다.

유럽 라거와 에일에 관한 한 윌 켐퍼는 천재다. 워싱턴 주, 벨링햄에 위치한 처커넛 브루어리 앤드 키친(Chuckanut Brewery and Kitchen)* 에서 윌은 비엔나 라거, 도르트문트 라거, 필스너 같이 단순한 이름의 독보적인 메달 수상 맥주를 생산한다.

* 윌이 아내 마리와 함께 운영하는 양조장.

7. 아시아 맥주들

아시아에서 독보적인 맥주 생산국은 일본이다. 맥주 연간 생산량 세계 7위를 차지하고 있다. 최근 일본 맥주의 특이점은 아사히, 기린, 삿포로, 산토리 등 일본 맥주회사들의 치열한 '드라이 맥주 전쟁'이라 할 수 있다. 1987년 아사히 맥주회사가 '아사히 슈퍼 드라이'를 생산함에 따라 각 맥주회사들이 드라이 맥주를 내놓으면서 전쟁이 시작되었다. 결국 이 전쟁의 승리는 첫 불똥을 던진 '아사히 슈퍼 드라이'였다. 일본 맥주는 가볍고 상쾌한 라거가 대부분인데, '지비루'라는 개성 넘치는 지역 맥주가 100여 개의 지비루 맥주회사를 갖추고 있을 정도로 자리 잡고 있다는 것도 특징이다.

중국 맥주 하면 '칭타오'를 내세울 수 있다. 20세기 초 칭타오 지역이 독일의 지배 아래 있었을 때 양조 기술을 전수받은 것이 오늘날 칭타오 맥주의 시초이다. 중국 맥주는 자극적이고 기름진 중국요리와 곁들일 수 있도록 고소하고 달콤한 맛이 나는 것이 특징이다.

필리핀은 식민지로 지배를 받았던 스페인의 영향을 많이 받았다. 대표적인 맥주는 필스너 스타일의 '산 미구엘'이다. 태국 맥주는 '싱하'와 '창'이 유명한데 목 넘김이 부드러운 것이 특징이다.

〈그림 1-15〉와 같이, 왼쪽부터 '산토리 더 프리미엄 몰츠, 아사히 슈퍼 드라이, 기린 이치방 시보리, 싱하, 비어라오, 타이거 골드 메달, 산 미구엘 페일 필젠, 칭다오'이다.

그림 1-15
아시아의 다양한 맥주

8. 한국 맥주의 발자취

가. 한국 최초의 맥주

한국에는 고유의 맥주가 없다. 맥주를 직접 생산하여 마시고 있지만 원래 한국 전통의 술은 아니었다. 맥주는 다른 나라에서 만들어져 수입된 술이다.

보리로 만든 술은 있었다. 조선 영조 때의 기록이 남아 있는데, 〈조선왕조실록〉 영조 86권에 '麥酒(맥주)'라는 단어가 등장한다. 음주에 관대한 1755년 영조가 금주령을 선포했다. 이때 제외시킨 술이 바로 맥주와 탁주였다. 〈조선왕조실록〉에는 '모미주(牟米酒)'의 양조법이 나오기도 한다. 여기서 모미란 바로 보리를 뜻한다.

《인생, 이 맛이다》에서 고나무는 "보리쌀로 밥 짓듯 잠깐 익게 해 물에 사흘간 담가 굵은 보에 건져 볕에 돌같이 굳게 말려 다시 옥같이 찧어 법에 따라 이 술을 빚으면 좋다"라고 하였다.

이렇게 만든 술이 어떤 맛을 내는지, 이 술을 만드는 법을 전수받은 사람이 있는지조차 알려지지 않았다. 아마도 지금의 맥주와는 전혀 다른 술이었을 것으로 추측한다.

국내 맥주의 역사는 서구에 비해 그 역사가 무척 짧은 편이다. 일제는 1909년 2월 주세령을 발령하여 '가양주*'를 금지했다. 그리고 1910년대 일본 맥주회사 서울출장소가 생긴다.[7]

* 집에서 빚어먹는 술.

맥주가 처음 소개된 1876년 개항이 되면서 맥주 소비가 늘어나기 시작하였다. 일본을 통해 들어왔기에 최초의 맥주 회사도 일본이 설립했다. 1933년 일본의 (주) 대일본맥주(삿포로 맥주회사)가 영등포에 ㈜조선맥주를 처음으로 설립했고, 같은 해 일본의 기린맥주 주식회사가 ㈜소화기린맥주를 설립했다. 1934년 4월 20일 첫 맥주를 생산하였다.

당시 맥주는 일부 부유층이나 상류층에서 맛볼 수 있는 고급술이었다. 일반인들에게까지 맥주가 대중화한 것은 광복이 되면서이다. 해방 전 국내 맥주산업을 주도한 ㈜조선맥주와 ㈜소화기린맥주가 미군정청 적산 공장을 관리하였다. 1948년 민간에게 넘어가게 되어 ㈜소화기린맥주를 동양맥주로 변경하였다. 현재의 OB맥주의 맥을 잇게 되고, ㈜조선맥주는 지금의 하이트맥주로 이어지게 된다.

나. 맥주 탄생과 몰락

1972년 마산 섬유업을 하던 ㈜삼기물산이 수출목적으로 한독맥주를 설립하였다. 한독맥주는 정통 독일식 이젠백(Isenbeck) 맥주를 선보였지만, 경영난으로 조선맥주에 흡수되었다. 현재 이젠백 맥주회사는 독일 북부 지역에 존재한다.

OB맥주는 오일쇼크 발생으로 불황을 타개하기 위해 서서 먹는 10평 내외의 소규모 생맥주점을 오픈하였다. 그 시절 가격은 '500㎖ 생맥주와 안주 1개'가 1000원이었다. 이 생맥주점은 1년 후 1243개까지 증가하였다.

조선맥주는 OB맥주와 경쟁하기 위해 크라운맥주 펍(crown beer pub)을 오픈하여 앉아서 마시는 점포를 만들었다. 그래서 OB맥주도 앉아서 마시는 OB광장(50-100평)을 개발하여 생맥주를 판매하자 맥주 생산량이 급증하였다. 이때 맥주 생산량이 막걸리 생산량을 추월하였다.

OB맥주는 1991년 발생한 낙동강 페놀 오염사건으로 OB맥주 구미공장을 결국 폐쇄하였다. 그 해 크라운맥주는 흑맥주 스타우트와 하이트 맥주를 출시하였다. 하이트 맥주는 150m 천연 암반수에서 끌어올린 비열처리 맥주를 출시하여 맥주시장 점유율이 변하기 시작했다.

OB맥주는 투명한 병에 손으로 돌려 따는 카프리 맥주와 저칼로리 OB라거를 재등장시켰다. 진로쿠어스 맥주회사는 카스 맥주를 출시한 이후 치열한 경쟁이 시작되었다.

진로쿠어스는 구제금융 때, 진로의 법정관리와 부도로 OB맥주에 매각되었다. 2012년 봄, 15년 만에 OB맥주가 맥주시장 1위를 차지하였다. 현재까지 카스가 맥주시장을 이끄는 상황이다.

롯데는 처음처럼 소주를 인수하고, 클라우드 맥주(충주공장)를 설립하여 1700억 원을 투자해 시장 점유율 4%를 달성했다. 그 후 롯데는 7700억 원을 더 투자하였다.

양조법이 완화되면서 상면발효의 에일 맥주를 전문적으로 생산하는 Ka-Brew와 세븐브로이, 핸드 앤 몰트 등 양조 및 유통을 시작하면서 우리나라 맥주 양조의 다양성과 한국 맥주의 새바람이 일어나고 있다. 특히 유럽 맥주는 한국과 유럽연합(EU) 간 자유무역협정(FTA)의 발효에 따라 관세가 철폐되어 가격 경쟁력이 높아졌다. 그로 인해 대형 마트에서는 품질과 맛이 뛰어난 맥주들을 앞다투어 수입하기 시작했다.

이제 다양한 맥주를 맘껏 즐길 여건이 마련되었으니 생소하기만

한 여러 나라의 맥주 종류와 특징 등 세계 맥주 문화에 대해 알아 보자. 아는 만큼 보인다고 하지 않던가. 맥주도 아는 만큼 제대로 즐길 수 있다.

1. 크래프트 맥주의 개요

크래프트 맥주는 종류가 다양해서 한 가지로 정의를 내릴 수는 없다. 단지 훌륭한 맥주나 소규모로 양조된 맥주만을 가리키는 것은 아니다. 열정이나 혁신적, 고결함, 최고의 맛만이 전부도 아니다. 크래프트 맥주란 풍미(flavor), 품종(variety), 재료(ingredient), 내력(story)과 연관이 있는 영리하고 세련된, 사려 깊은 양조 및 음주(drinking) 방식이다.[8]

전미양조협회(The Brewers Association America)는 "크래프트 맥주를 작고 독립적이며 전통적인 맥주"라고 정의한다. 소규모란 말은 1년에 약 95만kℓ 미만의 맥주를 생산한다는 뜻이다. 이것도 많은 양이긴 하다. 독립적이란 말은 '크래프트 맥주 양조기술자가 아닌 주류산업 구성원'이 소유하거나 운영하고 있는 해당 맥주 제조업체 비율이 25% 미만이라는 뜻이다. 전통적이란 말은 맥주를 오직 맥아나 풍미를 약하게 하기보다는 더해 주는 첨가물들을 넣어 양조한다는 뜻이다.

블루문(Blue Moon)이 세계에서 가장 큰 맥주 제조업체 중 하나인 밀러쿠어스(MillerCoors) 산하 브랜드이지만 분명 크래프트 맥주로 간주된다. 이런 맥주는 사람들이 색다른 맥주를 마시고 입맛을 바꿀 수 있도록 도와주는 역할을 하므로 크래프트 맥주에 속한다. 영국의 리얼 에일(Real Ale)은 전통 방식으로 제조하고 저장한 맥주를 말한다.

전 세계에서 사용되는 '크래프트'라는 라벨은 미국에서 유래했다. 마이크로 브루어리(micro brewery, 소형 지역양조장)를 포함한 다른 단어들도 한때는 널리 쓰였지만 현재는 주로 '크래프트'와 아주 작은 규모의 양조장을 뜻하는 '나노 브루어리(nano brewery)'라는 단어로 대체되었다.

이처럼 소량 제조하는 자가 맥주 제조자와 연간 500–1만kℓ를 생산하는 소규모 맥주 제조자*들이 전 세계적으로 증가하고 있다. 일반적으로 맥주를 상업적으로 연간 3만ℓ 이하를 생산하는 제조장을 마이크로 브루어리라고 부른다. 미국에서는 연간 생산량이 1만 7550kℓ 이상이면 지역 맥주, 그 이하이면 마이크로 브루어리로 분류한다.[9]

* 마이크로 브루어리, 브루펍.

브루펍은 점포 내에서 자체적으로 맥주를 만들어 파는 곳이다. 브루펍은 맥주 제조와 레스토랑을 겸비하기 때문에 매장에 오는 고객은 맥주가 어떻게 만들어지는지 브루마스터와의 대화를 통해 맥주 정보를 얻고, 다양하고 맛있는 맥주를 시도해 보고 싶은 욕구와 편안한 분위기 속에서 맥주를 즐기려는 욕구 등을 채우려 한다. '집시 양조기술자(gypsy brewer)'는 양조장 건물을 소유하고 있지

표 1-1

추천 크래프트 맥주 전문점 현황

지역	업체명	주소	특징
부산	갈매기 브루잉	광안리	외국인 운영
	허심청브로이	동래	농심호텔
	생활맥주	해운대	펍
	어드밴스드 브루잉(구, 아키투 브루잉)	기장	제조장
	와일드 웨이브 브로이	송정	레이트 비어*에서 최고의 맥주로 평가
충청	바이젠하우스	공주	제조장
	플래티넘 크래프트 맥주	증평	제조장
	코리아크래프트 브루어리	음성	히타치노
강원	버드나무 브루어리	강릉	펍
	세븐브로이	횡성	청와대 건배주
서울	클라우드맥주스테이션	잠실롯데호텔	롯데
	데블스도어	강남터미널 부근	신세계
	히든트랙	고려대 부근	맥주 동호인
	헤르젠	강남	독일 정통 하우스 맥주
	200브로이하우스	강남	펍
	산타페	종로	2019년 대한민국 주류대상 수상
	더부스	이태원	제조장
	맥파이 브루잉	이태원	제조장
	밴드 오브 브루어리	선릉	맥주 동호인
	브롱스	마포	2016년 대한민국 주류대상 수상
	슈타인도르프 브로이	잠실	제조장
	문베어 브로잉	이테원	한국의 산을 모티프로 한 수제 맥주
경기	더핸드앤몰트	남양주	제조장
	김포인삼쌀맥주갤러리	김포	인삼쌀 맥주
울산	화수 브루어리	남구	제조장
	트레비	남구	소형 제조장
대구	아리아나	수성구	아리아나 호텔
	몬스터	중구	펍
	탭스	중구	펍
제주	모던타임즈	연동	지역 맥주
	제스피	연동	제주도개발공사 운영
전라	담주브로이	담양	대나무 맥주
	홍삼맥주	고창	홍삼 맥주, 복분자 맥주
	아이굽	구례	협동조합

* 맥주 평가 사이트

않지만 대신 다른 양조업체들의 설비를 이용한다.

어느 쪽이든 모두 크래프트 맥주에 속한다. 다 맥주인 것이다. 크래프트 맥주가 2011년 처음으로 시장 점유율이 5%를 넘으면서 환호하며 자축하는 분위기이다. 이 말은 소비되는 맥주 20병 중 19병은 크래프트 맥주가 아니라는 뜻이기도 하다.

희소식은 크래프트 맥주가 전 세계 매출량과 총 매출액에서 성장세를 보이고 있는 반면, 대규모 맥주 제조회사의 맥주는 판매량이 줄고 있다. 새로운 크래프트 맥주 제조회사가 따라갈 수 없을 만큼 무서운 속도로 생겨나고 있다. 소비자들은 맥주에 대해 알아갈수록 더 맛있는 술을 요구하기 시작하고 있다. '크래프트 맥주' 같은 용어가 필요해진 이유이다.

한국의 크래프트 맥주 전문점은 많다. 그래서 가볼 만한 곳을 〈표 1-1〉과 같이 추천한다.

2. 상면발효와 하면발효

최초의 맥주는 일명 자연발효 맥주라 할 수 있을 것이다. 그러나 맥주 대량생산이 가능해진 오늘날에는 하면발효 효모로 발효시킨 하면발효 맥주(bottom fermentation beer)와 상면발효 효모로 발효시킨 상면발효 맥주(top fermentation beer)로 크게 구분하고 있다. 크래프트 맥주는 상면발효 맥주이다. 또한 효모에 의한 변질을 방지하기 위해 저온살균을 한 맥주와 이를 하지 않고 여과 처리한 생맥주, 보통 발효도의 맥주와 발효도를 높인 드라이 맥주, 그 외에 쌀, 옥수수 전분 등 부원료를 사용한 맥주와 부원료를 사용하지 않은 맥아 100% 맥주, 홉의 사용방법에서 쓴맛이나 향을 조절한 맥주 등으로 나눌 수 있다.

그 외에도 알코올 도수는 3-9%라는 규정에도 차이가 있는데, 칼로리나 알코올 도수가 낮은 것을 라이트 맥주, 비교적 높은 것을 스트롱 맥주라고 부른다. 이 밖에 같은 유형의 맥주라 하더라도 색깔(color), 단맛(sweetness), 쓴맛(bitterness) 담백한 정도(dryness) 등에 의해서도 세부적으로 구분된다.[10]

가. 상면발효 맥주

상면발효 맥주는 발효 시 사카로마이세스 세레비자(saccharomyces cerevisiae)라는 효모가 위로 거품처럼 뜨는 맥주로, 맥아즙 농도가 높은 편이다. 10-25℃ 사이의 상온에서 발효되고 진한 홉의 아로마와 향긋한 과일향으로 풍미가 좋으며 색이 짙고 알코올 도수가 높다. 주로 영국, 아일랜드, 벨기에, 독일 등 유럽 지역에서 생산되며, 그 종류로는 독일의 바이스 맥주나 쾰쉬, 영국의 에일이나 스타우트, 포터 같은 맥주가 있다.[11]

(1) 포터(Porter)

영국 맥주로 맥아즙 농도, 발효도, 홉 사용량이 높고 캐러멜로 착색했기 때문에 색깔이 검으면서 매우 온순한 맥주이다. 에일보다 다소 감미로우면서 쓴맛이 덜하고 약 5%의 알코올을 함유하고 있으며, 일정비율의 흑맥아를 사용하여 제조한다.

(2) 에일(Ale)

보통 맥주보다 홉을 1.5–2배 정도 더 넣을 뿐만 아니라 숙성기간이 길고 탄산가스가 적으며 거품도 적고 쓴맛이 강하다. 보통 맥주보다 고온에서 발효시키기 때문에 홉 향이 짙고 쓴맛이 강하다. 대체로 알코올 도수는 4–4.5%이며 담색이다. 에일 중 제일 약한 맥주인 페일 에일, 농색이고 맥아 맛이 온화한 마일드 에일(Mild Ale), 향기가 짙은 스카치 에일(Scotch Ale) 등이 있다.

(3) 스타우트(Stout)

색깔이 매우 검으면서 감미롭고 다소 탄 냄새를 지니며 강한 맥아 향을 가지고 있다. 포터보다는 훨씬 강하며 쓴맛도 강하고 8–11%의 강한 알코올 함량을 지니고 있다. 약 6개월 이상의 숙성기간을 거치며 최종 발효는 병 속에 담아서 시킨다.

(4) 람빅(Lambic)

벨기에의 브뤼셀에서 양조되는 몇몇 상면발효 타입 맥주 중의 하나로 60%의 맥아와 40%의 밀을 원료로 하여 제조된다. 홉을 많이 사용하면서 야생효모, 젖산균 및 브레타노 마이세스(birettano-myces) 등의 균을 사용하여 자연발생적으로 발효를 시킨다. 이 맥주는 한 용기에서 발효시키고 저장하여 2–3년 이상 숙성시킨다.

나. 하면발효 맥주

하면발효 맥주는 분류 기준에 따라 전 세계적으로 약 2만여 종의 다양한 종류가 있다. 세계 맥주 생산량의 80–90%를 차지하며,

하면발효 맥주는 발효 과정에서 사카로마이세스 칼스베르겐시스(saccharomyces carlsbergensis)라는 효모가 바닥 아래로 가라앉아 상면발효 맥주보다 낮은 온도인 10℃ 전후에서 발효된다. 맛이 에일 맥주보다 낮은 온도에서 장시간 저장시켜 만들기 때문에 과일향이나 깊은 맛은 없지만, 대신 부산물이 적어 깔끔하고 시원한 청량감을 주며 독일, 미국, 일본, 한국 등에서 생산된다.

(1) 라거(Lager)

원맥즙의 농도가 11-12%인 보편적인 맥주로서 농색 및 담색으로 구분할 수 있으며, 저장기간이 짧고 풍미가 좋은 맥주이다. 60℃에서 30분 정도 살균처리를 한 후 병입된 것이며 알코올 도수는 4%이다.

(2) 드래프트(Draft)

보통 말하는 생맥주를 뜻하며 발효균이 살균되지 않은 맥주이다.

(3) 필스너(Pilsener)

연수(단물)를 양조용수로 사용하여 담색 맥아로 만들기 때문에 맥아 향기가 약한 황금빛깔의 담색 맥주이다. 맛은 담백하며, 쓴맛이 강하고 상큼한 맥주로서 알코올 함량은 3-4%이다.

(4) 뮌헨너(Munchener)

경수(센물)를 양조용수로 사용하여 맥아 향기가 짙고 감미로운 맛이 나는 대표적인 농색 흑맥주로 알코올 함량은 4%이다.

(5) 도르트문트(Mortmund)

양조용수는 황산염을 함유한 경수를 사용하여 필젠 타입보다 발효도가 높고 풍미가 산뜻하며 쓴맛이 적은 담색 맥주이다. 알코올 함량은 3-4%이다.

(6) 복(Bock)

원맥즙의 농도가 16% 이상인 짙은 색의 맥주로 풍미가 짙고 단맛을 띤 강한 맥주이다. 이것은 발효통을 청소할 때 나오는 침전물을 사용하여 만든 특수한 맥주로 미국에서 주로 봄에 생산된다.

〈그림 1-16〉과 같이, 에일과 라거를 요약해서 비교하였다.

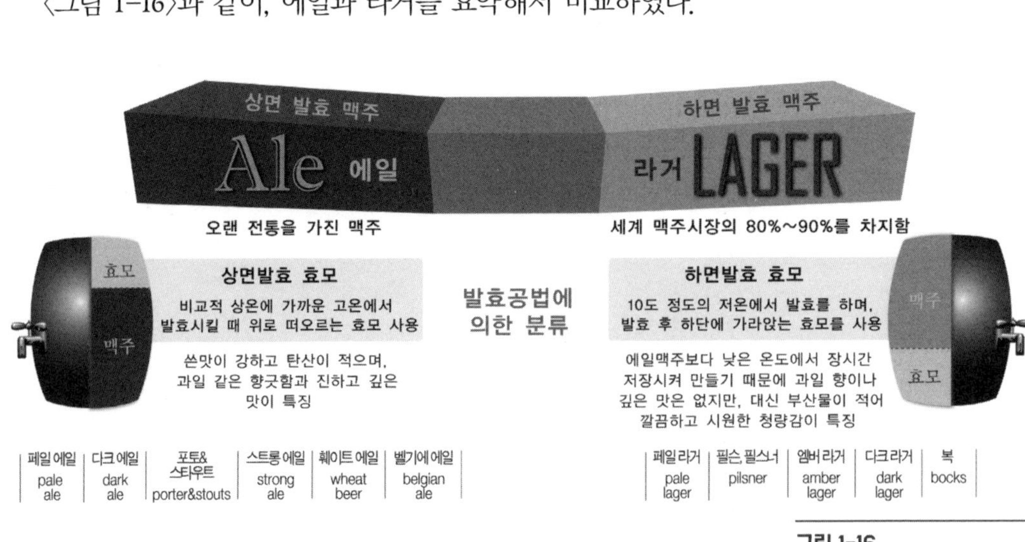

그림 1-16
에일과 라거 비교

3. 크래프트 맥주 발효 과정의 용어

크래프트 맥주 양조 시 사용되는 용어의 이해를 돕기 위해 〈표 1-2〉와 같이 해석해놓았다.

용어	해석
보리(barley)	곡물, 부가물
몰팅(malting)	싹을 틔운 보리를 뜨거운 바람에 건조시키거나 볶는 과정
밀링(milling)	효율적인 당화 작업을 위하여 적당한 크기로 파쇄하는 과정
매쉬(mash mixer)	적정한 온도에서 당화하는 과정
라우터 턴(lsuter tun)	맥즙을 맑게 여과하는 과정
보일링 & 홉핑 (boiling & hopping)	맥즙에 홉을 넣어 맥주의 쓴맛을 만드는 과정
월풀(whirlpool)	끓인 후 맑고 투명한 맥주를 위한 여과 과정
히트 익스체인지 (heat exchange)	맥즙을 차갑게 식히는 과정
퍼맨테이션 & 매처레이션 (fermentation & maturation)	발효와 숙성
필터링(filtration)	맥즙 속의 입자가 작은 불순물을 걸러내는 과정(필터링을 할 경우 풍미도 같이 여과되기 때문에 소규모 맥주 양조장에서는 생략하는 경우가 많다)
페스처러제이션 (pasteurization)	효모를 살균하는 과정(생맥주일 경우 생략)
패키징(packaging)	마지막 단계로 병에 담는 과정

표 1-2
크래프트 맥주 양조에 사용되는 용어와 해석

제 2 장

크래프트 맥주의 재료

제1절

맥아 몰트의 세계

1. 맥아 몰트의 개요

가. 맥아 몰트의 세계적 분포

보리는 키가 크고 황갈색이며 줄기 위에 씨앗 머리가 있다. 보리의 열매는 밀밭처럼 보인다. 보리는 훌륭한 맥주를 만들 수 있는 특별한 선물을 양조자에게 제공해 준다. 단단한 겉껍질, 낮은 단백질 함량, 높은 전분 함량 모두가 맑고 풍부한 맛의 맥주 양조에 적합한 재료이다.

전 세계적으로 위도가 낮은 지역, 즉 기후가 따뜻한 지역에는 포도가 많이 재배되어 와인이 발전하였고, 위도가 높으면서 날씨가 약간 쌀쌀한 지역은 보리와 밀이 많이 재배되어 맥주가 더 많이 발전하였다.

맥주의 주재료인 보리는 다른 곡물과 마찬가지로 다양한 종류의 품종이 있다. 다른 많은 농산물들이 그런 것처럼 보리 품종도 지난

수년간 거의 균질화되었다. 재배자들은 1m²당 생산량을 극대화하고 대량 맥주시장에 사용하기 위해 맛의 차이가 크지 않은 보리들을 생산하려고 했다. 그러나 오래된 영국 보리 품종인 마리스 오토(maris otter)와 골든 프라미스(golden promise) 같은 희귀한 맛에 대한 존경과 높은 가격을 요구하는 경우가 여전히 많다.

일부 브루어들은 영국과 독일의 바다 근처에서 자란 '해상(maritime)' 품종을 선호하는 반면, 다른 사람들은 미국 평야의 햇빛에서 개발된 풍미를 선호한다. 독일 보리 품종은 달콤하고 톡톡 튀는 맛이 뛰어나다. 또한 독일 브루어는 특유의 몰팅 기법을 사용하여 독특한 맥아 맛을 지닌 맥주를 만든다. 보리 품종의 뚜렷한 특징은 양조 및 발효 과정을 거쳐 완성된 맥주에서 드러난다. 한때 모든 양조장은 자신의 보리를 몰팅하였으나 요즘은 맥아 전문업체에서 구입해 사용을 한다.

맥아라고도 불리는 보리는 새싹이 싹을 틔울 때까지 물에 잠겨 있고, 후에 가마에서 건조된다. 몰팅되지 않은 말린 보리는 돌처럼 단단하다. 몰팅이 씨앗 안의 전분을 부드러운 하얀 가루로 만듦으로 인해 양조 준비가 되는 것이다.

발아는 보리에 물을 뿌리고 휴면의 씨앗을 깨우면 발아가 시작되는 것이다. 맥아 제조는 발아 중인 씨앗에 산소를 넣어 주고 통기성을 유지해야 한다. 그리고 뿌리줄기가 꼬인 것을 갈퀴질로 분리시켜 주어야 한다. 이 갈퀴질을 예전엔 사람이 직접 하였으나 지금은 기계화되어 있다.

〈그림 2-1〉과 같이, 보리 씨앗은 본질적으로 작은 달걀과 비슷하다. 계획은 종자가 전분을 당으로 분해하고, 당분을 에너지로 태우

그림 2-1
보리 씨앗

고, 잎을 재배하기 위해 그 에너지를 사용하고, 당이 고갈될 시 광합성을 시작하는 효소를 개발한다. 약 3일간의 발아 과정에서 종자의 전분은 부드러워지고, 천연 효소로 가득해진다.

몰팅 룸에는 콩이나 알팔파 콩나물을 연상시키는 강한 녹색의 향이 난다. 보리를 먹어 보면 전분이 당으로 분해되어 달달한 맛이 나며, 보리 새싹이 될 유아초가 형성되기 시작하는 것이다. 씨앗에 작은 뿌리가 돋아나고 잎이 돋아나면 맥아 제조인은 곡물 속 수분을 배출하고 뜨거운 바람으로 곡물을 말려 버린다. 그러고 나면 이젠 보리가 아닌 맥주 양조의 주재료인 맥아가 되는 것이다.

맥아 제조 과정은 처음부터 수분 함량, 보리 품종 및 배조(焙燥) 온도와 시간 차이가 중요하다. 이에 따라 다른 종류의 맥아가 될 수 있다.

각 품종의 맥아는 다른 맛, 색깔, 향, 목적을 가지고 있다. 여기서 브루어는 색깔과 맛의 성분을 고름으로써 맥주를 디자인하기 시작한다. 맥주가 황금색일 경우 필스너 맥아가 필요할 것이다. 낮은 배조 온도는 옅은 황금색과 약간은 빵 맛이 나는 맥아를 만든다. 맥아가 비스킷 같은 맛이 날 경우 약간 더 높은 온도에서 배조되는 페일 에일이 만들어질 것이다.

비엔나와 뮌헨 맥아는 삶은 후 가볍게 배조된다. 이는 탄수화물을 당으로 변환시킴으로 인해 맥주에 주황빛이 도는 색깔과, 토피, 견과 맛이 감도는 옥토버페스트 맥주와 그 외 바이에른 맥주의 맛을 준다.

캐러멜과 크리스털 엿기름은 모든 전분이 당으로 전환될 때까지 몰팅된다. 그 후 소량의 당만 껍질 아래에 남겨둔 채로 설탕이 캐러멜화가 될 때까지 말려진다. 이 달콤한 캐러멜 맛의 맥아는 붉은색과 풍부한 향과 바디를 부여한다.

커피 원두와 마찬가지로, 높은 배조 온도는 그라데이션으로 인해 초콜릿, 커피, 에스프레소 맛을 낸다. 탄화 흑맥아는 마치 미니 커피 원두와 비슷하게 생겼다. 맥주는 음식과 어울릴 수 있는 힘을 맥아를 통해 얻는다. 와인은 진정한 캐러멜화가 된 볶아낸 맛을 낼 수 없지만 맥주에서는 가능하다. 이 맛이 우리 음식 속의 비슷한 맛과 연결될 때 마술은 탄생한다. 예를 들어, 브루어가 맥주의 베이스로 페일 에일 몰트를 사용하기로 결정했다면, 그 다음엔 몰트 품질을 택하여야 한다. 모든 브루어는 서로 다른 몰트를 만들고, 몰트는 각각 다른 풍미와 성질을 가지고 다른 맥주를 만든다.

어떤 맥주는 하나의 맥아에서 양조되지만, 많은 맥주는 다른 품질을 가지고 있는 여러 맥아의 혼합으로 양조된다. 맥아들의 향과 색의 교묘한 조화는 맥주의 특징을 형성하며 음식과의 친화력을 높인다. 뮌헨 맥아의 토피 성향은 훈제 고기의 향, 크리스털 맥아의 캐러멜 맛은 구운 닭의 캐러멜화된 껍질, 코코아 풍미가 감도는 초콜릿 혼합 맥아는 초콜릿 디저트와 완벽한 조화를 이룬다. 마리스 오토 맥아는 붉은 고기의 맛과 잘 어우러지고, 수분이 풍부하며 깊은 빵 맛이 감도는 맛이 특징이다.[12]

나. 보리

보리는 열매껍질이 씨에 달라붙어 떨어지지 않느냐, 쉽게 떨어지느냐에 따라 크게 겉보리(껍질보리)와 쌀보리로 구분한다. 겉보리는 추위에 더 강한 보리이다. 우리나라에서 겉보리는 주로 영남에서, 쌀보리는 주로 호남에서 많이 재배된다.

또 열매에 줄이 두 개 있는 두줄보리와 여섯 개 있는 여섯줄보리 등으로 구분한다. 맥주 양조에 주로 많이 사용하는 보리는 두줄보리이다. 우리나라에서는 기원전 5-6세기 것으로 보이는 여섯줄보리의 일종인 겉보리가 경기도 여주군에서 출토된 것으로 보아 오래전에 중국을 거쳐 들어온 것으로 보인다. 쌀보리는 일본을 거쳐 들

그림 2-2
여섯줄보리(좌)와 두줄보리(우)

어온 것으로 여겨지는데 겉보리에 비해 추위를 견디는 힘이 약하다. 보리는 내한성의 정도에 따라 겨울보리가 대부분이고, 봄보리는 겨울이 지나치게 추워서 겨울보리의 재배가 어려운 경기 북부, 강원도 및 중부 산간지대의 일부에서 재배한다.

겨울보리는 가을에 심어서 봄에 수확하고, 봄보리는 봄에 심어 여름에 수확한다. 전통적으로 양조업자들이 사용해 온 것은 봄보리이지만, 현대 유전학 연구를 통해 두줄보리 사이에 사실상 별다른 차이가 없다는 점이 확인되었다.

무엇보다 중요한 것은 날씨와 토양이다. 밭에 사용하는 비료의 유형도 영향을 미칠 것이다. 토양에 질소가 너무 많으면 곡물에도 질소 함량이 지나치게 많아지므로 단백질의 비율이 높아지고 전분의 양은 줄어든다. 단백질 함량이 너무 많으면 전통적인 에일과 위스키를 증류하기에 적합하지 않다고 한다. 하지만 그냥 다른 곡물에 추가할 맥아 보리를 만드는 경우에는 사실 단백질 함량이 높은 편이 더 좋을 수도 있다. 다른 곡물의 전분 분해를 도와주는 효소가 더 많이 들어 있기 때문이다.

(1) 보리의 식물학

보리는 추위나 가뭄, 척박한 토양에 크게 구애받지 않는 작물로 전 세계에 널리 재배되어 왔다. 야생 보리의 경우, 보리가 익으면 작은 알갱이들이 자연스럽게 땅으로 떨어진다. 하지만 머리가 명석한 인간들은 알갱이가 떨어지지 않고 단단히 붙어 있는 보리도 있다는 것을 발견하게 된다. 식물들의 이런 현상들은 인간에게 있어 큰 발견이고 양식을 구할 수 있는 삶을 윤택하게 지탱할 수 있는 기회가 되었다. 알갱이가 떨어지지 않고 줄기에 붙어 있으면 수확하기가 쉬웠기 때문이다. 이렇게 해서 보리의 재배가 시작되었다. 인간들은 양식이 될 수 있는 씨들을 발견하게 되었고, 이것들은 선별되어 전 세계로 퍼져나가게 되었다.

(2) 보리의 기원

보리의 원산지는 중국이며, 기원전 5000년 중국에서 스페인으로 전파되어 나갔다. 유럽에서는 주요 작물 중 하나가 되었고, 콜럼버스는 두 번째 항해에서 보리를 아메리카 대륙으로 가져갔지만 전파하지 못했다. 보리가 신대륙에 확실히 뿌리를 내린 것은 스페인 정복자들이 라틴아메리카에 보리를 전파하였고, 영국과 네덜란드 정착민들이 북미 지역에 보리를 가져온 1500년대 후반에서 1600년대 초반에 이르러서였다고 한다.

신의 축복이라고 하는 맥주는 어떻게 발견되었을까? 누군가 보리가 담긴 통을 밖에 내버려두는데 밤새 내린 비를 맞은 보리 겉껍질에 수분이 스며들었고, 보리 겉껍질에 붙어 있던 야생 효모가 번식을 하였다. 효모가 모든 당분을 먹어치우고 나서 생긴 거품이 끼고 야릇한 향기가 나는 혼합물을 맛보았는데 기분이 좋아졌고, 이렇게 해서 맥주가 탄생되었을 것이라고 추측한다.

고고학적인 기준으로 볼 때, 정교한 맥주 제조 기술이 발달하는 데에는 그다지 긴 시간이 걸리지 않았다. 발효와 증류의 역사를 연구하는 펜실베이니아 대학 박물관의 고고학자 패트릭 맥거번(Patrick McGovern)은 이란 서부의 유적지 고딘 테페(Godin Tepe)에서 발견된 도자기 조각의 잔류물을 분석한 결과, 음료수 그릇에 보리 맥주의 흔적을 검출했고, 그 시기를 기원전 3400-3000년 정도로 추산하였다. 맥거번은 당시의 맥주가 정교하게 필터링되지 않았다는 점만 빼면, 오늘날 우리가 마시는 맥주와 크게 다르지 않았을 것으로 보았다.

맥주 제조 기술은 로마 시대에 더욱 정교하게 발달했다. 로마의 역사학자 타키투스가 독일 보족을 묘사한 글을 보면, "이들은 보리나 밀로 만든 액체를 발효하여 포도주와 비슷하게 만들어 마신다". 그로부터 머지않아 기원후 600년경부터 보리를 재배하는 지역에 사는 사람들은 포도주나 사과주와 마찬가지로 맥주도 증류하여 도수가 더 높은 술을 만들 수 있다는 사실을 알게 되었다.

14세기 후반이 되자 위스키가 영국제도에서 생산되기 시작했으며, 당시에는 증류주를 가리키는 일반적인 용어인 아콰 비타이(aqua vitae, 생명의 물)라고 불렀다고 한다.

나. 맥아

맥아 제조의 주목적은 당화효소, 단백분해효소 등 맥아 제조에 필요한 효소들을 활성화 또는 생합성을 시키는 것이다. 맥아의 배조에 의해서 특유의 풍미와 색소를 생성시키고 동시에 저장성을 부여하는 데 있다.

수확된 보리는 제맥 공장의 창고에 일정기간 저장하여 충분한 발아력이 생길 때까지 휴면(休眠)기간을 둔다. 그러므로 제맥 공정은 9월 상순에 시작하는 것이 보통이다. 원료 보리는 보리 정선기(大麥精選機)를 이용하여 토사, 짚, 잡초종자, 금속파편 등의 협잡물을 제거하고 다시 선입기(選粒機)로 보리입자의 크기를 일정하게 선별하여 수분흡수 속도나 발아를 일정하게 함으로써 발아관리를 용이하게 한다.

(1) 대맥(大麥, barley)

담황색으로 생기가 있고 광택이 있어야 한다. 녹색 또는 흰색의 것은 성숙이 불완전한 것이며, 곡립 끝이 갈색인 것은 곰팡이가 발생한 것이다. 색택이 불량한 것은 수확 전후에 우습(雨濕)이 있었던 것으로서 발아력이 낮다. 그리고 보리의 수분함량은 10-13% 이하의 잘 건조된 것을 사용한다.

(2) 정선(精選, careful selection)

대맥은 맥아 제조에 앞서서 기계적 조작에 의해 원대맥(原大脈)에 함유된 지푸라기, 볏짚, 이삭, 돌, 잡초의 종자, 충해립(蟲害粒) 등을 정선에 의해 제거한다. 대맥은 정선에 의해서 균일한 침맥도를 얻고, 따라서 균일한 상태로 발아할 수 있도록 한다.

(3) 침맥(浸麥, steeping)

입자의 크기나 형태가 일정하게 선별된 보리를 물에 침지하여 발아에 필요한 수분을 흡수시킨다. 보리의 수분흡수 속도는 초기에는 빠르고 수분이 40%를 넘으면 완만해진다. 〈그림 2-3〉과 같이, 발아를 완성시키기 위해 필요한 수분은 42-44%이다. 이 수분함유량에 도달하는 데 필요한 시간은 수온에 따라 다르고 수온이 높을수록 침맥시간은 단축되지만, 대맥의 표면에는 많은 미생물이 존재하여 수온이 높으면 발아 중에도 쉽게 번식하게 되므로 20℃ 이상

그림 2-3
침맥 과정

은 피하도록 한다. 또 수온이 너무 낮으면 침맥시간이 연장되어 보리가 질식하는 등의 위험이 있으므로 보통 물의 온도인 약 12-14℃에서 침맥시킨다. 침맥시간은 수온이나 보리의 성질에 따라 일정하지 않으나 보통 약 40-50시간 소요된다.

(4) 발아(發芽, germination, sprouting)

침맥이 끝난 보리는 발아실의 작은 구멍이 있는 발아상(發芽床)으로 옮겨 습한 공기를 통하면 일제히 발아를 시작하게 된다. 발아 중의 보리는 호흡에 의해서 열과 CO_2를 발생하게 되므로 맥층(麥層)에 12-17℃의 공기를 통해 온도를 일정하게 유지하는 동시에 산소를 공급하고 CO_2를 배출시켜 보리가 질식하는 것을 방지하고 맥층을 뒤집어 어린 뿌리(幼根)가 엉키지 않도록 한다. 〈그림 2-4〉와 같이, 약 일주일 후에는 수개의 어린 뿌리가 알갱이의 하단에서 알갱이 길이의 약 1.5배로 자라고, 싹은 알갱이 등쪽의 곡피 안쪽을 따라서 알갱이 길이의 약 2/3까지 자란다.

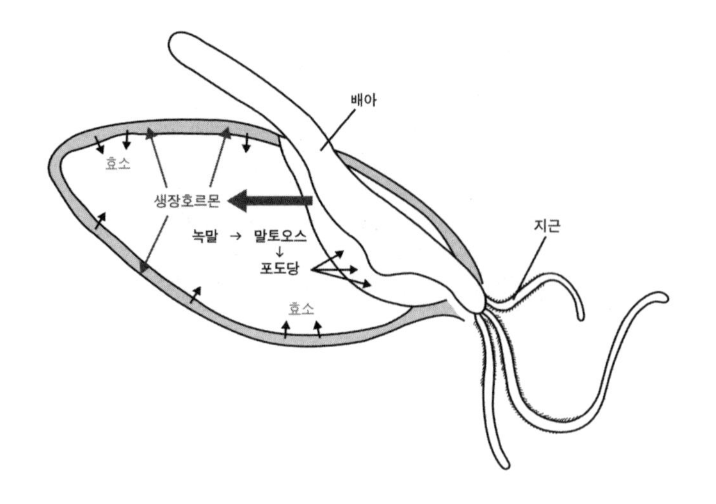

그림 2-4
보리 싹 배아 과정

(5) 녹맥아(綠麥芽)

일명 엿기름이라고 한다. 발아 6–7일째부터 건조한 공기를 송풍하여 어린 뿌리를 말린다. 이렇게 해서 발아가 시작된 지 7–8일이면 발아가 완료되고, 알갱이 전체가 가루처럼 연해지며 손가락으로 부스러뜨릴 수 있는 상태가 된다. 이것을 녹맥아(Green Malt, Grunmalz)라 하며, 이때 수분함량은 약 42–45%이다.

(6) 배조(焙燥)

발아가 끝난 녹맥아를 수분함량 8–10%로 건조하고, 다시 1.5–3.5%로 하는 공정을 배조라고 한다.

배조의 목적은 다음과 같다.

① 녹맥아의 성장과 용해작용을 정지시킨다.

② 저장성을 좋게 한다.

③ 생취(生臭)를 제거하고 맥아 중의 당과 아미노산이 반응하여 멜라노이딘(melanoidine) 색소를 생성하여 맥아에 특유한 향기

와 색을 부여한다.

④ 뿌리의 제거를 용이하게 하는 데 있다.

(7) 탈근(脫根)

맥아의 뿌리를 제거하는 것으로 맥아근(麥芽根)은 흡습성이 강하고, 쓴맛을 가지기 때문에 맥아에 섞여 들어가면 맥아를 습하게 하고 맥주에 불쾌한 쓴맛을 주며, 또한 착색의 원인이 된다.

(8) 저장(貯藏, preservation)

맥아의 저장은 20℃ 이하가 바람직하고, 습기의 흡수를 가능한 한 피하는 것이 좋다. 고온 상태로 방치할 때에는 효소가 약해지고, 맥즙 여과를 지연시켜 혼탁을 일으키며, 또한 색도를 높여서 맥주의 품질을 떨어뜨리는 원인이 된다.

그림 2-5
보리를 건조시키는 장면

2. 맥아 몰트의 종류

가. 온도에 따른 몰트

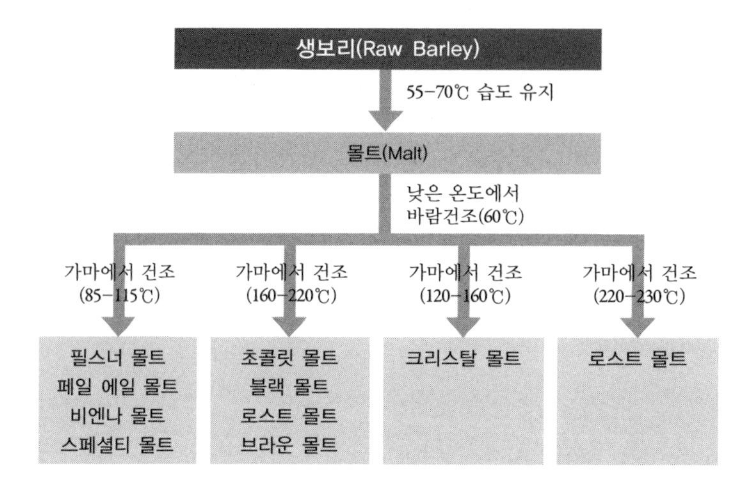

그림 2-6
온도에 따른 몰트의 종류

나. 베이스 몰트의 종류

효모가 발효할 당을 주는 역할을 하는 기본 몰트로, 물을 제외하면 맥주 주성분의 80% 이상을 차지한다. 베이스 몰트(base malt)의 종류는 셀 수 없이 많이 있지만 국내에서 구할 수 있는 대표적인 베이스 몰트는 〈표 2-1〉과 같다.

몰트명	특 징
투 로우 몰트 (two-row malt)	두줄보리. 밝은 색. 유럽 전통적인 페일 에일에 베이스 몰트로 사용
식스 로우 몰트 (six-row malt)	여섯줄보리. 옥수수와 쌀을 쓰기 편함. 미국식 라거에 베이스 몰트로 사용
필스너 몰트 (pilsner malt)	색이 밝고 풍미가 다양하며 필스너, 켈쉬 등 밝은 계열 맥주 양조에 많이 사용
밀 몰트 (wheat malt)	외피가 없어서 쌀의 외피를 당화 과정에 첨가하고, 맥주에 큰 거품과 탁한 색상을 부여. 밀 맥주의 필수품
비엔나 몰트 (vienna malt)	맥아를 삶아서 95℃로 구워내서 금색을 띰. 과일 껍질 같은 단맛을 부여. 유럽식 짙은 색의 맥주를 양조할 때 많이 사용하며 토스트나 견과 등의 구수함을 내고 싶을 때 베이스 몰트와 혼합해서 사용
뮤닉 몰트 (munich malt)	비엔나 몰트와 제조공정이 비슷하나 좀 더 어두운 색. 독일의 고도수 맥주인 복의 핵심 재료. 흑맥주의 원료
라우흐 몰트 (rauch malt)	너도밤나무 장작으로 태운 몰트. 밤베르크(Bamberg)의 명물 라우흐 맥주(Rauchbier)의 베이스 몰트
라이 몰트 (rye malt)	호밀맥아 로겐 맥주나 라이 에일 필수품으로 달콤하지만 싸한 끝 맛으로 유명

표 2-1
베이스 몰트의 종류

다. 특수 몰트의 종류

베이스 몰트만으로는 표현하기 힘든 맥주의 색, 맛이나 질감 등을 표현하기 위하여 추가하는 몰트이다. 베이스 몰트는 밥과 잡곡의 관계로 이해하면 된다.

베이스 몰트의 경우에는 70℃에서 건조를 진행하기 때문에 몰트 내부에 효소(아밀라아제)가 남아 있어 효모의 발효 시 당원으로 사용될 수 있다. 특수 몰트는 몰팅을 할 때, 200℃에서 건조를 진행하기 때문에 대부분의 효소가 파괴되어 효모를 추가하여도 발효가 진행되지 않는다.

특수 몰트의 종류는 〈표 2-2〉와 같다.

몰트명	특 징
크리스털·캐러멜 몰트 (ctystal·caramel malt)	로비본드라는 단위를 이용해 색상의 강도를 구분하며, 맛과 향에 영향을 주고, 10-120ℓ까지 바리에이션. 로비본드가 높을수록 어두운 색에 속하며 향, 바디감이 강해지는 특징. 밝은 캐러멜 맥아(10-20ℓ) : 밝은 색, 필스너·세종·헤페바이젠·벨지안 블론드 등의 맥주에 어울림. 중간 캐러멜 맥아(40-80ℓ) : 구리색, 가장 보편적으로 사용되는 맥아, 페일 에일·IPA·엠버·영국식 비터·레드 에일 등의 맥주에 어울림. 어두운 캐러멜 맥아(90-150ℓ) : 적갈색, 흑설탕이나 검붉은 건과일 등의 맛을 보임. 두벨(Dubbel, 수도원 맥주), 도펠복(알코올 도수가 높은 맥주) 등의 맥주에 어울림.
덱스트린 몰트 (dextrin malt)	카라필스(Carapils)라고도 하며, 거품 유지력을 강화하고 바디감을 두텁게 함.
비스킷 몰트 (biscuit malt)	벨기에에서 고안한 스페셜 몰트 다이제스티브와 비슷한 풍미.
초콜릿 몰트 (chocolate malt)	포터의 핵심 재료이며, 맥아 본연의 단맛이 강함.
카라파 몰트 (carafa malt)	1, 2, 3의 숫자로 분류하는 몰트로 커피와 초콜릿 맛과 향을 부여. 포터·스타우트의 핵심 재료.
로스티드 발리 몰트 (roasted barley malt)	구운 보리로 맥주의 탄 맛과 텁텁한 맛과 향을 부여해 커피의 풍미를 줌. 탄 곡물 맛이 매우 중요시되는 스타우트의 핵심 재료.
애시드 몰트 (acid malt)	신맛이 나는 맥아. 맥주에 젖산균 없이 상큼한 맛을 주고 싶을 때 사용.
피티드 몰트 (peated malt)	피트로 훈연한 맥아 스카치 에일의 기본 재료 중 하나로 싱글 몰트 위스키의 톡 쏘는 페놀 향이 특징.

표 2-2
특수 몰트의 종류

자료: https://luciferwithu.tistory.com/186, 서울홈브루(http://seoulhomebrew.co.kr)

3. 맥아 몰트의 색과 맥주의 색

맥주의 색을 이야기할 때 사용하는 단어들은 '필스너(밝은 색), 골드(황금색), 앰버(호박색), 브라운(갈색), 다크(진한 갈색), 쿠퍼(와인 색), 블랙(검은색)으로 표현한다.

가. 로비본드 정도

로비본드(Degrees of Lovibond)는 몰트의 색을 나타낼 때 주로 사용한다.

〈그림 2-7〉과 같이, 1860년에 요셉 로비본드(Joseph Lovibond)에 의해서 정해진 기준이다. 당시 로비본드는 맥주의 색을 정하기 위해 일종의 입체경(stereoscope)을 사용했다고 한다.

그림 2-7
1860년대의 입체경

이런 장치를 통해 한쪽에는 일종의 색깔 유리를 넣고, 한쪽에는 맥주 샘플을 넣고 색깔의 일치 여부를 관찰하여 기준으로 삼을 수 있었다. 입체경은 렌즈에 넣어 색이 비슷한 것을 가려낼 수 있다고 한다. 이후 로비본드 정도는 맥주의 몰트 색을 구분하는 데 표준이 되었고, 지금 또한 사용되고 있다. 하지만 요즘은 광학기술이 발전함에 따라 더 정확한 방법이 사용되고 있다. 기호로는 '°L'을 사용하며, 몰트 색에서 밝은 색인 '페일 몰트'는 2-3°L, 가장 어두운 '다크 로스트 몰트'는 40°L로 표시된다.

나. SRM

SRM(Standard Reference Method)은 미국에서 맥주 색을 나타낼 때 사용한다. 맥주의 색을 측정하는 단위로 °L와 함께 미국에서 주로 쓰이는 단위이다. SRM과 로비본드는 거의 비슷한 수치이기 때문에 섞어서 써도 무방하지만, 로비본드는 453g의 몰트를 이용해서 3.78ℓ의 맥주를 만들었을 때 나오는 색을 의미한다. 로비본드는 주로 몰트의 색, SRM은 주로 맥주의 색에 쓰이는 경향이 있다.

〈표 2-3〉과 같이, SRM이 높을수록 색이 진한 맥주가 되며, SRM은 비선형적이기 때문에 10SRM의 맥주가 5SRM의 맥주보다 2배 어두운 것은 아니다.

다. EBC

EBC(European Brewery Convention)는 유럽에서 맥주 색을 나타낼 때 사용한다. 미국 외에 유럽을 비롯한 기타 국가에서는 EBC 단위로 맥주의 색을 표현하며, SRM보다 색상을 표기하는 숫자의 크기가 커서 조금 더 세분화된 색상 구분이 가능한 것이 특징이다.

맥주의 색이 진해질수록 대개 맥아의 구수한 맛, 검은색에 가까울수록 초콜릿, 커피를 연상시키는 맛이 두드러진다. 색이 진해질수록 맛이 강해지는 점을 이용해서 맥주 색상 스케일을 눈으로 익혀 둔다면, 맥주를 마시는 순서를 정할 때나 맥주를 고를 때 참고할 수 있다.

SRM 로비본드	맥 주	맥주 색	EBC
2	페일 라거, 윗비어, 필스너, 베를리너 바이세스		4
3	마이복, 블론드 에일		6
4	바이스 비어		8
6	아메리칸 페일 에일, 인디아 페일 에일		12
8	바이스 비어, 세이존		16
10	잉글리시 비터, ESB		20
13	비에르 드 가드, 더블 IPA		26
17	다크 라거, 비엔나 라거, 마르첸, 엠버 에일		33
20	브라운 에일, 복, 둔켈, 둔켈바이젠		39
24	아이리시 드라이 스타우트, 듀펠복, 포터		47
29	스타우트		57
35	포린 스타우트, 발틱 포터		69
40+	임페리얼 스타우트		79

표 2-3
맥주 색을 측정하는 SRM과 EBC 비교
컬러는 159쪽 참조.

1. 홉의 개요

가. 홉의 세계적 분포

맥주는 5000-6000년 동안 우리 주위에 있어 왔지만 홉을 음료로 즐긴 것은 500년 정도밖에 되지 않는다. 홉이 맥주 제조에 이용되기 전에 양조업자들은 발효된 맥아음료의 단맛을 중화하기 위해서 여러 가지 식물을 사용해 왔다.

홉은 양조업자들에게는 훌륭한 자원이다. 그것은 맥아의 단맛을 중화하고 쓴맛을 내서 음료를 더 맛있게 한다. 또한 약간의 항박테리아 특성이 있어서 맥주의 안전성과 맛을 한꺼번에 증가시켰다. 이러한 특징은 맥주의 저장에 도움을 주고, 맥주 거품의 안정성에도 기여한다.

대부분의 사람들은 맥주에 홉이 들어 있다는 걸 알고 있다. 심지어 많은 사람들은 홉이 맥주의 주재료이며 홉은 곡물이라고 생각한다. 그런데 사실 홉은 꽃이다. 홉은 완성된 맥주에 천연 방부제를 제공할 뿐만 아니라, 쓴맛을 포함한 다양한 맛과 향을 준다. 본질적으로 이는 향신료 역할을 하는 것이다.

홉의 쓴맛은 맥아의 자연적인 단맛을 배제한 맥주의 척추나 다름없다. 한때 브루어들은 이런 균형을 얻기 위해 여러 종류의 허브와 향신료를 사용했다. 그들의 맥주는 늪지, 저어풀, 몰약, 로즈마리, 쑥, 선갈퀴아재비, 생강, 감초 등의 다양한 재료를 함유하고 있었다. 강력한 허브의 향으로 가득 찬 오늘의 맥주 성분에서는 우리가 인식하기 어려운 재료들일 것이다. 오늘날 우리는 맥주 속 홉의 맛에 적응이 되어 있기 때문이다.

홉 식물은 활발한 다년생 덩굴이다. 식물학적으로 대마초(cannabis)에 가장 가까운 친척이다. 1940년과 1950년대에 '광기를 키우기' 위함에 굴복한 재즈 음악가들을 '홉헤드(hopheads)'라 불렀으나, 그 홉은 억울한 누명을 쓴 것이다. 아직도 홉 꽃은 종종 일반 진정제로 사용된다. 영국인들은 그것으로 베개를 채우는 데에 사용하였다. 여전히 시장에서는 일부 '자연' 수면 보조제의 주요 성분이다. 그리고 높은 양의 홉이 들어간 맥주의 마니아들은 그것이 긴장을 풀어주는 데에 도움이 된다고 이야기한다.

그림 2-8
홉콘

홉 덩굴은 봄과 여름에 약 6m 또는 그 이상까지 자랄 수 있으며, 가을에는 흙 아래 식물로 돌아간다. 이들의 자연적 등반 경향을 수용하기 위해 홉 식물들은 포도나무를 위한 철사 지지대 기둥이나 덩굴나무가 타고 올라가도록 만든 격자 구조물의 도움을 받는다. 〈그림 2-8〉과 같이, 홉 식물은 대체적으로 씨앗이 아닌 이식된 뿌리줄기에서 자라난다. 암그루만이 상업적으로 재배된다. 늦여

름과 초가을에는 홉 덩굴이 꽃을 피우며 솔방울과 흡사하게 생긴 녹색 '홉콘(hop cone)'을 만든다.

홉콘의 안 꽃잎의 밑 부분에서는 루플린(lupulin)이라 불리는 수지의 밝은 노란색 분말이 생성된다. 그 섬세한 힘을 잃지 않으려면 홉을 조심스럽게 다루어야 한다.

탄닌이 없는 레드 와인, 혹은 산성이 없는 화이트 와인을 상상해보라. 그러면 왜 맥주가 홉이 필요한지 알 수 있을 것이다. 홉은 깨끗하고 날카로운 쓴맛뿐만 아니라 방부제 특성 때문에 다른 향신료들보다 우위에 있다고 볼 수 있다.

홉이 없는 맥주는 달고, 느끼하고, 훨씬 덜 만족스러운 음료가 될 것이다. 또 홉에는 단백질을 뭉쳐 아래로 가라앉혀 완성되었을 때 맥주의 투명성을 높여 준다. 홉의 쓴맛은 맥주의 균형, 갈증이 싹 가시게 하는 특성, 그리고 음식과의 친화력을 준다. 이 쓴맛은 강한 맛을 없애도록 하는 전달력이 있다.

홉의 향기는 음식의 냄새와 연결되어 강력하고 역동적인 유대감을 형성한다. 홉은 와인의 포도처럼 변종이다. 브루어가 선택할 수 있는 수십 종류가 있으며, 이 선택은 맥주의 풍미에 결정적으로 중요한 역할을 한다. 여러 가지 고추가 각각 다른 성질과 매움 정도를 가지고 있는 것처럼 홉도 여러 종류가 있다. 어떤 홉은 다른 홉보다 더 쓰고, 맛과 향도 다를 것이다.

수세기에 걸쳐 홉 재배자들은 브루어들이 찾는 자질을 가지고 있는 최고의 토속 품종의 홉을 재배하고 잡종들을 만들어냈다. 보헤미아(bohemia)의 자텍(zatec) 근처에서 재배된 체코 사츠 품종은 오랫동안 필스너에게 주는 미세한 쓴맛과 섬세한 꽃의 향기로 높이

평가되어오고 있다.

독일 펄(pearle) 홉은 산뜻하고, 미각을 선명하고 명백히 초월할 것이다. 과일향이 나고 장작 냄새가 나는 영국의 고딘(goldin)은 넓은 쓴맛을 혀 전체에 퍼뜨린다. 미국 캐시케이드(cascade)의 소나무와 자몽의 특성에서 라임 향과 같은 치눅(chinook)까지 다양한 특성들을 가지고 있다. 독일 토트낭(tettnang)은 꽃의 향을 결합한다. 브루어는 맥주에 여러 가지 홉을 사용할 수 있다. 각 홉은 아로마 팔레트에서 다른 색을 사용함이나 다름없다.

미국에서는 태평양 북서쪽이 홉의 지역이다. 오레곤 주의 윌리엄미트 계곡(williammete valley), 워싱턴 주의 야키마 계곡(yakima valley)에서 주로 홉이 생산된다. 유럽의 브루어들은 미국 홉들이 지나치게 밝고 소나무 향이 강하며 레몬 향이 나서 싫어하는 경향이 있다. 이에 미국 크래프트 브루어들은 유럽의 홉은 질이 좋지만 미국 홉의 특성이 적합하다고 주장한다.[13]

홉은 단지 쓴맛을 내는 것 이상의 역할을 하면서 발전해 왔고. 맥주의 매력적인 맛과 향기를 위하여 양조업자들의 끊임없는 연구가 이루어졌을 것이다.

나. 홉의 쓴맛

홉의 쓴맛을 측정하는 데 사용하는 단위는 알파산 단위(Alpha Acid Unit, AAU)로, 사용하는 홉의 무게에 알파산의 비율(%)을 곱해서 나오는 단위이다.

홉은 휴물러스 루풀러스(humulus lupulus)로 알려진 넝쿨식물의 초록 꽃이다. 최근에는 미국에서 계량되는 좋은 홉들이 많다. 워싱턴, 오리곤과 아이다호 같은 북서주에서 주로 많이 재배한다.

홉의 쓴맛을 다룰 때, 양조업자들은 대부분 전체 레진(resin)*에 흥미가 있다. 그것을 더 세분하면 부드러운 것, 단단한 것으로 나뉜다. 홉의 부드러운 레진 부분에 들어 있는 알파산들은 양조업자들에게 가장 흥미를 끄는데, 그 이유는 대부분 쓴맛을 내는 특성이 있기 때문이다. 알파산들은 '휴물론(humulone), 코휴물론(cohumulone), 애드휴물론(adhumulone)' 등 세 종류의 특이한 화합물을 포함한다.

* 홉 속에 들어 있는 알파산.

맥아즙을 끓이는 동안에 알파산들은 이성질화라고 알려진 구조적 변화를 겪은 뒤 완성된 맥주에서 쓴맛을 내는 화합물로 전환된다. 쓴맛을 내는 화합물을 총칭하여 알파산 이성질체라고 부른다. 화학적으로는 휴물론 이성질체, 코휴물론 이성질체가 있다.

베타산도 끓이는 동안에 쓴맛을 내는 화합물을 생성하기 위한 이성질화 반응이 일어난다. 그러나 실제로 그들은 맥아즙에 잘 녹지 않기 때문에 대부분의 맥주 쓴맛에 기여하지 않는다. 또한 다른 부드러운 레진과 단단한 레진도 쓴맛을 내는 데 기여한다. 그 효능은 알파산 이성질체의 1/3에서 1/10 정도이다. 알파산은 저장 중에 효능이 저하되기 때문에 이러한 쓴맛을 내는 두 번째 그룹의 화합물들은 오래된 홉에서 더 중요한 역할을 할 수 있다.

〈표 2-4〉와 같이, 양조과정 동안에 쓴맛을 내게 하는 알파산 이성질체의 생산은 투입되는 홉에 존재하는 알파산의 양에 비례한다. 홉에서 알파산의 양은 홉 전체 무게의 2%만큼 낮은 것에서부터 16%까지 상당히 다양하다.

홉의 성분	비율(%)
식물성 물질(섬유소, 리그닌 등)	40
단백질	15(0.1아미노산)
알파산	15
물	10
재	8
유지, 왁스, 펙틴	5
탄닌	4
단당류	2
필수 오일	0.5-2

표 2-4
홉의 구성 성분

2–16%인 알파산 양의 변화는 홉 종류에 따라 또는 같은 종류에서도 매년 경작조건, 즉 경작지에 따라 다르게 생산할 수 있다. 아마 알파산에 대하여 유일하게 예측할 수 있는 것은 특별한 홉의 한 종류에서는 그들의 범위가 다소 제한되어 있다는 것이고, 그 종류에 특성화된 것이라는 점이다. 예를 들면 테트낭저(tettnanger) 홉은 대체로 4–5% 범위의 값을 가진다. 그리고 치누크 홉은 일반적으로 12–14% 정도의 범위이다.

홉을 구입할 때, 라벨에 알파산 함량이 표시된 것을 볼 수 있다. 만약 라벨에 표시가 되어 있지 않거나 생산지역만 써 있다면 다른 곳에서 구입하는 것이 좋을 것이다. 알파산 함량은 특성을 아는 맥주를 생산하는 데 대단히 중요하다. 그것은 전체 쓴맛에 관해서 기대에 맞는 제법을 만들기 위한 출발점이다.

다. 홉의 기능

① 항균 기능, 다양한 박테리아*의 성장을 억제할 수 있다.

② 중추신경계로 이루어지는 최면 효과가 있다.

③ 강한 에스트로겐과 같은 효과가 있다.

④ 불면증과 신경과민에 도움을 준다.

⑤ 맥주 추출물이 식욕을 좋게 하고 장 경련을 예방하는 데 도움이 된다.

* 탄저균, 디프테리아 쌍구균 폐렴, 황색 포도상구균 등.

라. 맥주의 쓴맛

완성된 맥주에서 쓴맛은 국제적인 쓴맛 단위(International Bitterness Unit: IBU)의 시스템에 의해 측정된다. 가끔 이것이 단순히 IBU로 표시되는 것을 볼 수 있다.

IBU는 완성된 맥주에 알파산 이성질체의 농도를 PPM 단위로 측정한다. 1IBU는 맥주의 1ℓ 당 알파산 이성질체 1㎎과 같다. 실제로 양조업자들은 무게와 양 등을 참조하지 않고 단지 맥주의 IBU에 관해 이야기한다.

미국의 라이트 라거 맥주는 일반적으로 생산되는 맥주 중 가장 낮은 IBU 수준을 가지는데, 쓴맛을 느끼기 시작하는 맛의 정도인 8–12IBU 값을 가진다. 반면 영국의 페일 에일은 많은 미국의 라거 맥주와 같은 비중 정도의 맥주인 경우 45IBU까지의 값을 가지고 있다.

물론 맥주가 더 많아질수록 균형을 잡아야 할 맥아의 단맛이 더욱 더 늘어난다. 이처럼 비중이 높은 맥주에서 훨씬 더 쓴맛을 볼 수 있다. 임페리얼 스타우트와 보리와인의 IBU범위는 80-100까지 도달하기도 한다.

〈표 2-5〉와 같이, 양조업에서 홉의 쓴맛을 정량화하기 위한 다른 방법은 양조 관련 문헌에 나타나는데, IBU와 AAU가 그 방법이다.

표 2-5

전통적인 맥주 스타일별 쓴맛 정도(IBU)

전통적인 맥주 스타일	쓴맛 정도	전통적인 맥주 스타일	쓴맛 정도
보리와인	50-100	클래식 드라이 스타우트	30-40
영국 브라운 에일	15-25	스위트 스타우트	15-25
미국 브라운 에일	25-60	복	20-30
마일드 에일	10-24	도페복	17-27
영국 페일 에일	20-40	뮤니크 둔켈	16-25
인디아 페일 에일	40-60	쉬바르쯔 맥주	22-30
미국 페일 에일	20-40	도르트문트·엑스포트	23-29
미국 밀	05-17	뮤니크 헬레스	18-25
영국 비터	20-35	보헤미안 필스너	30-40
영국 스페셜	28-46	독일 필스너	35-45
영국 엑스트라 스페셜	30-55	비엔나	22-28
스카티시 라이트	09-20	마르젠·옥토버페스트	22-28
스카티시 헤비	12-20	알트 맥주	25-48
스카티시 엑스포트	15-25	쾰쉬	20-30
포터	20-40	캘리포니아 커먼	35-15
영국 올드 에일	25-40	바이젠	10-15
스트롱 스카치 에일	25-35		

2. 홉의 종류

홉은 맥주 자체에 쓴맛을 부여할 뿐만 아니라 품종에 따라 다양한 맛과 향을 가지고 있다. 성분에 따라 쓴맛을 내는 비터링, 맛과 향을 내는 아로마 홉으로 구분되며, 지역의 기후환경에 따라 많은 차이가 있다.

가. 노블 홉(noble hop)

(1) 미텔프뤼(mittelfruh)

할러타우어 미텔프뤼(hallertauer mittelfruh)라고도 하는데, 홉으로 향을 내는 아로마 오일 성분이 매우 높은 것으로 유명하며 경작은 어렵지 않다. 그 대신 병충해에 취약하고 부패가 가장 빠른 종이기 때문에 할러타우어의 개량종 홉은 수도 없이 많다. 이렇게 수많은 할러타우어 계통 중에서도 노블 홉으로 인정받는 품종은 할러타우어에서 재배되는 미텔프뤼이다. 주로 페일 라거, 필스너, 밀맥주의 원료이다.

(2) 사츠(saaz)

체코 자텍에서 재배되는 품종으로 알파산 성분이 가장 낮으며 가장 많이 유통되는 페일 라거와 필스너의 핵심원료가 된다.

(3) 슈팔트(spalt)

사츠 종 계열 홉이며 은은한 꽃향기를 풍기는 것으로 유명하다.

독일 맥주의 핵심원료 중 하나이다.

(4) 테트낭(tettnang)

독일, 스위스, 오스트리아 3국의 접경지대인 바이에른 테트낭의 특산품으로 사츠와 유사한 성분 함량과 특징을 보유한다.

나. 미국 홉

(1) 아마릴로(amarillo)

전 세계에서 구하기 어려운 홉으로 유명하며, 버질 가마체 농장(Virgil Gamache Farms)에서 처음으로 개발한 품종이다. 현재는 미국 내에 VGXP01 종자명으로 등록되어 특허권이 붙어 있는 홉으로 상품권까지 붙어 있다. 버질 가마체 이외에는 재배되지 않아 독점 생산되다 보니 홉 중에서도 상당한 고가에 거래된다. 꽃향기와 오렌지 풍의 시트러스한 맛이다.

(2) 아폴로(apollo)

비터링 전용 홉이라는 인식이 있으며, 미국에서는 인디아 페일 에일 계통의 재료로 유용하게 사용한다.

(3) 캐스케이드(cascade)

미국 크래프트 맥주 양조에 필수적으로 동원되는 홉으로 퍼글과 러시안 세레브라이언커 종을 교배해 품종 개량한 결과물로, 오리건 주립대학에서 처음으로 품종개량 후 재배하여 캐스케이드 산맥으로 명명했다. 아주 강한 자몽 풍의 시트러스한 맛과 향이 특징이다.

(4) 센티니얼(centennial)

캐스케이드와 비슷하나 특유의 개성을 보유한 슈퍼 캐스케이드라고도 불리며, 매우 강렬한 시트러스 아로마와 특유의 산미를 부여한다.

(5) 치누크(chinook)

매우 알싸하고 특히 솔향을 강하게 내는 것으로 유명하다.

(6) 콜럼버스(columbus)

캐스케이드, 센티니얼과 함께 3C의 마지막 한 축으로 유난히 크기가 크고 비터링으로 많이 애용된다. 역시 시트러스하고 살짝 나무 같은 풍미를 부여한다. 토마호크(tomahawk)라는 종으로 판매되는 것도 있는데, 실제로는 콜럼버스와 동일한 종류다.

(7) 갈레나(Galena)

브루어스 골드(brewer's gold)의 개량종으로 알파산과 베타산이 둘 다 약간 높은 편이다. 하지만 홉의 향 등 개성이 상대적으로 묻히는 경향이 커서 비터링으로 인식되며, 주로 아메리칸 에일 계통에 많이 사용한다.

(8) 리버터(liberty)

독일의 할러타우어 미텔프뤼의 병충해를 개선한 개량종으로, 계피, 포도, 복숭아, 바닐라 맛과 향이 난다. 맥주 스타일을 잘 타지 않으나 주로 복 계통을 미국 크래프트 양조장에서 사용하기 위한 핵심재료이며, 알파산은 매우 낮다.

(9) 뱅가드(vanguard)

할러타우어 종의 개량으로 감초 같은 달달하고 알싸한 맛을 내는데, 리버티와 먼 친척 관계에 있는 종이다. 그래서 리버티의 대체품으로도 많이 사용되는데, 주로 독일식 라거, 밀 맥주 등에 사용하는 무궁무진한 용도의 홉이다.

다. 영국 홉

(1) 퍼글(fuggle)

18세기 말에서 19세기 초의 영국식 에일 필수품으로 골딩과 함께 영국을 대표하는 홉이다. 1861년 켄트 지방의 리처드 퍼글(richard fuggle)이 재배한 품종인데, 1875년 그의 이름이 품종으로 명명되었다. 노블 홉 수준의 알파산과 구대륙적인 풍미인 나무, 약초 향이 특징이며, 대다수의 영국식 에일의 필수품으로 사용되어 왔다.

(2) 골딩(golding)

전통적으로 잉글랜드에서 재배되던 영국의 홉으로 퍼글과 함께 영국의 대표주자이다. 퍼글에 비해 홉의 크기가 작고 밀도도 옅은데다 수확량도 적은 편이다. 그러나 산업혁명 시대의 영국 맥주는 거의 골딩 홉을 이용했던 역사가 있었다.

(3) 이스트 켄트 골딩(east kent golding)

준 노블 홉·노블 홉과 성분이 거의 비슷하고 특징도 대부분 비슷하지만, 정통 노블 홉으로는 인정받지 못한다.

라. 독일 홉

(1) 할러타우(hallertau)

전형적인 독일 노블 홉이다.

(2) 매그넘(magnum)

독일 홉 중 비터링이 가장 강하면서 깨끗한 쓴맛과 중성적인 아로마로 유명하다.

(3) 폴라리스(polaris)

품종이 개량된 지 10년이 채 안 된 신종 홉으로, 알파산이 20%가 넘어가는 홉인데 아로마용으로 사용되고 있다. 박하향이 매우 강한 품종으로, 홈브루어 사이에서 시원하고 통증 특유의 맛이 취향을 심하게 탈 정도로 개성이 강한 홉이다.

마. 호주 홉

(1) 갤럭시(galaxy)

화사한 패션프루트 향이 난다.

(2) 서던 크로스(surthern cross)

강한 레몬과 솔잎 향이 난다.

(3) 토파즈(topaz)

열대과일향이 난다.

(4) 엘라(ella)

양념이 되어 있는 듯한 스파이시한 느낌이다.

(5) 빅 시크릿(vic secret)

깔끔한 솔잎 향이 난다.

1. 효모의 개요

가. 효모의 세계적 분포

이스트(yeast)는 우리말로 '효모'라고 한다. 효모는 '효소의 어머니'라는 뜻에서 만들어진 말로, 효모가 생체 활동을 수행하는 효소의 재료를 가장 완벽하게 가지고 있다는 사실을 보여 준다.

효모의 영문인 이스트의 어원은 그리스어로 '끓는다'는 뜻을 가지고 있다. 이것은 효모에 의한 발효 중에 이산화탄소가 생겨 거품이 많이 생기는 것에서 유래하여 효모가 술과 빵의 발효 과정에서 일상에 오래도록 사용되어 가까이 존재했음을 말해 준다.

술이 만들어지는 데 일등으로 기여한 미생물은 순우리말로 뜸팡이다. 생긴 건 꼭 세균 비슷하게 생겼지만 실제로는 균류다. 균류에는 곰팡이, 버섯 등이 포함되니 곰팡이와 친척이라 볼 수도 있겠다. 비슷한 쓰임으로는 균류로 누룩이 있다. 당분이나 영양분을

그림 2-9
이스트 발효 과정

가한 습기가 있는 밀가루에 섞으면 알코올 발효를 일으키는 빵효모이다.

만약 잘 이해가 되지 않는다면, 강아지를 생각해보자. 모든 개는 같은 종이지만, 그렇게 생각하기 힘들 것이다. 치와와가 내 집을 지키는 것을 원하지 않는 것처럼, 독일 라거 재료가 영국 맥주를 발효시키는 것을 원치 않는다. 각 이스트 계통은 다른 성능을 가지고 있으며, 브루어는 그 특성을 위해 특정 이스트를 선택한다.

이스트는 브루어가 선택하는 재료 중 가장 중요한 역할을 한다. 수세기 전, 브루어가 이스트가 무엇인지 알기 전까지 맥주는 자발적으로 발효되었다. 맥주 원료가 식으면 공기와 발효 용기에 들어 있는 이스트가 그 맥즙에 침입하여 발효를 시작했다. 이 고대 양조법은 벨기에의 람빅 맥주에서 생생하게 살아난다. 다른 모든 브루어들은 이제 그들이 원하는 맥주를 생산하기 위해 특정 이스트 혼합을 선택한다. 다른 문화에서는 스틱을 발효 맥주에 넣은 후 꺼내어 말린다. 건조된 이스트로 덮여 있는 이 스틱은 맥주의 다음 배치에 넣어지고, 맥주의 이스트는 이제 깨어나 발효를 시작한다. 이

막대 스틱은 마법이라 생각된다.

두 종류의 이스트는 맥주 세계에서 가장 큰 분열 중 하나로 구분되었다. 두 종류는 에일과 라거이다. 에일 이스트는 가장 오래된 효모이다. 에일 이스트는 16–22℃의 따뜻한 온도에서 발효된다. 발효 시 대부분의 에일 이스트는 맥주에 특이한 맛과 향을 제공해준다. 향은 주로 과일향이 나고, 살짝 매콤하고 복잡한 이 향은 다른 특성들과 합쳐짐으로 인해 깊은 맥주를 만든다.

발효 과정이 끝나고 이스트가 당을 다 사용했을 때, 에일 이스트는 발효 용기의 꼭대기로 올라가 케이크처럼 생긴 덩어리로 떠 있는 경향이 있다. 그렇기 때문에 에일 이스트는 '상면발효 맥주'라 한다. 전통적으로 브루어들은 개방된 발효 용기의 맥주 표면에서 이러한 이스트를 모은다. 그 후 수집된 이스트는 다음 배치를 위해 사용될 수 있는 것이다. 에일 발효 속도는 너무 빨라서 일주일 정도 안에 맥주가 준비될 수 있지만 대부분 조금 더 시간을 갖고 발효된다. 라거를 더 좋아한다면 그보다 더 기다려야 할 것이다.

라거 이스트는 다양한 종류의 필스너를 생산하였고, 홉피(hoppy, 홉의 풍미가 있는)가 적절한 골든 스타일의 라거는 전 세계적으로 가장 인기 좋은 맥주이다. 라거 이스트는 1800년대 중반까지 발견되지 않았으나, 아마 바이에른 브루어들은 그 전부터 사용해 왔을 것이다. 바이에른 브루어들은 난무하는 열에서부터 이스트를 보호하기 위해 그들을 깊고 시원한 동굴과 터널에서 발효시켰다. 결과적으로 조금 더 시원한 온도를 선호하는 이스트를 만든 것이다. 라거 이스트는 45–56℃의 온도에서 제일 잘 발효되고, 발효 과정은 에일 발효보다 더 느리고 덜 소란스럽다. 라거 발효가 완성되면 맥주는 그 자체로서 시간을 보내야 한다.

독일 단어 라거룽(lagerung)은 '저장'한다는 뜻을 의미한다. 라거 맥주는 5.6℃보다도 낮은 시원한 곳에 몇 주, 혹은 몇 달 동안이나 저장할 수 있다. 그렇게 맛과 향은 부드러워지며, 라거 이스트들은 에일 이스트처럼 주로 과일향이나 매운 맛을 생산하지 않는다. 라거 이스트는 조금 덜 호화스럽고 다른 재료들도 그들의 역할을 하도록 내버려둔다. 라거는 깨끗하고 정직한 몰트와 홉의 맛을 가지고 있다. 제대로 된 몰트와 브루잉 기술이 만난다면, 라거 이스트는 엄청나게 깊은 몰트와 신선한 아로마를 가지고 있는 맥주를 생산할 수 있는 것이다.

많은 사람들이 '에일은 진하고, 라거는 옅다'거나 '에일은 강하고, 라거는 중간 정도의 강도를 가지고 있다'고 생각한다. 이것은 사실이 아니다. 차이점은 모두 이스트, 발효 온도, 그리고 맥주가 되기까지의 저장 시간에 있다. 블랙 에일은 알코올 도수가 약할 수 있다. 아이리시 스타우트(Irish Stout)를 예로 들어볼 수 있다. 골든 라거는 더 도수가 강할 수 있다. 진하고 강한 라거는 독일에서 흔하고, 영국 맥주는 주로 색이 옅거나 도수가 낮다. 대부분의 에일 브루잉 문화는 영국, 벨기에, 프랑스에서 시작되었고, 라거 브루잉은 체코 보헤미아와 독일에서 시작되었다. 미국 크래프트 맥주는 에일에 조금 더 비중을 두지만, 라거에도 관심을 보이고 발견을 하기 시작한다.[14]

나. 생물학적 특징

진핵생물로 출아법으로 번식하는 종류가 많지만 이분법으로 번식하는 경우도 있다. 애당초 출아법으로 번식한다는 것이 별로 특이한 일이 아니다. 그런데 효모의 진정한 함정은 사실 유성생식도 한다는 것이다. 엄밀히는 무성생식과 유성생식 사이클이 같이 돈다. 실험실에서 대량 배양하기 쉬우면서도 대장균보다는 고등하기 때문에 생물학이나 유전공학 실험에 없어서는 안 될 중요한 모델 생명체이다.

특히 이 녀석은 진핵생물인 주제에 원형의 DNA구조인 플라스미드(plasmid)*를 갖고 있어 유전자 관련 실험에 용이하다. 다만 번식력이 매우 강하기 때문에 이들을 사용하지 않는 실험실에서는 그야말로 실험을 최소 일주일간 관두고 소독만 해야 할 정도이다.

* 염색체와는 따로 증식할 수 있는 유전인자.

호기성, 혐기성 반응 모두가 일상에 유용하게 쓰이는 유익한 미생물이다. 다만 이 녀석은 피부에서도 조건만 맞으면 잘 자란다. 덕분에 좀 살찐 사람이나 여성의 경우 국부 근처가 매우 시꺼멓게 착색이 된다. 이는 멜라닌 색소 때문인 경우도 있지만 거의 대부분은 효모가 자라면서 착색하는 것이다. 부작용은 그냥 조금 가려운 정도밖에 없기 때문에 있는 줄도 모른다.

술을 만들거나 빵을 만드는 데 사용되는 효모는 사실 지구상에 존재하는 것 중 가장 완벽한 천연식품이기도 하다. 왜냐하면 인체에서 일어나는 약 300만 가지의 효소반응에 필요한 효소의 어머니(酵母), 즉 효소의 생산 창고이기 때문이다.

효모는 양질의 식물성 단백이 50%가량 함유되어 있고 비타민 B

군과 각종 미네랄이 풍부하여 저단백 식사나 비타민 B군 결핍증, 여성들의 철분 결핍증과 미량 미네랄 결핍증 등 모든 영양 부족 문제의 대부분을 해결해 줄 수 있는 훌륭한 천연 건강식품이다.

이밖에도 효모에는 면역기능을 향상시켜 각종 암이나, 바이러스성 간염을 개선시키는 작용이 있는 다당체인 베타 글루칸(β-glucan), 지모산(zymosan), 셀레늄 등을 함유하고 있다. 또한 신경전달 물질인 콜린(choline)을 함유하고 있어 숙취 해소와 지방간에도 도움이 되고 두뇌활동을 도와준다.

효모는 미생물로 대부분 토양 속에 살지 않고 꽃의 꿀샘이나 과실의 표면과 같은 당 농도가 높은 곳에 많이 생육하고 있으며, 당을 발효시켜 에탄올과 이산화탄소를 생산하는 능력을 가진 것이 많다. 이 성질은 우리가 익히 친숙하듯이 맥주의 제조나 빵의 발효에 이용되고 있다.

사실 그렇게 흔하게 사용되는 효모는 효모의 한 종류이다. 효모는 약 400여 종류가 있다. 그중에서 빵이나 과자에 가장 적당한 종류는 사카로마이세스 세레비자라 불리는 빵 효모로서 오늘날 일반적으로 사용되고 있는 것이다. 기타 술 효모, 맥주효모 등 용도별로 종류를 찾아 특정 종류만 순수 배양할 수 있다.

효모 속의 세포는 육안으로는 보이지 않으며 현미경으로 관찰하면 원형 또는 타원형의 구상으로, 크기는 단경 3-7㎛, 장경 4-14㎛ 정도이고, 1개의 독립된 생명체를 갖는 세포임을 알 수 있다. 보통의 생 이스트 속에는 약 100-200억 개의 이스트 세포가 존재하고 있다. 따라서 시판하는 약 500g의 생 이스트에는 3-4조 개의 이스트 세포가 응축되어 있다고 할 수 있다.

사과, 포도, 감자 등의 표피, 마른 풀, 마른 가지의 표면, 심지어는 동물의 분비물에도 서식할 수 있고, 열대에서 북극의 끝까지 지구상의 모든 곳에 산재해 있다. 효모는 산소, 물, 기타 영양에 의해 증식되어 오랫동안 살아가다가 산소가 없어지면 이스트는 발효하여 살아가게 된다. 이스트가 발효하지 않고 증식하기 위해서 산소가 필요하며 산소가 있는 경우는 산소와 양분의 양에 비례해서 증식 속도가 빨라진다.

성장한 효모의 세포로부터 돌기물이 나와 그것이 점점 성장하여 완전히 성숙된 1개의 세포가 되어 분리된다. 이 경우 원래의 세포를 모세포, 분리된 쪽을 자세포라 부르고 최적의 환경에서는 출아에서부터 분리하기까지 2시간 반에서 3시간 정도 걸린다. 효모(이스트) 번식에 있어 적당한 온도는 28~35℃로 38℃ 전후를 넘으면 번식 기능이 저하되고, 60℃ 이상이 되면 사멸하게 된다.

효모는 두 가지의 흥미롭고 독특한 성질을 갖는다.

① 효모세포는 산소가 공급되면(호흡) 증식한다(호기성 과정).

② 효모세포는 산소 없는 혐기성 조건하에서도 계속 존재(생존) 할 수 있다. 이들은 탄수화물이 있으면 발효시킨다.

효모의 이러한 특징(호흡과 발효)은 비오스트라스 제조 과정의 중요한 요소이다. 효모는 자연계에 매우 넓게 존재한다. 효모는 특히 과일에서 발견된다. 과일이 익어서 달게 되면 효모세포는 그 액을 발효시키기 시작하여 이산화탄소와 에틸알코올을 형성하게 된다. 소위 알코올 없는 사과 주스라고 하는 것에는 0.5% 이하의 알코올을 함유한다. 효모 생성은 빵을 만드는 것도 같은 과정이다. 탄수화물인 밀에서 이산화탄소를 생성하여 빵이 부풀어 오른다. 오븐에서 막 나온 신선한 가벼운 빵은 약 0.25%의 알코올을 함유한다.

살아 있는 효모세포는 그 자신의 증식에 필요한 모든 영양소와 활성성분을 함유하고 있다. 이 모든 활성성분은 매우 균형 있는 생물학적 평형상태로 존재한다. 그것의 가치를 증대시키거나 그것을 발전시키는 데에는 부족할 것도 없고 아무것도 더해질 필요가 없다. 즉, 그 자체로 완전하다. 인체는 그 자체가 생성할 수 없는 모든 생체에 필수적인 성분을 '최소비의 법칙'에 맞추어 공급받아야 한다. 만약 어느 한 개의 활성성분이라도 결핍되어 이 최소비가 이루어지지 않으면, 곧 건강에 부정적 영향을 가져온다.

효모는 단백질, 지방, 탄수화물 외에도 모든 생체 필수적인 아미노산, 여러 비타민, 미네랄, 미량원소 그리고 효소를 함유한다. 생효모세포의 매우 특별한 흥미 있는 두 요소는 식물 핵산 RNA와 DNA로서, 이들은 효소에 의하여 조정되는 많은 과정과 단백질 생합성에 관여한다. 이들의 작용은 박테리아나 바이러스의 감염에 대한 면역방어(면역기능)를 증대시키는 것으로 잘 알려져 있다. 효모에 특히 많은 양이 있는 비타민 B군(신경, 피부, 피로, 대사, 세포호흡, 적혈구세포 생성), 셀레늄(면역방어), 게르마늄, 마그네슘, 레시틴(신경), 철, 아데노신3인산(ATP, 근육에 에너지를 수송), 효모의 내생성의 Q그룹 코엔자임(유비퀴논) 등 또한 중요하다.

다. 효모의 활동

혐기성(무산소) 상태에서 효모는 발효라고 알고 있는 방법을 통해 에너지를 얻는다. 탄수화물을 분해하면 당이 되는데, 이 당이 분해가 되면서 피루브산이 되고, 이때 얻는 에너지가 2ATP이다. 이때 NADH를 생성하는데, 다시 당을 분해하기 위해서는 NAD^+가 필요하기 때문에 젖당이나 알코올 등 여러 부산물을 생성하면서 NADH를 NAD^+로 바꿔준다. 효모는 비효율적이지만 산소 없이도 생존할 수도 있고 번식도 가능하다.

증식은 생물이 자신의 개체를 늘리는 현상을 뜻한다. 처음 발효조에 들어 있는 공기 중의 산소를 다 쓸 때까지 효모는 유기호흡을 하며 증식한다. 산소가 없어지면 효모의 생식이 완전히 멈추는 것이 아니라 산소가 있는 환경에 비해 느려질 뿐이다. 탄수화물은 여러 개의 당이 결합되어 있는 상태이므로 잘라주기만 하면 포도당으로 분해된다. 반면에 단백질이나 지방은 분해도 힘들고 분해 후에 변형이 필요하다.

지방의 경우, 많은 에너지를 가지고 있지만 물이 빠져 있는 상태이고 분해가 어렵다. 그래서 효모는 탄수화물 속에서 증식이 가장 잘 되고 단백질과 지방은 분해하기 어려운 에너지원이다.

라. 효모의 종류

사카로미세스(sacharomyces)라는 속(屬)에 들어가는 곰팡이류를 가리켰는데, 근년에 와서 이스트 이외에 그 체제가 간단한 점에서 아주 비슷한 균이 다수 발견되었으므로 이것을 일괄하여 효모균류라고 한다.

효모균류에는 유익하지 않은 것도 있으나 우리가 일반적으로 말하는 효모는 식품효모이다. 식품효모는 '맥주효모, 빵효모, 유효모'

등 세 가지 종류로 나누어 얘기한다. 이 중 맥주효모와 빵효모가 건강보조식품의 소재로 많이 이용되고 있다. 효모균류 중 당을 분해하여 알코올을 생성하는 힘이 뛰어난 것은 옛날부터 술 양조에 이용되어 왔다. 다른 효모와 달리 맥주효모만을 영양효모라 부르고 임상영양학적으로 이용하고 있다.

맥주효모균은 대부분 구형, 때로는 난형인데 비하여 청주에 사용되는 효모균은 타원형 또는 서양배 모양이다. 어렸을 때만 구형이므로 종전에는 별종으로 다루어졌다. 현재는 맥주효모균의 한 변종으로 취급되며 일반적으로 사용되는 빵효모도 이 종에 속하는 것으로 알려져 있다. 포도주 발효에 사용되는 것도 효모인데, 이 효모균은 포도밭에 야생하는 것이 포도의 과실에 붙은 것이다. 주류의 양조 이외에 이용되는 효모균으로는 빵 제조나 여러 종류의 절임류에 사용된다.

마. 효모의 영양

효모는 저단백 식사나 비타민 B군 결핍증, 여성들의 철분 결핍증과 미량 미네랄 결핍증 등 모든 영양 부족 문제의 대부분을 해결해 주는 식품으로, 영양 부족의 문제가 생겼을 시 권장되는 천연식품이다. 특히 효모에 풍부한 비타민 B1을 예로 들어 효모의 영양을 살펴보면, 비타민 B1은 당분이 에너지로 전환되는 과정에서 필요한 보조 효소이다. 이것은 주로 쌀, 밀의 배아 부분에 많이 포함되어 도정 및 정백 과정에서 거의 다 제거돼 우리가 먹는 흰쌀, 흰 빵에는 비타민 B1이 거의 들어 있지 않아 섭취에 유의하여야 한다.

비타민 B1은 효모 제품, 현미나 가공도가 낮은 곡류, 육류, 내장, 달걀노른자와 콩, 땅콩 등에 풍부하게 함유되어 쌀을 주식으로 하는 나라에서 비타민 B1의 건강 보조제로 권유된다. 한편 효소가 풍부하여 소화와 대사를 돕기 때문에 식후 영양 공급과 동시에 소화를 돕도록 효모를 많이 섭취한다.

당분을 분해 에너지로 사용하도록 하는데, 필수적인 비타민 B1이 결핍될 경우에 우선 피로해지고 식욕 부진을 일으키며 무기력증과 함께 감정적으로 불안정해진다. 부족증이 더욱 심화되면 정신착란, 기억력 감퇴, 소화 장애, 복통, 변비 등이 생긴다. 비타민 B1이 고갈되는 경우 에너지원을 당에 의존하는 중앙 신경계가 손상되고 심장근육이 약화되고 심장 손상이 발생할 수 있다.

나이가 들면서 비타민을 효과적으로 이용할 수 있는 능력이 떨어져 다른 비타민과 함께 비타민 B1을 더 많이 섭취하는 것이 좋다고 한다. 효모는 양질의 식물성 단백질이 50% 가량 포함된 비타민 B군이 가장 풍부하고 각종 미네랄이 풍부하며 미량 원소까지 함유하고 있어 영양의 균형과 공급에 매우 기여할 수 있는 식품이다.

2. 맥주의 효모

가. 맥주효모의 개요

맥주효모는 길이 10㎛의 레몬형으로 맥주를 발효시키는 과정에서 얻어지는 미생물 식품이다. 맥주효모의 생성 과정은 우선 맥주

보리와 홉을 섞어 끓인 후 여과하면 고형체는 분리되고 맑은 액즙이 남는데, 여기에 맥주효모 종자균을 넣어 발효 증식시키면 알코올(맥주)은 밑에 가라앉고 증식된 맥주효모는 위에 뜨게 된다. 이때 밑에 가라앉은 알코올을 분리하여 숙성시킨 것이 맥주이고, 위에 뜬 맥주효모를 수분 9% 이하로 특수하게 건조시킨 것이 건조맥주효모이다.

대개 영양가가 높은 1차 발효 탱크의 효모만을 식품으로 이용하고, 2차 발효 탱크의 효모는 사료로 쓰인다. 미국의 영양학자 아델 데이비스는 "맥주효모는 자연식품 중 가장 완벽한 것이며 많은 영양소를 함유하고 있어 매우 훌륭한 식품이고, 우유와 꿀 다음으로 제3세대를 이끌어 갈 영양문제를 해결할 완벽한 식품이다"라고 말하였다.

일반적으로 효모는 양질의 고단백질과 균형 있는 8종류의 아미노산을 함유하고 있으며, 비타민과 미네랄 특히 비타민 B군이 풍부하고 핵산과 다당체를 풍부하게 함유하고 있어 정장작용과 소화촉진 및 식욕증진제로 널리 사용되어 왔다.

맥주효모의 일반 조성, 비타민 및 미네랄 함유량을 서술하면 다음과 같다.

① 맥주효모는 약 50%가 양질의 단백질로 이루어져 있다.

② 천연비타민 B제품은 주로 맥주효모에서 추출하거나 맥주효모를 운반체(carrier)로 이용할 정도로 비타민 B군이 풍부하다.

③ 맥주효모의 약 6-10%는 미네랄이다. 특히 당뇨 질환에서 중요하게 여겨지는 혈당내성인자(GTF)의 주성분인 크롬의 희귀한 공급원이다. 모든 셀레늄 제품은 맥주효모를 이용하고 있

을 정도로 셀레늄 함유량이 뛰어날 뿐 아니라, 인슐린 활성의 관건이 되는 아연의 완벽한 공급원으로 널리 인정받고 있다.

④ 맥주효모의 약 20%를 차지하는 세포벽은 장내 이용도가 높은 식이섬유소로 되어 있는데, 특히 세포 외벽의 만난과 세포 내벽의 글루칸으로 구성되어 있다.

효모는 여러 종류가 있는데, 단백질과 비타민 B군은 효모 자체에 의해 생합성되기 때문에 어떤 효모이든 단백질과 비타민 B군의 함유량에는 큰 차이가 없다. 그러나 미네랄이나 미량원소 등 금속성 영양소의 경우는 생합성이 불가능하므로 효모가 생육되는 배지의 조건에 따라 함유량이 달라지고 정제 방법의 차이로 순도에 차이 또한 있을 수 있다.

나. 맥주효모의 특성

양조업자들은 효모를 결정할 때, 보통 여러 가지 요소를 고려한다. 이 요소들은 양조업자들이 특정한 용도에 맞춰 어떤 효모를 선택할지를 도와준다. 이러한 변수들은 양조업자가 발효하는 동안 어떻게 효모를 다루어야 하는지도 알려준다. 양조방법을 결정하는데 있어서 효모의 다섯 가지(유형, 맛 특성, 저감도, 최적의 발효온도, 엉김) 중요한 순서가 있다.

(1) 유형

양조용 효모는 '에일 효모, 라거 효모, 바이젠 효모'와 같이 세 가지 그룹으로 나뉜다. 각 그룹의 구성원들은 실제적인 성능 면에서뿐만 아니라 유전적 구조 면에서도 서로 연관되어 있다. 시장에는 사카로미세스 종의 균주를 사용하지 않으면서도 이용 가능한 맥아즙 발효조의 수가 점점 증가하고 있다. 이러한 효모 유형의 선택이 양조업자들이 해야 할 첫 번째 일이다.

(2) 맛 특성

같은 종류의 효모라 하더라도 균주의 품종에 따라 매우 다른 맛을 낸다. 맥주는 효모에 따라 맥아 맛, 홉 맛, 과일 맛, 황 맛, 나무 맛, 광물질 맛, 달콤한 맛, 무미한 맛, 또한 깨끗한 맛을 낼지도 모른다. 선택한 효모의 균주로부터 무슨 맛이 날지를 아는 것은 완성된 맥주를 이해하는 데 중요하다.

(3) 저감도

저감도(attenuation)는 효모가 맥아즙의 당을 발효하는 정도를 말한다. 각 균주는 맥아즙 당의 특정 혼합물에 대해 발효 특성을 다르게 나타낼 것이다. 맥주의 스타일에 따라서 높거나 낮은 발효도를 요구한다. 백분율로 표시된 자료를 참고할 수도 있지만 보통 낮거나, 중간이거나, 혹은 높다는 정도의 일반적인 용어로도 그 특성을 충분히 파악할 수 있다.

(4) 최적의 발효온도

이것은 발효 공정 동안에 맞춰져야 하는 온도를 말한다, 상온에서 발효할 계획이라면 사용하고자 하는 효모가 19℃에서 가장 잘 발효하는지를 봐야 한다.

(5) 엉김

엉김(flocculation)은 발효 말기에 효모세포들이 포도 모양의 송이로 덩어리지는 것을 말한다. 커다란 덩어리들은 각각의 효모세포보다 발효조 바닥으로 더 잘 침전되기 때문에 이 엉김의 정도에 따라 맥주가 얼마나 빨리 맑아지는지가 결정된다. 엉김의 정도가 높은 효모가 맑고 좋은 제품을 생산한다. 엉김 정도가 낮은 효모로 만든 맥주는 맑게 하기 위해 정제하거나 여과해야 된다.

다. 맥주효모의 품종

전형적인 효모의 변수에 기초하여 양조업자들은 양조에 사용되는 다양한 효보 품종을 특성화할 수 있다. 에일과 라거 타입을 일반적으로 사용되는 여러 품종으로 분류하였다. 어떤 경우에는 전혀 다른 종류의 효모에 같은 이름을 사용하는 것을 발견할 수도 있다. 거래하고 있는 품종과 아래의 내용을 비교할 필요성이 있을 것이다.

1) 에일 효모

에일 효모는 약 5000년 이상 맥주 생산에 사용되어 왔다. 에일 효모는 라거 효모보다 더 높은 온도에서 발효하며 발효조의 상부에 모이는 경향을 보이고 있어 상면발효 효모라고 한다. 에일 양조의 오랜 전통으로 인하여 사용할 수 있다는 다양한 에일 효모가 존재한다.

(1) 미국

전통적인 미국 효모는 중성적으로 표현되는 깔끔하고, 매끄러운 맥주를 생산하며 약 13℃의 낮은 온도에서 잘 발효된다. 발효 중 당분 저감도는 중간 정도가 전형적이다. 엉김은 낮거나 중간 정도이다. 이것은 보통 다목적용 효모로 간주된다.

(2) 벨기에

벨기에에서 많이 사용하는 효모는 벨지안 스타일의 효모로서 약간의 정향과 페놀 향기를 포함하고 꽤 높은 정도의 과일과 에스테르의 특성을 내는 효모로 기술되며 높은 알코올 내성을 가지고 있다. 당분 저감도와 엉김은 중간 이상이다. 벨기에 효모는 가끔 에비(abbey) 또는 트라피스트(trappist)로 불린다.

(3) 영국

다음은 영국 효모의 종류와 특징이다.

- **런던 효모**(london yeast) : 약간의 디아세틸 혹은 목질 맛과 함께 광물질의 특성을 나타내며, 싱싱하고 시큼함 중간 정도의 발효에 의한 당분 저감과 엉김 현상을 보인다. 최적의 발효온도는 18–20℃이다.
- **우디 효모**(woody yeast) : 발효로 인한 당분의 이용도가 낮은 효모이다. 이 효모는 일반적으로 맥아가 내는 맛 중에서 오크목의 맛을 낸다.
- **풍부한 맛을 내는 효모**(full-bodied yeast) : 고전적인 에일 맥주의 과일 맛을 보이며, 부드럽고 풍부한 맛을 내는 것으로 잘 알려져 있다.

- **클래식 효모**(classic yeast) : 오랜 전통이 있는 영국의 양조장에서 출시된 것으로 보고되며, 은은한 과일향기가 나는 깨끗하고 균형 잡힌 맥주를 생산한다.
- **스코틀랜드 효모**(scottish yeast) : 저감도가 낮은 특성을 가지고 있으며, 13℃의 낮은 온도에서도 잘 발효되기 때문에 스코틀랜드 양조자들의 저온 발효가 가능하다.

(4) 캐나다

효모는 깨끗하고, 약간의 과일 맛을 제공한다. 이 효모는 발효도가 높고 엉김 현상을 많이 일으키며 담백한 맥주를 생산한다. 크림 에일, 페일 에일를 포함하는 담백한 맛의 에일 맥주 제조에 좋다.

(5) 독일

독일 효모는 두 가지 균주가 존재한다. 하나는 매우 담백하고 깨끗한 맥주를 제조하는 반면, 다른 하나는 매우 달콤하고 맥아 향기가 진하다.

2) 라거 효모

라거 맥주는 독일 양조의 전통에서 탄생되었는데, 낮은 기후에서 양조함으로써 냉기를 선호하는 효모가 전면에 등장하게 되었다. 라거 맥주의 전형적인 발효온도는 7-13℃로 에일 맥주의 발효온도보다 약간 낮다. 이러한 효모는 전형적으로 에일 효모가 발효하지 않는 당을 발효시키고 완성된 맥주에서 좀 더 부드럽고 깨끗한 특성을 나타낸다.

(1) 미국

대규모 양조회사에서 이 효모를 사용하지만 아직 일반화된 경우는 아니다. 아직 대부분의 효모가 약간의 과일 맛 특성을 보이며 깨끗하고 신선한 맛을 낸다. 발효되는 정도가 높고 엉김의 정도는 중간 정도이다. 라거 효모 중에는 예외도 있는데, 나무 성질을 나타내며 중간 정도로 발효가 되고 균주의 엉김이 생기며 많은 양의 디아세틸을 생산하기도 한다.

(2) 캘리포니아

앵커 양조회사에서 아직도 사용하고 있는 특별한 균주로 캘리포니아 커먼(california common) 스타일의 맥주를 재현하기 위해 사용된다. 이것은 보통의 라거 효모보다 높은 온도 19℃에서 발효하며, 약간의 과일 맛을 내는 맥아의 특성을 보여준다. 중간 정도의 발효가 일어나고 엉김의 정도는 높다.

(3) 보헤미아

전통적인 필스너 우르켈 맥주에서 보이는 특성을 가진다. 전형적으로 이 효모는 좋은 맥아의 성질과 뒷맛이 깨끗한 부드럽고 풍부한 맛을 내는 맥주를 생산한다. 굉장히 낮은 정도의 저감도와 중간 정도의 엉김의 특성을 지니고 있다.

(4) 필젠

보헤미아 라거 효모와 더불어 소수의 공급자가 이 상표의 균주를 공급한다. 이 균주는 보헤미아 효모보다 더 건조하며 독일의 필스너 맥주에 더 적합한 균주이다.

(5) 바바리안

이 효모는 깊고 풍부한 맛을 내는 다목적의 라거 효모이다. 중간 정도의 엉김과 저감도를 보인다. 약간 늦게 발효를 시작하나 일반적으로 맥아에 기초한 모든 라거 스타일의 맥주에 적합하다.

(6) 뮤니크

중간 정도 도수의 라거 맥주와 복 맥주에 사용되는 독일 효모이다. 여전히 미묘하게 복잡한 맛을 주는 반면 전체적으로 매우 부드러운 느낌을 준다. 발효 과정은 약간 까다로울 수 있으며 갓 제조된 것에는 극소량의 황이 포함되어 있다. 이 효모는 바바리안 균주보다 홉의 특성을 더 잘 들어나게 한다. 중간 정도의 엉김과 저감도 균주이다.

(7) 덴마크와 북독일

호프의 특성을 잘 나타내며 신선하고 깨끗하다. 낮은 정도의 균주 엉김과 중간 정도의 저감도를 보이며 최적 온도는 9℃이다. 일반적인 페일 라거에 알맞다.

라. 맥주효모의 피칭률

피칭(pitching)이란 효모를 맥아즙에 조심스럽게 원을 그리면서 넓게 뿌리는 것을 의미한다. 피칭률(pitching rate)은 홈브루어 입장에서 어느 정도의 효모를 맥아즙에 넣어야 되는 것인가를 의미한다. 〈표 2-6〉은 홈브루어가 제조하는 맥주의 비중을 기반으로 해서 드라이 효모의 적정량을 표시한 내용이다.

스타일	비 중	피칭온도(℃)	발효온도(℃)	피칭률(L)	효모량(11.5g)
에일	〈1.060	〉18	〉18	20	1
에일	〉1.061–1.076	〉18	〉18	20	2
라거	〈1.060	〈16	〈16	20	2
라거	〉1.061–1.076	〈16	〈16	20	4

표 2-6
피칭률
〈: 이상, 〉: 이하

드라이 효모는 11g짜리 전후의 패키지 형태로 사용을 한다. 대부분의 홈브루어들은 드라이 효모를 개봉해서 맥아즙에 뿌리면 되는 간편한 방식으로 사용을 해왔다. 일부 레시피는 드라이 효모를 다시 액체화 과정을 거쳐서 사용하는 것을 권장하기도 하는데, 액화 효모로 바꿔서 만드는 것이 발효 효율이 더 좋다고 한다.

드라이 효모를 액체화하는 방법은 다음과 같다.

① 패키지 한 개일 경우 적정량인 물 250㎖를 끓인다.
② 측정 컵 등에 물을 옮겨서 온도를 32.5℃까지 내린다.
③ 물의 온도가 32.5℃일 때 드라이 효모를 넣는다.
④ 드라이 효모를 넣은 물을 소독된 도구로 가볍게 저어서 골고루 섞이도록 한다.
⑤ 알루미늄 포일로 윗부분을 덮고 15분 정도 상온에 보관한 후 맥아즙에 뿌려준다.

제4절 물의 세계

1. 물의 세계적 분포

"물은 어디서 오는가?"는 브루어들이 가장 자주 받는 질문 중 하나이다. 솔직히 말하면 답은 도시 용수, 혹은 브루어들 자신의 우물이라고 할 수 있다. "저희 맥주는 빙하물로 양조해요"라는 허튼 답보다는 덜 로맨틱하게 들릴 수도 있다. 하지만 사실이다. 대개의 도시 용수는 좋은 상수도이다. 물은 아주 중요한 역할을 한다. 대부분의 맥주는 90%가 물이고, 그렇기 때문에 물은 맥주의 맛을 제공하는 데에 결정적인 역할을 한다.

20세기에 접어들 때, 뉴욕의 브루클린은 48개 양조장의 고향이었다. 부분적으로는 캐츠킬(catskill) 산에서 내려오는 브루클린의 물 때문이었다. 지난 두 세기 동안 다양한 유럽의 도시들은 그들이 브루잉할 때, 사용하는 특유의 물과 그로 인해 만들어지는 맥주로 인해 유명해지기도 했다.

예를 들어, 버턴어폰트렌트(burton–upon–trent)는 영국 중부지방의 거대한 석회암 매장지 위에 앉아 있다. 이 지역에서 나오는 경수는 황산칼슘과 무기질로 가득하다. 이 물로 비누거품을 만드는 것은 거의 불가능이라고 보면 된다. 하지만 브루잉하기 위해서라면 가능할 수 있다. 이 물에 있는 무기질들은 발효하도록 도와주고, 완성된 맥주에는 건조하고 아주 예리한 홉의 특성을 제공해준다. 이들이 바로 버턴 에일의 특유 특성이다.

바스사(社)(Bass & Company)와 같은 훌륭한 브루잉의 왕조는 버턴 물을 사용하여 영국에서 캘커타로 운송하기 위해 양조된 인디아 페일 에일 맥주를 통해 명성을 쌓았다.

체코 보헤미아 타운의 필젠의 물은 그의 견고함보다는 부드러움으로 잘 알려져 있다. 이 물은 너무 부드러워서 마치 증류수 같다. 필스너 급수에는 미네랄 염분이 거의 없으므로 필스너 스타일 맥주를 만들 수 있었다. 필스너는 날카롭게 쓴맛이 있지만, 이에 따라 많은 브루어들과 사람들이 좋아하는 부드럽고, 달콤하며 브랜디하고 섬세한 맥아의 풍미가 있다. 더 단단하고 견고한 물은 완전히 다른 맥주를 생산할 것이다.

오늘날, 필터와 혼합 식수 공급의 시대에서는 대부분의 브루어들은 양조 용수의 미네랄 함량을 조절하여 필요에 맞게 조정할 수 있다. 맛있는 맥주를 만들기 위하여 페일 에일 브루어들은 '버턴 소금'을 추가하는 반면에, 필스너 브루어들은 부드럽게 만들 수 있는 물을 갖고 있다.

한때는 대부분의 브루어들이 단 하나 혹은 두 스타일의 맥주를 만들었지만, 이제는 조금 더 융통성 있게 양조한다. 아주 로맨틱한 얘기는 아닌 것을 인정한다. 하지만 나머지 이야기는 더 신기하다.

대형 마트에서 판매하고 있는 캔 맥주 중 록키산맥의 물맛을 알아차릴 수 있다면, 당신의 입맛은 확실히 대단한 것이다.[15]

생물체를 구성하고 있는 여러 물질 중에서도 물은 생물체 중량의 70-80%를, 많을 경우 95% 정도를 차지하는 만큼 물은 생물체에 매우 중요한 성분이다. 인간의 신체도 체중의 약 3분의 2가 물로 되어 있다. 인체 내에서의 물은 물질대사에서 생긴 노폐물을 용해시켜서 체외로 배출시키는 역할뿐 아니라, 체내의 갑작스런 온도를 막아 주는 등 여러 가지 기능을 하고 있어 인간은 생리적으로 물을 필요로 하고 있다.

인류가 원시적인 농업기술과 산업기술을 바탕으로 정착생활을 하게 되었을 때 그 중요한 장소는 큰 하천 유역이었다. 인류 문명이 큰 하천을 중심으로 발달하게 된 까닭은 인체가 생리적으로 물을 요구한다는 기본적인 필요성 외에도 농경과 산업 활동에서 물이 필수불가결한 물질이기 때문이었다.

물은 '바닷물·강물·지하수·빗물·온천수·눈·얼음·수증기·안개' 등의 상태로 존재하며, 지구 표면의 3/4을 차지하고 있어 지각이 형성된 이래 지구 표면에서 매우 중요한 역할을 해왔다. 즉, 바다와 육지에 있는 물이 증발하여 대기 중의 수증기가 되고, 이 수증기가 응축·집적되어 구름·안개가 되며, 다시 '비·눈·우박' 등의 상태로 지표면에 내린다. 이런 물의 순환을 통하여 지구 표면의 육지나 섬의 형태를 끊임없이 변화시켜 왔으며, 지구상의 기후 변화를 좌우해 왔다.

이렇듯 인류의 생활과 물은 매우 긴밀한 관계를 유지해 왔기 때문에 물을 잘 이용하고자 하는 인류의 노력은 끊이지 않고 계속되어 왔으며, 물에 관련된 민속신앙과 설화 그리고 신화가 많이 나온 것도 당연한 일로 생각된다.

2. 물의 성분

순수한 물의 경우 무색투명하고 무미·무취하다. 물은 고체와 같이 일정한 체적을 가지나 온도에 따라 수축·팽창되며, 점성은 온도의 상승에 따라 감소하는 경향을 보인다. 물의 비중은 4℃에서 최대가 된다. 그러나 탁수(濁水)의 비중은 1.01, 해수의 비중은 1.025로 온도와 성분에 따라 달라진다.

물은 비열이 높아서 다량의 열을 흡수하더라도 자신의 온도는 크게 변하지 않는다. 이러한 현상은, 이웃하는 물 분자끼리 수소결합(hydrogen bonds)을 이루고 있는데, 이러한 수소결합이 형성되거나 끊어질 때 약간의 열에너지가 저장 또는 방출되기 때문에 나타난다.

물은 액체에서 기체로 될 때, 다량의 열을 흡수하는 성질이 있고 열전도율 또한 높다. 이러한 물의 성질 때문에 더운 날씨에 땀이 증발되면 시원한 느낌을 갖게 되고 체내에서는 열이 고르게 분포될 수 있다.

물은 1기압 0℃에서 얼음이 되고 100℃에서는 끓어 수증기가 되는데, 물속에 함유된 다른 성분들의 양에 따라 빙점(氷點)이 0℃보다 낮아지며, 압력의 변화에 따라 비등점(沸騰點)도 달라진다.

물의 중요 구성물은 〈표 2-7〉과 같다.

구성물	역 할
SO4	황산염. 건조하고 매우 강렬한 맛. 약간의 신랄한 맛을 생성. 500ppm 이상이면 매우 쓰지만 약간의 영국 에일의 특성을 가짐.
CI	염화물. 식용소금. 염화물은 맥주의 맛을 향상시킴. 단맛과 감미로움을 더하며 맥주 안정성을 증진시키고 투명도를 개선. 사용 농도는 비중이 1.050보다 높은 맥주에서는 350ppm 이상까지 사용 가능.
PH	용액의 산성과 알칼리성을 측정하기 위한 12개 단계의 척도. 7은 중성. 낮은 수는 산성이고 높은 수는 알칼리 또는 염기성임.
경도	경도에 영향을 미치는 전체적인 이온으로 표현. 경도에서 알칼리도를 빼면 순경도가 됨.
Ca	칼슘. 물의 경도에 중요한 영향을 미치고, 당화와 양조화학에서도 중요한 역할을 함. 허용되는 수준은 5–200ppm.
Mg	마그네슘. 경도의 제2무기물로 효소 보조인자이자 효모 영양소. 10–30ppm에서 맛을 두드러지게 하고 과다했을 때는 떫은 쓴맛을 냄. 125ppm 이상이면 이뇨제와 배변제로 쓰임.
Na	나트륨. 적당한 수준에서 맥주의 시큼한 짠맛을 향상, 효모에 유해하고 과다할 때 거친 맛이 남. 허용되는 수준 2–100ppm.
Fe	철. 금속 특유의 피 또는 잉크 맛이 남. 평균 수준 0.3ppm 이하여야 함.
HCO3	중탄산염 또는 탄산염(CO3). 물 관련 보고서에서는 알칼리성으로 표현. PH를 높이는 강한 알칼리성 환충제로 거친 쓴맛을 냄. 흑맥주 제조 시 사용.

표 2-7
물의 구성물

3. 맥주의 스타일과 물

물은 맥주에서 빼놓을 수 없는 중요한 재료이다. 물은 맥주의 최종적인 맛에 지대한 영향을 끼친다. 전통적으로 지역 맥주의 스타일을 결정해 온 것은 그 지역만의 물이었다. 맥주의 95%는 물이기 때문이다.

물에는 미네랄이 함유되어 있는데 물마다 그 종류가 다르다. 양조 과정에서 가장 중요한 것은 효모의 활동이다. 물에 함유된 미네랄의 종류와 양에 따라 효모의 활동이 활발해질 수도, 둔해질 수도 있기 때문이다.

효모는 염화나트륨(소금)이나 마그네슘 함량이 높은 물에서는 순식간에 죽어 버린다. 그러나 소량의 염화나트륨은 맥주의 풍미를 더 깊게 해준다. 마그네슘은 발효에 필요한 효소 생성에 필수적인 요소이기도 하다.

철분 함량이 높은 물은 비릿한 쇠 맛이 나고 효모가 활동하기 어렵기 때문에 맥주 제조용으로는 적합하지 않다. 하지만 알칼리성과 산성의 균형을 맞춰주는 칼슘은 맥주 양조에 꼭 필요하다. 염화물 또한 맥주의 질감과 단맛을 높여주어 다양한 맥주 스타일에 활용될 수 있다. 구리나 아연 같은 미량의 함유율도 양조에 큰 영향을 준다. 이 모든 점에 비추어볼 때, 양조에 있어서 물은 단순한 물이 아니다. 양조자들은 특정 성분을 제거하거나 첨가하는 방식으로 물의 화학적 성질을 조절하여 맥주의 특성을 살려준다.

경수는 미네랄 함유량이 높은 물로 지하수 혹은 우물물이 경수에 속한다. 연수는 미네랄 함유량이 적은 물로 우리가 흔히 마시는 생수가 연수에 해당한다.

제3장

크래프트 맥주의 장비

1. 브루잉의 개요

우리가 '크래프트 맥주'를 지칭할 때, 브루어(brewer, 맥주를 양조하는 사람)는 맥주 원료를 브루잉(brewing, 맥즙을 만드는 과정)하고, 즉 사람은 맥즙을 양조하고, 이스트는 알코올을 만들어 맥주가 된다.

양조자는 곡물이라고 하는 맥아 재료가 필요하다. 우선 몰트의 무게를 잰다. 스윗 스타우트로 페일 에일 몰트(풀바디, 토스티), 크리스털 몰트(색감과 캐러멜 맛), 로스트 몰트(커피 맛), 초콜릿 몰트(초콜릿 맛), 벨기에 아로마 몰트(멋진 브랜디 맛), 벨기에 비스킷 몰트(비스킷 맛), 그리고 프로틴이 풍부한 밀 맥아를 사용해 풍성한 거품을 제공한다.

이 몰트를 제분기에 넣고, 알맹이를 여러 조각으로 쪼개어 안에 있는 흰색 가루 녹말을 들어낸다. 곡식가루를 양조용 통(mash tun)에 넣고, 따뜻한 물과 섞어 매쉬(mash, 덩어리)라 불리는 곡물죽을 만든다. 그러면 곡물은 매쉬 과정을 통해 당으로 전환되고 나중에는 맥주를 발효시키는 데 사용이 된다.

몰팅 과정에서 보리 씨앗 속의 천연 효소는 따뜻한 물에 의해 활성화되어 당으로 분해된다. 이때 몰트 효소는 다른 온도에서 서로 다르게 작용하기 때문에 온도가 굉장히 중요하며, 좁은 온도 구간에서도 맛의 큰 차이를 불러올 수 있다. 60–65℃의 매쉬는 다른 종류의 당으로 분해되고, 결과적으로 다른 종류의 맥주를 만드는 것이다. 일부 양조자들, 특히 영국 에일 양조자들은 단일 온도 매쉬를 사용하여 한 시간 이상 온도를 유지한다. 〈그림 3–1〉과 같은 과정을 당화 과정이라 한다.

한 시간 이상 당화 과정이 지나면 전분은 모두 사라지고 어두운 갈색의 끈적끈적한 매쉬로 전환된다. 당화 과정이 끝나면 맥즙과 곡물을 분리시키고, 곡물에 남아 있는 당분을 수거하여야 한다. 곡물 위에 뜨거운 물을 조심스럽게 부어 남아 있는 당분을 깨끗하게 수거한다. 이때 사용하는 물은 너무 뜨거워서도 안 된다. 곡물 껍

그림 3-1
당화 과정

질에서 불필요한 탄닌 성분이 추출되고, 물이 너무 차가우면 당분이 추출되지 않는다. 적당한 온도는 75–80℃ 정도이다.

맥주를 양조하기 전에 계획한 알코올 도수를 위하여 원하는 당 농도를 맞춰야 하기 때문에 계산된 정확한 물 양을 사용하여야 한다. 당의 농도는 초기비중(original gravity)이라고 하며 브루잉 단위(brewing degree)로 표현된다. 와인 양조법에서 사용하는 브릭스(brix)와 유사하다. 맥주 양조에 사용하는 당의 농도는 비중으로 표현된다. 당화 작업이 끝나면 맥즙 끓이는 작업을 진행하여야 한다. 100℃까지 온도가 올라가면 60분을 카운트하고 첫번째 홉의 쓴맛에 기여하는 홉을 넣고 중간에 맥주의 풍미를 위한 홉을 넣어 주고 60분이 되면 맥주의 아로마(aroma)에 기여하는 홉을 넣어 준다. 그 다음으로 맥즙의 온도가 20℃가 되도록 빠르게 식혀 준다.

여기까지는 브루어가 브루잉을 했고, 이제부터는 이스트가 알코올을 만드는 과정이다.

식힌 맥즙에 이스트를 뿌려준다. 발효온도 19–20℃에서 일주일 정도 발효 기간을 거치면 맥즙에 있는 당은 알코올로 전환이 된다. 여기까지를 '미성숙 맥주(young beer)'라 하며 이산화탄소가 자연적으로 생기지만 발효 과정에서 밖으로 다 배출되었기 때문에 맥주 스타일에 맞는 양의 이산화탄소를 넣어 주어야 한다. 홈브루잉에서는 대부분 병입을 할 때 당을 추가하여 자연탄산화를 한다.

2. 홈브루잉 장비

〈그림 3-2〉는 홈브루잉에 필요한 장비이다.

당화조(맥즙 추출) / 워터 칠러(맥즙 냉각) / 계량컵

당화 온도계 / 곡물망(맥즙과 곡물 분리) / 발효조(맥주 발효 시 사용)

DRETEC
손잡이 긴 국자
비중계(당량 측정)
전자저울
Star San
노린스(소독제)
분무기(소독액 희석)
맥주 담는 내압병
에어락(발효 시 사용)
발효통 물 꼭지
에어락 밴드

그림 3-2
홈브루잉 장비

제2절 세척과 소독

맥주를 만드는 과정에서 세척과 소독은 가장 중요한 과정이다. 맥주 만들기의 시작과 끝이라고 할 정도로 중요한 과정이다.

세척제는 장비 표면의 단백질, 수지 성분, 유기·무기염 및 미생물 등 오염물을 제거하는 데 사용된다. 오염물은 수용성이면서 세척 시 분해되는 물질, 유상액(emulsion)이면서, 불용성 물질* 및 유상액화가 안 되면서 불용성 물질 등으로 구분된다.

* 세척 시 유상액이 되어야 한다.

세척 시 가장 간단하면서 환경오염을 방지할 수 있는 세척제는 물이지만 제조장의 모든 오염물을 물로 세척하는 데는 한계가 있다. 소독제의 경우 세척제와 같은 기능을 갖추어야 하며 세정력이 아닌 소독 또는 살균을 할 수 있어야 한다.

많이 사용하는 소독제 중 노린스 소독제인 스타산은 헹구지 않고 그대로 사용하는 소독제이다. 분무기로 소독을 하고 나면 거품이 남는 것을 볼 수 있는데, 거품이 남아 있다고 이것을 씻어 버리면 오염될 수도 있다. 스타산의 거품은 인체에 무해한 정도로 희석을 해서 사용해야 안전하다. 희석을 할 때, 농도가 짙다고 해서 소독 효과가 큰 것이 절대 아니므로 용기에 표시된 희석 비율은 반드시 지키도록 한다.

소독할 때는 맥즙이 닿을 수 있는 모든 부분에 충분히 분사하여 맥주가 오염되지 않도록 하여야 한다.

그림 3-3
스타산

> 스타산 희석 비율 = 물 1ℓ : 스타산 1.6㎖

스타산과 비슷한 노린스 소독제로는 국내 제품인 퍼멘터 클린이 있다. 의료 소독용 에탄올이나 무향 락스를 사용하기도 한다. 의료 소독용 에탄올은 용기에 표기된 농도를 확인한 후 70-75%로 희석해 사용한다. 의료 소독용이므로 당연히 인체에 무해하다. 다만 에탄올을 분무기에 넣어 사용할 경우 호흡기 화상을 입을 수 있고, 주변에 화기가 있을 경우 화재의 위험이 있기 때문에 각별히 주의하여야 한다.

무향 락스를 사용할 경우 희석한 용액에 담가 소독한 후 미지근한 물로 여러 차례 헹구어야 한다. 무향이라고 하지만 충분히 헹구지 않으면 맥주에서 락스 향이 날 수도 있다.

제 4 장

크래프트 맥주의 양조 순서

제1절

크래프트 맥주의 발효 과정

1. 발효 과정

크래프트 맥주를 양조하기 전 먼저 레시피 디자인부터 한다.

① 먼저 만들고자 하는 맥주의 스타일을 정한다. 예를 들면, 페일 에일, 벨지안, 스타우트 등.

② 만들고자 하는 맥주의 알코올 도수를 정한다.

③ 스타일이 정해지면 사용될 맥아를 구성한다.

④ 스타일에 맞는 효모 및 홉을 구성한다.

크래프트 맥주 양조 순서는 홈브루잉과 상업양조가 조금 차이가 있으나 기본적인 양조 방법은 같다고 보면 된다.

발효 과정 순서는 〈그림 4-1〉과 같고, 자세히 설명하면 다음과 같다.[16]

① 몰트 배합하기 ② 몰트 분쇄하기 ③ 65–70℃로 당화하기

④ 당화 중 젓기 ⑤ 맥즙과 곡물 분리하기 ⑥ 잔당 헹구기

⑦ 맥즙 60분 끓이기 ⑧ 시간대별 홉 넣기 ⑨ 종료 15분 전에 칠러 넣기

⑩ 맥즙을 칠러로 식히기

⑪ 맥즙 발효조로 옮기기

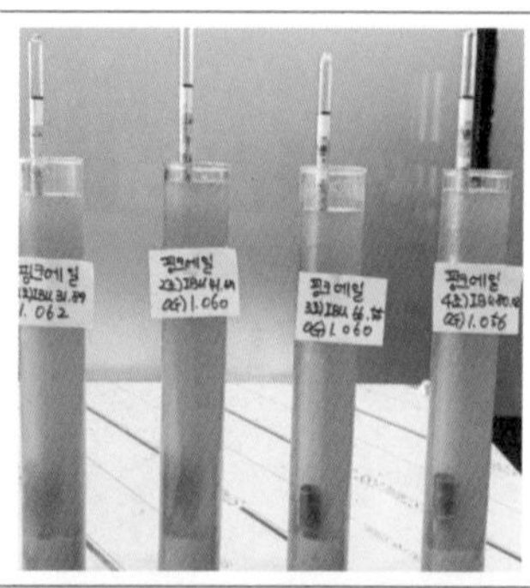

⑫ 추출된 당 비중 체크하기

⑬ 효모 뿌리기

⑭ 라벨 붙이고 발효하기

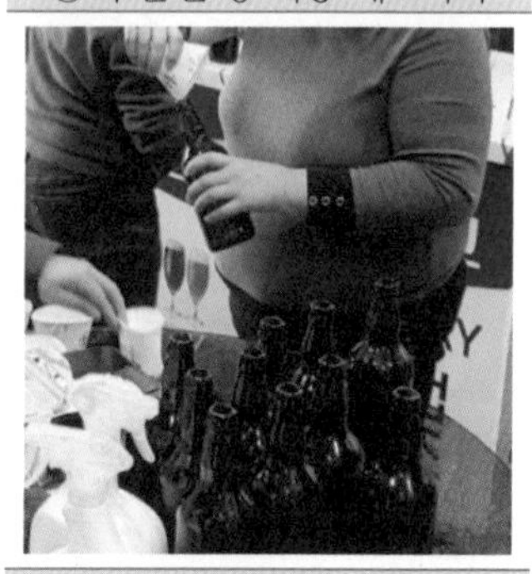

⑮ 숙성 후 병입 및 저장하기

그림 4-1
발효 과정

① 몰트 배합하기

알코올 도수와 맥주 스타일이 정해지면 레시피에 의거하여 곡물을 선정하고 배합하는 과정이다.

② 몰트 분쇄하기

맥아를 분쇄하는 이유는 당화 과정에서 물과의 접촉 면적을 넓혀 가용성 물질의 원활한 용출을 통해 효소작용을 용이하게 하고 여과를 쉽게 하기 위해서다.

③ 65–70℃로 당화하기

당화는 맥아의 가용성 성분을 용출시켜 주는 단계로 탄수화물을 효모가 발효시킬 수 있는 당분으로 전환시키는 과정을 말한다. 먼저 맥아를 적당한 크기로 분쇄하여 당화조에 넣고 약 65–70℃ 구간에서 60분간 당화 과정을 거친다. 이 온도에서 탄수화물을 당분으로 바꿔주면 효소가 활성화된다. 당화 온도와 당화시간은 만드는 맥주의 종류와 맥아의 종류에 따라 다양하게 바뀔 수 있다. 당화 과정은 식혜를 만드는 과정과 유사하다. 또한 당화 온도가 60℃ 초반으로 내려갈수록 효모가 발효시킬 수 있는 맥아당이 많이 생성되어 드라이한 맥주를 만들 수 있다. 70℃ 근처로 올라갈수록 다당류가 많이 생성되어 바디가 풍부한 맥주를 만들 수 있다.

④ 당화 중 젓기

당화조 내의 가운데 온도와 당화조 내벽 바깥쪽 온도가 다르기 때문에 가끔씩 저어 주면서 당화수율을 높여 준다.

⑤ 맥즙과 곡물 분리하기

곡물 속 전분이 당으로 전환이 된 후 곡물 껍질을 걸러주는 과정이다.

⑥ 곡물 속에 남아 있는 당 회수하기

당화가 끝나면 곡물과 맥즙을 분리한다. 맥즙을 분리한 후 곡물 속에 남아 있는 당을 회수하는 과정이다. 이 작업을 스파징(sparging)이라 한다. 스파징은 75℃의 뜨거운 물을 곡물 위에 부어 남아 있는 당분을 거두는 과정으로, 온도가 너무 낮은 물을 사용하게 되면 당분의 회수가 원활하지 않고 너무 높은 온도에는 탄닌 등 잡맛을 내는 성분이 같이 추출되므로 온도를 잘 맞추는 것이 중요하다.

⑦ 맥즙 60분 끓이기

당화 과정이 끝나고 곡물 껍질을 제거한 다음 맥즙을 끓이는 과정을 진행한다. 이때 불순물은 응집되고 잡균도 소독된다. 20ℓ 의 맥주를 만들려면 필요한 맥즙의 양은 23-25ℓ 이다. 이는 맥즙을 1시간 끓이는 과정에서 2-3ℓ 가 증발되기 때문이다.

⑧ 시간대별 홉 넣기

맥즙 자비(끓이는 과정)에서 맥주의 중요한 요소인 홉 첨가가 함께 진행된다. 홉을 첨가하는 목적은 맥주의 고미 성분과 향기를 추출하고 효소를 파괴 및 살균하는 것이다. 홉의 첨가량은 완성된 맥즙이 1kℓ라면, 1.5-1.8kg 정도가 좋고, 맥즙을 끓이는 동안 2-3회에 나누어 첨가한다. 첨가량은 맥주의 종류나 홉의 종류에 따라 달라지며 맥주의 쓴맛, 향 등을 결정한다. 먼저 쓴맛에 관여하는 홉을 넣어준다. 쓴맛은 홉을 60분 끓이는 동안 홉속에 들어 있는 알파산의 이성질체화로 인하여 쓴맛이 만들어지기 때문이다. 60분 동안 끓이면서 30-45분이 경과된 뒤 넣어 주는 홉은 맥주의 풍미, 즉 플레이빙(flavoring)에 관여를 한다. 60분 경과 후 불을 끄고 넣어 주는 홉은 맥주의 향에 관여하는 홉이다. 마지막으로 맥주의 향을 더 높게 하기 위하여 발효과정이 끝나고 홉을 한 번 더 넣어주기도 한다. 이를 드라이 호핑이라고 한다. 홉은 청정제 역할도 하며, 같은 홉이라 하더라도 끓이는 시간에 따라 쓴맛과 풍미, 향은 달라질 수 있다.

⑨ 종료 15분 전 칠러 넣기

칠러(chiller, 냉각기)는 소독을 하기 위해 끓이는 과정 종료 15분 전에 넣는다.

⑩ 맥즙을 칠러로 식히기

콜드 브레이킹 과정이라고 하는 냉각 과정이다. 빠른 시간, 즉 20분 내에 20℃까지 온도를 내려야 한다. 뜨거운 상태의 맥즙은 산화가 되어 맥주 맛이 변질될 가능성이 높고 칠링(chilling, 차갑게 하는 과정)에서 남아 있는 부유물이 응고되거나 침전되는 것을 최소화하기 위함이다.

⑪ 맥즙 발효조로 옮기기

맥즙의 온도가 20℃로 식으면 발효를 위해 맥즙을 발효조에 옮기는 과정이다.

⑫ 추출된 당 비중 체크하기

맥즙 속 당의 양*을 체크한다.

* 알코올 도수를 파악하는 작업이다.

⑬ 효모 뿌리기

효모는 드라이 효모와 액상 효모가 있다. 먼저 준비한 스타터(starter)**를 맥즙에 넣는다. 25℃로 식은 맥즙에 0.5% 정도의 맥주 효모를 첨가하면 곧 번식하여 당을 소비하고 알코올과 이산화탄소를 배출하는 발효작용이 시작된다. 발효조의 뚜껑을 덮고 밀폐해 발효 과정에서 생기는 탄산을 배출시킬 수 있는 에어락을 장착한다.

** 드라이 효모의 액즙 발효가 충분하도록 효모의 양을 늘리는 과정으로, 30℃의 따뜻한 물에 건조 효모를 뿌리고 약 5분간 방치한 후 살짝 젓는다.

⑭ 라벨 붙이고 발효하기

대개 효모 첨가 후 3일까지 왕성하게 발효가 진행되고 발효조에 장착된 에어락의 움직임으로 확인할 수 있다. 발효 온도는 에일 맥주는 약 20℃, 라거 맥주는 약 10℃이다. 좀 더 상세하게는 상면발효의 경우 18–23℃에서 대략 일주일이면 전체 발효가 끝나고, 하면발효의 경우 5–13℃에서 8–12일 정도 걸린다. 전체 발효가 끝나면 효모가 발효조 아래에 가라앉아 발효된 맥주와 분리되고 이 상태의 맥주를 미숙성 맥주라고 한다.

⑮ 숙성 후 병입 및 저장하기

전체 발효가 끝난 미숙성 맥주는 탄산은 없지만 알코올은 함유된 상태라서 마시면 취할 수 있다. 미성숙 맥주에 남아 있는 효모가 설탕 당분을 분해하여 알코올과 탄산을 만들어 맥주에 탄산을 부여하게 되며, 에일 맥주의 경우 실온에서 탄산화는 대체로 일주일 전후로 완료된다. 숙성을 위한 저장기간은 1–2주간 냉장 숙성을 거치면 생맥주가 완성된다.

2. 알코올 도수 계산 방법

가. 비중

〈그림 4-2〉와 같이, 물의 비중은 1.000이다. 물속에 당이 우러나면 비중은 당의 양만큼 상승하게 된다. 절대값이 아닌 상대값이며, 이때 물 온도가 15℃인 순수한 물의 무게를 1로 가정한다.

초기비중은 따뜻한 물에 곡물을 넣고 시간이 지나면 곡물 속에 들어 있는 당이 물속으로 추출(당화)되는 당의 양을 의미한다. 당화는 효소 또는 산의 작용으로 녹말 등 무미한 다당류를 가수분해하여 감미가 있는 당으로 바꾸는 반응 및 조작이다. 예를 들면 녹말은 효소에 의해 포도당 및 맥아당으로 당화되는 과정을 거친다.

종료비중(final gravity)은 발효 과정에서 효모가 물속에 추출된 당을 먹고 알코올과 이산화탄소를 만든다. 이산화탄소는 발효조에 설치한 에어락을 통하여 밖으로 유출되지만 알코올은 물속에 남아

그림 4-2
초기비중(OG),
종료비중(FG)의 개념

있다. 효모가 당을 먹고 알코올을 만드는데, 이때 먹지 못하고 남은 당의 양을 종료비중이라고 한다.

아래와 같이, 알코올 발효는 산소가 없는 상태에서 미생물(효모)에 의하여 당류가 알코올과 이산화탄소로 분해되며 알코올을 생성하는 발효이다. 주정발효라고도 하며, 미생물에 의한 탄수화물의 무산소적 발효의 일종으로, 당 또는 다당류에서 최종적으로 에탄올과 이산화탄소를 생성하는 것이다.

알코올 및 이산화탄소 반응식은 아래와 같다.

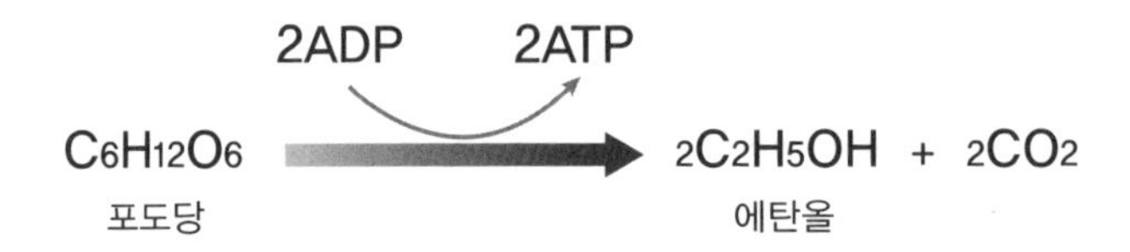

이러한 작용을 하는 미생물로 가장 잘 알려진 것이 효모이며, '글루코스(포도당) · 프룩토오스(과당) · 마노스 · 말토스(엿당) · 슈크로

그림 4-3
초기비중(발효 전 추출된 당의 무게), 1.046

스(설탕)'를 발효시킬 수 있다. 알코올 발효는 미생물(특히 곰팡이)이나 고등식품에서 볼 수 있다. 대부분의 동물조직에서는 알코올 발효가 일어나지 않고, 탄수화물은 산소가 없는 상태에서 분해되어 젖산을 생성한다. 알코올 발효는 알코올성 음료나 빵을 생산하기 위해 예전부터 인류가 이용해 온 자연현상이다. 19세기 들어서도 맥주를 만들 때 쌓이는 맥주 재강(효모)을 단순한 화학 물질에 지나지 않는다고 생각하고 있었다.

그러나 1857–58년 루이 파스퇴르가 미생물이 발효를 일으킨다는 것을 발견했다. 이어서 1897년 부흐너 형제가 세포를 함유하지 않는 효모 추출액에 의해서 발효가 일어나는 것을 발견하여 발효의 원인이 되는 물질, 즉 효소를 지마아제라고 명명하였다.

나. 비중 측정으로 알코올 도수 계산

알코올 도수는 알코올음료에 대한 에탄올의 부피 농도를 백분율(%)로 표시한 비율이다. 많은 국가에서 표준으로 사용하고 있다. '~도' 혹은 영어식 표현인 '~%(Alcohol By Volume, ABV)'와 같이 나타낸다. 프랑스의 화학자 조제프 루이 게이뤼삭의 이름을 따서 게이뤼삭 도수라고 부르는 나라도 있다. 알코올 도수 측정에는 알코올 도수계 등이 사용된다.

비중 측정으로 알코올 도수를 계산하는 방식은 아래와 같다.

알코올 도수 = (초기비중 − 종료비중) × 131 + 0.3

예를 들면, (1.046−1.010)×131+0.3=5.016(5%)

여기서 0.3은 병입 때 탄산화를 위해 첨가되는 설탕에 의해 증가되는 알코올 도수이다.

초기비중의 마지막 두 자리 숫자를 10으로 나누어 알코올 도수 함량을 예측할 수 있다. 예를 들면, 초기비중이 1.046이라면 46÷10=4.6% 정도의 맥주가 만들어지는 것을 예측할 수 있다.

맥주 종류별 종료비중의 범위는 1.010−1.020 정도이다. 곡물 당화 과정 중 온도에 따라 종료비중이 달라진다.

〈표 4-1〉은 효소의 종류와 당화 과정이다.

표 4-1
효소의 종류와 당화 과정

효소의 종류	최적온도	pH범위	기 능	당화 과정
프로티아제 (protease)	45−65℃	4.6−5.3	큰 덩어리 단백질을 쪼갬	단백질 조정 (protein rest)
베타−아밀라아제 (β−amylase)	60−65℃	5.0−5.5	전분을 맥아당(maltose)으로 분해	당화 (saccharification)
알파−아밀라아제 (α−amylase)	65−72℃	4.3−5.7	맥아당 및 다양한 비발효당 (덱스트린 등)을 생성	

(1) 한 단계 온도(single infusion mashing)

65−68℃에서 60분간 유지하며 당화하는 과정이다. 영국과 미국에서도 많이 사용되며, 한국인이 좋아하는 맥주 스타일이다.

(2) 다단계 온도(Multi step infusion mashing)

독일과 체코에서 많이 사용하며 라거 스타일 맥주에 적합한 과정이다.

- 63−65℃, 65−70℃ 각각 20분가량 유지
- 65−68℃, 68−72℃ 각각 30분가량 유지

유지시간 비율과 온도는 양조장에서 생산하는 맥주 스타일이 되는 중요한 부분이다.

(3) 디콕션(decoction mashing)

당화 중 곡물의 일부분을 덜어내어 높은 온도로 올려주고 다시 합쳐서 온도를 조절하는 방법이다. 당화 온도조절이 없는 장비로 양조할 경우에 사용하였으며, 싱글(single), 더블(double), 트리플(triple), 디콕션(decoction)이 있다.

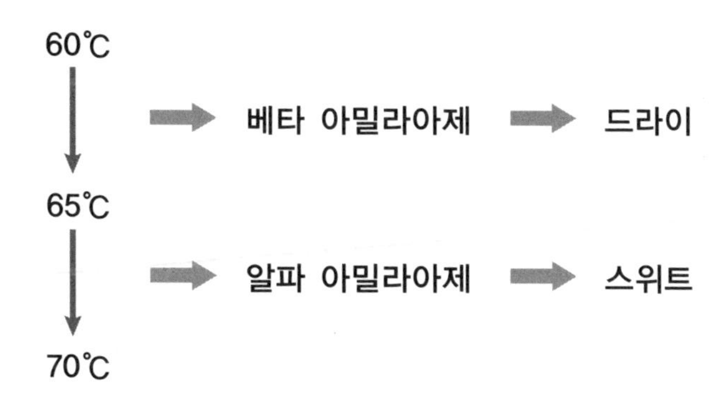

그림 4-4
드라이와 스위트 온도

제2절 크래프트 맥주 양조하기

1. 액상 몰트로 양조하기

액상몰트 양조하기는 맥주 원료인 몰트로 당화 및 끓임 과정을 거쳐 수분을 20%까지 졸인 액기스로 양조하는 것이다. 1.5kg 하나로 10ℓ의 맥주를 만들 수 있다. 라거, 페일 에일, 흑맥주 등 다양한 맥주를 만드는 데 사용한다.

1) 재료

준비물	스테인리스 통 1개, 소독제(스타산), 분무기, 손잡이긴 주걱, 온도계, 비중계, 발효통
재 료	필젠 라이트 액상 몰트 익스트렉트(Pilsen Light LME) : 1.5kg

그림 4-5
필젠 라이트 액상 몰트 익스트렉트

2) 비중 계산식

맥주의 비중은 대부분 비중(spedific gravity, SG)에서 소수점 자리의 오른쪽 방향으로 숫자 0이 아닌 아라비아 숫자들이다. 수학적으로, 아래와 같은 식으로 비중에서 1을 빼고 1000을 곱하여 비중(SG)에서 비중단위(gravity unit, GU)로 변화시킨다.

예를 들면, 1.046은 46GU, 1.050는 50GU이다.

$$GU = (SG - 1) \times 1000$$

액상 몰트 익스트렉트(Liquid Malt Extract)로 양조할 때, 필요한 액상몰트(LME)의 양

① LME의 비중 305, 사용물량 10ℓ, LME 무게 1.5kg일 때, 예상 비중은?

GU = 305 × (1.5 / 10) = 45.75

그러므로 비중은 1.045–1.046 정도가 된다.

② 1.050의 비중을 가진 물 20ℓ를 만들려면 LME는 몇 kg이 필요한가?

50 = 305 × (X/20)

X = (50 × 20)/305

X = 3.3kg

3) 양조 방법

액상 몰트로 양조하는 과정은 다음과 같이 9단계로 나뉜다.

1. 차갑게 굳어 있는 추출물을 통째로 뜨거운 물에 넣고 데워서 부드럽게 해준다.

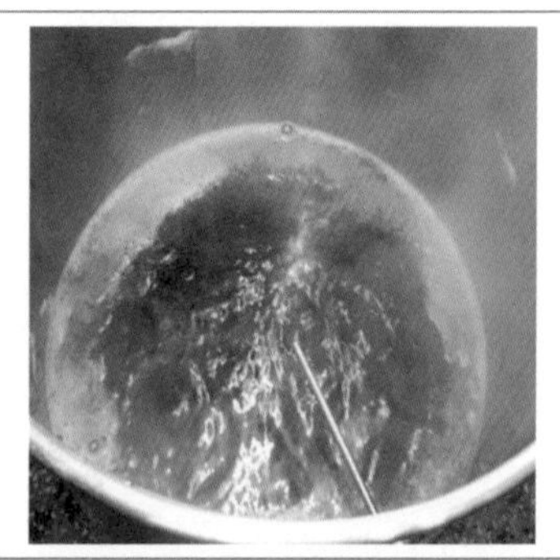

2. 스테인리스 통에 물 10ℓ에 액상 몰트 추출물을 넣고 100℃가 되면 60분 동안 끓이기 시작한다.

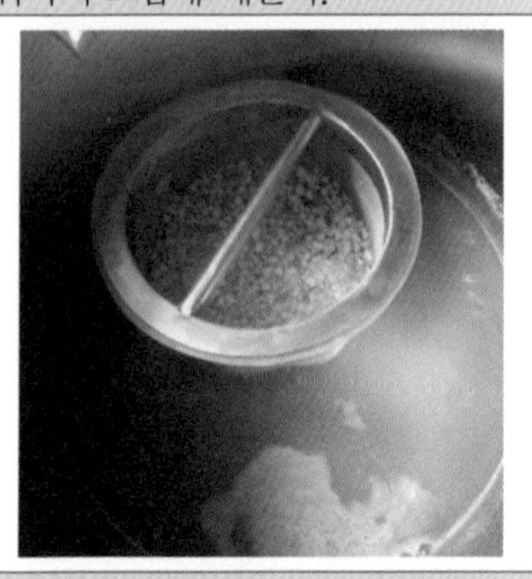

3. 60분을 끓이는 동안 쓴맛을 위해 홉을 넣어 준다.

4. 끓기 시작한 지 45분 경과 후 아로마 홉을 넣어 준다. 60분 경과 후 불을 끄고 아로마 홉을 한 번 더 넣어 준다.

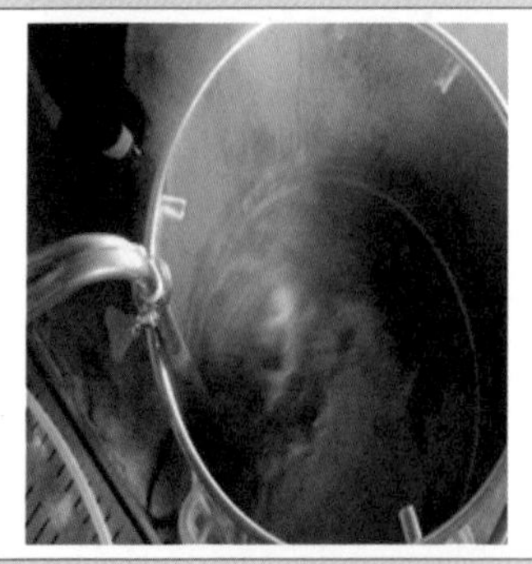

5. 60분간 끓이는 동안 2ℓ 정도의 물이 증발한다. 물 양이 증발한 만큼 정수한 물을 추가하고 칠러를 사용하여 빠르게 식힌다.(20분을 넘기지 말 것)

6. 25℃까지 빠르게 식혀 주고 발효조로 옮긴다.(발효조 소독은 철저하게)

7. 비중계로 목표 비중을 체크하고 효모를 뿌려 준다.

8. 뚜껑을 닫고 에어락을 설치한다.
9. 온도 19-23℃에서 7일간 발효한다.

액상 몰트 양조 9단계가 마무리되면, 1차 발효와 2차 숙성 그리고 3차 숙성을 하여야 한다.

① 1차 발효는 7일 발효가 끝나는 단계에서 아로마 홉을 추가(드라이 홉핑)하고, 9일차에 4-6℃에서 7일간 숙성한다.*

② 2차 숙성은 7일 숙성 기간이 끝나면 병입한다.

③ 3차 숙성은 병입 후 4-6℃에서 2주 이상 숙성하면 쓴맛이 부드러워지고 효모의 이취도 없어진다.

* 드라이 홉은 홉의 양 및 종류에 따라 맥주 향과 맛이 상승한다.

2. 드라이 몰트로 양조하기

1) 재료

준비물	스테인리스 통 1개, 소독제(스타산), 분무기, 손잡이긴 주걱, 온도계, 비중계, 발효통
재 료	필젠 라이트 드라이 몰트 익스트렉트(Pilsen Light DME) : 0.45kg

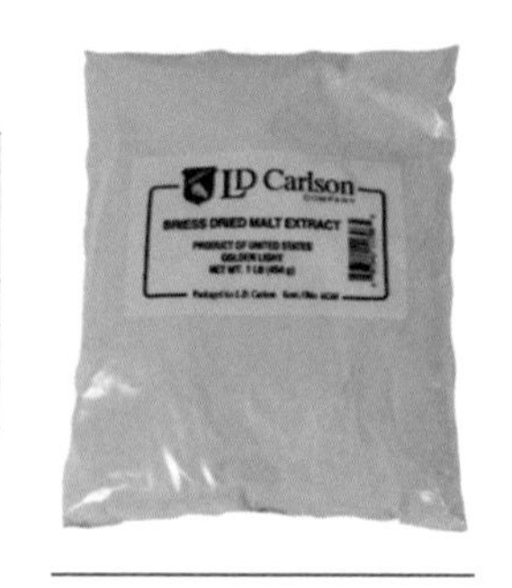

그림 4-6
필젠 라이트 드라이 몰트 익스트렉트

2) 비중 계산식

GU = 377 × [DME 사용량(kg) / 물량(ℓ)]

비중단위는 (비중 − 1) × 1000

비중 1.040의 비중단위는 40이다.

드라이 몰트 익스트렉트(Dry Malt Extract)로 양조할 때, 필요한 드라이 몰트(DME)의 양

① DME 1봉지인 0.45kg으로 10ℓ를 만들 때 예상 비중은?

GU = 377 × (0.45/10) = 16.97

그러므로 비중은 1.016 − 1.017 정도가 된다.

② 1.050의 비중을 가진 워트 20ℓ를 만들려면 DME는 몇 kg이 필요한가?

50 = 377 × (X/20)

X = (50 × 20)/377

X = 2.7kg

3) 양조 방법

드라이 몰트 양조 과정은 1단계, 스테인리스 통에 물 10ℓ를 넣고 드라이 몰트가 잘 녹을 수 있도록 저어 준다. 2단계, 드라이 몰트가 다 녹으면 100℃까지 끓인다. 3단계에서 9단계까지는 액상 몰트 익스트렉트로 양조할 때와 같다.

드라이 몰트 양조 역시 마무리되면, 액상 몰트 양조와 동일하게 1차 발효와 2차 숙성 그리고 3차 숙성을 거쳐야 한다.

3. 전곡물로 양조하기

전곡물 양조는 다음과 같이 14단계로 이루어진다.

그림 4-7
전곡물

1. 스테인리스 통에 22ℓ의 물을 70℃까지 끓인다. 목표량은 20ℓ이고, 끓이는 동안 증발하는 물의 양은 2ℓ다.

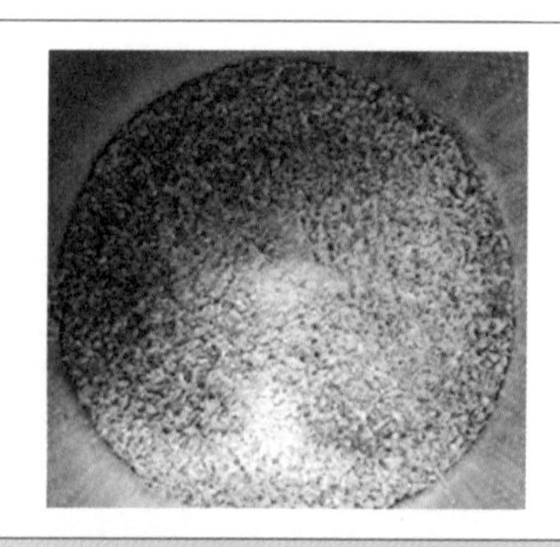

2. 70도℃까지 끓인 물에 분쇄한 곡물을 넣고 불을 끄고 당화온도를 68℃로 고정한다.

3. 60분 동안 당화하는 동안 당화 효율을 높이기 위하여 15분 간격으로 저어 준다.

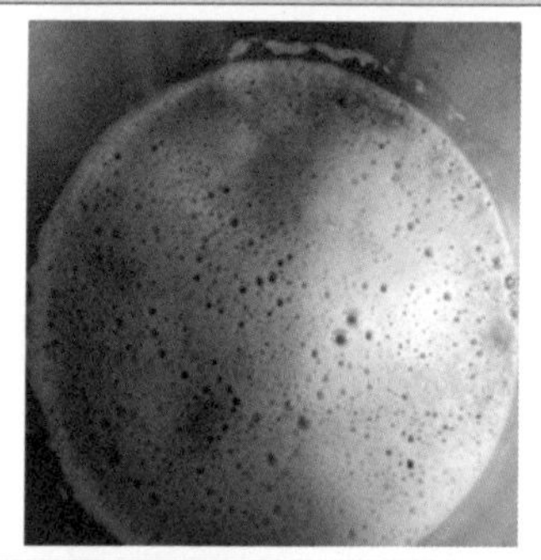

4. 불을 조절하여 물의 온도를 68℃로 유지하고 중간중간 당화 효율을 위하여 저어 주면서 60분 동안 유지한다.

5. 60분 당화를 마치면 곡물과 맥즙을 분리시킨다.

6. 곡물 속에 남아 있는 당을 수거하기 위하여 뜨거운 물(75℃)로 헹군다. 이때 물의 양은 곡물이 6 kg일 경우, 3ℓ를 사용한다.

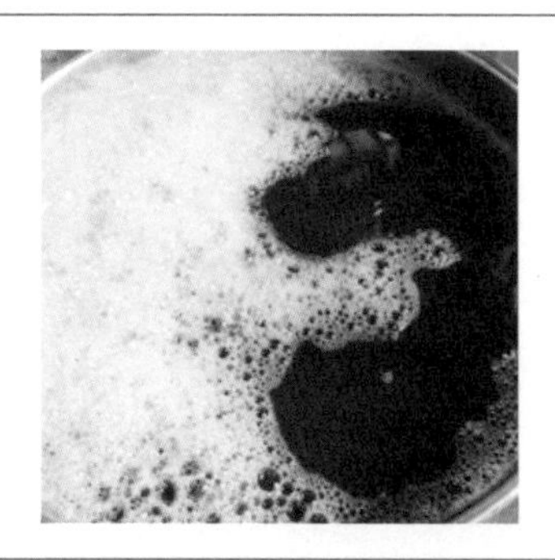

7. 당화 과정이 끝나고 곡물과 분리시킨 맥즙이다. 이 단계까지가 맥즙을 만드는 과정이다.

8. 지금부터는 맥즙에 쓴맛과 향 등 다양한 맛을 추가하는 과정으로 맥즙을 끓인다. 맥즙이 끓기 시작하면 60분간 더 끓이며 단계별로 홉을 넣는다.

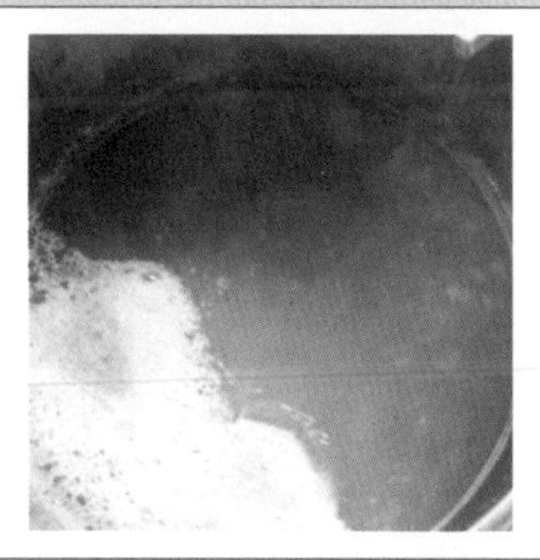

9. 맥즙이 끓기 시작하면 먼저 쓴맛을 내는 홉을 넣는다. 30–45분 경과 후 다양한 맛(감칠맛)을 내는 홉을 추가한다.

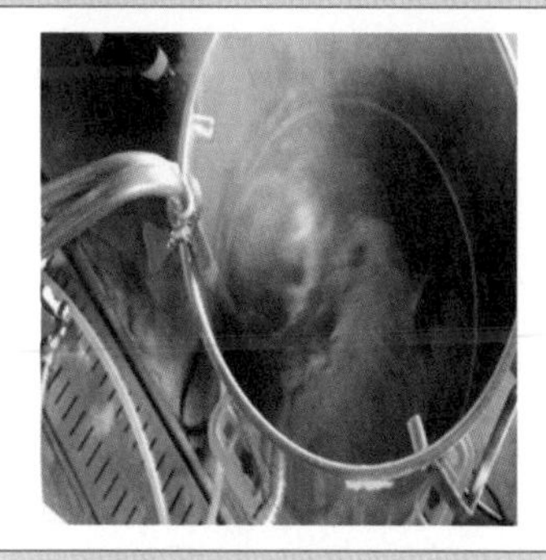

10. 칠러 소독을 위하여 끓이기 45분 경과 후 칠러를 넣어 준다.

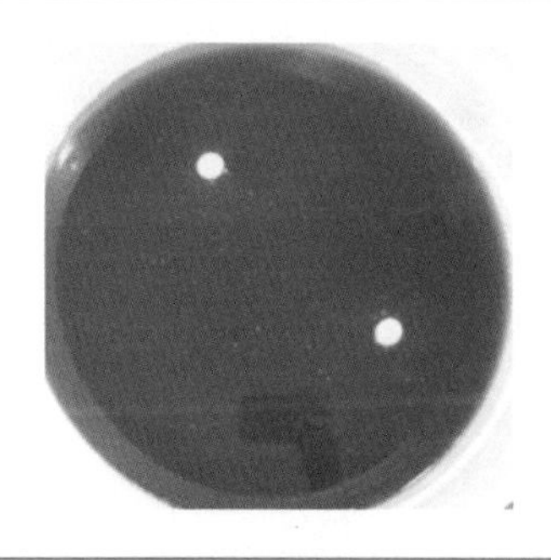

11. 맥즙 끓이기 60분 경과 후 불을 끄고 맥주 향을 좋게 하는 홉을 마지막으로 추가하고 맥즙의 온도를 25℃로 식힌다.

12. 발효통을 깨끗이 세척한 후 소독하여 준비하고 식은 맥즙을 발효조로 옮긴다.

13. 맥즙 위에 둥근 원을 그리듯 효모를 뿌린다.

14. 19–24℃에서 7일간 발효시킨다.

전곡물 양조 14단계가 마무리되면, 1차 발효와 2차 숙성 그리고 3차 숙성을 하여야 한다.

① 1치 발효는 7일 발효가 끝나는 단계에서 아로마 홉을 추가(드라이 홉핑)하고, 9일차에 4–6℃에서 7일간 숙성한다.*

② 2차 숙성은 7일 숙성 기간이 끝나면 병입한다.

③ 3차 숙성은 병입 후 4–6℃에서 2주 이상 숙성하면 쓴맛이 부드러워지고 효모의 이취도 없어진다.

* 드라이 홉은 홉의 양 및 종류에 따라 맥주 향과 맛이 상승한다.

제 5 장

크래프트 맥주의 관능평가

제 1 절 크래프트 맥주의 관능평가

일본 (주)미노(旗面) 맥주의 대표는 오오시타 가오리(그림 5-1)이다. 미노 맥주는 미노 지역에서 태어난 로컬 맥주이다. 그것은 특별한 맥주가 아닌 데일리 맥주로, 시행착오를 거듭해 만들어진 제조방법이다. 오오시타는 "맥주는 눈으로 보고, 코로 향기를 맡고, 혀로 맛을 본다"라고 주장한다. 그것은 매일 수행하는 맥주 테이스팅이 중요하다는 의미이다.

그림 5-1
오오시타 가오리

맥주 테이스팅(tasting)은 본격적으로 맥주의 맛을 평가하는 단계이다. 지금까지의 모든 이론들이 사실은 테이스팅을 위한 서곡이라고 말할 수 있다. 맥주는 다른 음료와 달라서 시각, 후각, 미각 3가지 감각을 모두 충족시켜 준다. 수천 가지의 맥주 중에서 하나를 골라 특색을 살펴보는 것은 꽤 재미있는 일이다.

테이스팅에 있어서 무엇보다 중요한 것은 자신의 느낌이다. 평가 후 느낌을 노트에 기록하는 것이 좋다. 다음번 맥주를 선택할 때 또는 맥주에 대한 지식을 늘리고자 할 때 많은 도움이 된다. 여기에서는 맥주 테이스팅을 위한 기본적인 몇 가지 사항에 대해 설명하고자 한다.

우리는 식음료를 먹거나 마실 때 모든 감각을 활용하여 그 맛에 대해 평가한다. 인간의 오감인 '시각, 후각, 미각, 청각 및 촉각'으로 감지되는 반응을 측정하여 분석하는 것을 관능평가(sensory evaluation)라고 한다. 맥주의 관능평가를 위해 사용되는 감각 용어를 정리해 보자.

〈그림 5-2〉와 같이, 먼저 시각은 맥주의 맛을 눈으로 느끼는 것이다. 아로마(aroma)는 후각을 이용한 것으로 코에서 느껴지는 맥주의 독특한 향을 말한다. 미각(taste)은 입속에 맥주가 들어왔을 때 느끼는 맛으로, '단맛(sweet), 신맛(sour), 쓴맛(bitter), 짠맛(salt)과 제5의 미각이라고 하는 감칠맛(savory taste)'이 있다. 인간이 느끼는 수많은 맛은 분류가 쉽지 않으므로 풍미라고 칭하며, 풍미는 식음료를 씹고 삼킬 때 입속, 식도, 후두를 통해 느끼는 냄새와 식감(mouth feel) 등을 총칭하는 말이다. 식감이란 음식의 질감, 온도, 유분, 유동성, 떫은 맛, 씹거나 삼킬 때의 촉각 등을 말한다.

그림 5-2
맥주 테이스팅 5단계

자료 : 구본자, 《맥주제조 기초와 재료의 이해》, 글로벌 양조경영학교, 2017, p.97.

시각(외형)	후각(향)	미각(풍미)	촉감	총평
□ 거품의 색	□ 홉	□ 홉	□ 바디	□ 요약
□ 거품의 유지력	□ 몰트	□ 몰트	□ 탄산	□ 특징
□ 맥주의 색	□ 효모	□ 효모	□ 질감	□ 시음성
□ 맥주의 탁도	□ 부재료	□ 부재료	□ 알코올	□ 임팩트/재미
□ 라벨		□ 비터		□ 만족도
		□ 피니시		□ 스타일의 적합도
		□ 밸런스		
		□ 복합도		

1. 시각

맥주를 잔에 따랐을 때, 가장 먼저 체크해야 할 것은 맥주의 색상과 투명도, 거품이다. 뒷 배경을 하얀색*으로 두고 잔을 비쳐 본다. 맥주에 따라 각기 다른 색과 투명도를 나타낼 것이다. 〈그림 5-3〉과 같이, 페일 라거의 색깔인 옅은 노란색부터 검은색을 띠는 스타우트에 이르기까지 맥주마다 색이 다름을 관찰할 수 있다.

* 흰색 종이나 테이블 보.

그림 5-3
맥주의 색깔

(1) 맥주 색의 구분

맥주 색을 측정하는 단위를 SRM이라 한다. SRM은 맥주의 맛과는 무관하며, 2–40SRM으로 다양하게 색을 구분한다.

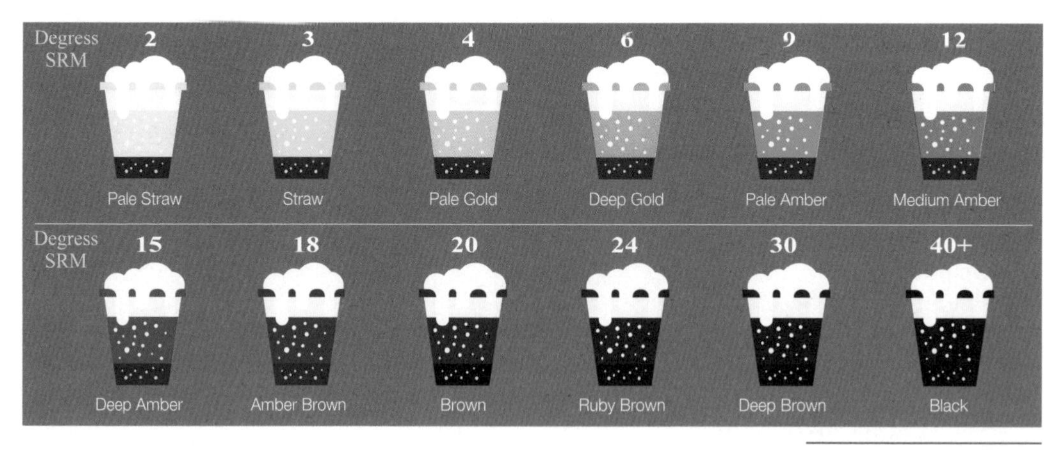

그림 5-4
맥주별 SRM

〈맥주 색을 측정하는 SRM과 EBC 비교〉

SRM 로비본드	맥주	맥주 색	EBC
2	페일 라거, 윗비어, 필스너, 베를리너 바이세스		4
3	마이복, 블론드 에일		6
4	바이스 비어		8
6	아메리칸 페일 에일, 인디아 페일 에일		12
8	바이스 비어, 세이존		16
10	잉글리시 비터, ESB		20
13	비에르 드 가드, 더블 IPA		26
17	다크 라거, 비엔나 라거, 마르첸, 엠버 에일		33
20	브라운 에일, 복, 둔켈, 둔켈바이젠		39
24	아이리시 드라이 스타우트, 듀펠복, 포터		47
29	스타우트		57
35	포린 스타우트, 발틱 포터		69
40+	임페리얼 스타우트		79

(2) 맥주의 외형

맥주의 외형(appearance)은 거품, 색, 탁도 세 가지를 기본으로 본다. 거품(Head)은 '풍성하다, 보통이다, 적다, 조밀하다, 엉성하다, 거칠다'로 표현하고, 거품의 유지력은 '오래 지속된다, 적당하다, 금새 꺼진다' 등으로 표현을 한다. 탁도는 '맑다, 보통이다, 탁하다' 등으로 표현을 한다.

(3) 맥주의 엔젤링

〈그림 5-5〉와 같이, 맥주의 엔젤링(Brussels Lace)이란 잔에 남은 거품을 말한다. 엔젤링이 잘 생기게 하기 위해서는 잔이 깨끗해야 하는데, 잔에 기름기나 세제 잔액이 남아 있으면 거품이 잘 생기지 않는다. 엔젤링은 좋은 맥주와 깨끗한 잔의 상징이라 할 수 있다.

그림 5-5
맥주의 엔젤링

2. 후각(향)

맥주를 마시는 것은 곧 향을 음미하는 것이라는 표현이 있을 정도로 향은 맥주의 생명과도 같다. 맥주의 향은 맥주의 질을 나타낸다. 맥주의 향은 수천 가지가 존재하지만 크게 두 가지로 나뉠 수 있다. 원료인 밀, 보리 자체에서 느껴지는 향과, 제조 과정과 발효나 숙성 단계에서 생겨나는 향이 있다. 원료 자체에서 느껴지는 향을 아로마라고 하고, 발효와 숙성 과정에서 나는 향을 부케(bouquet)라고 한다. 그러나 일반적으로 맥주의 향미를 판단할 때는 아로마와 부케를 구분하지 않고 아로마 하나로 맥주의 향을 구분한다.

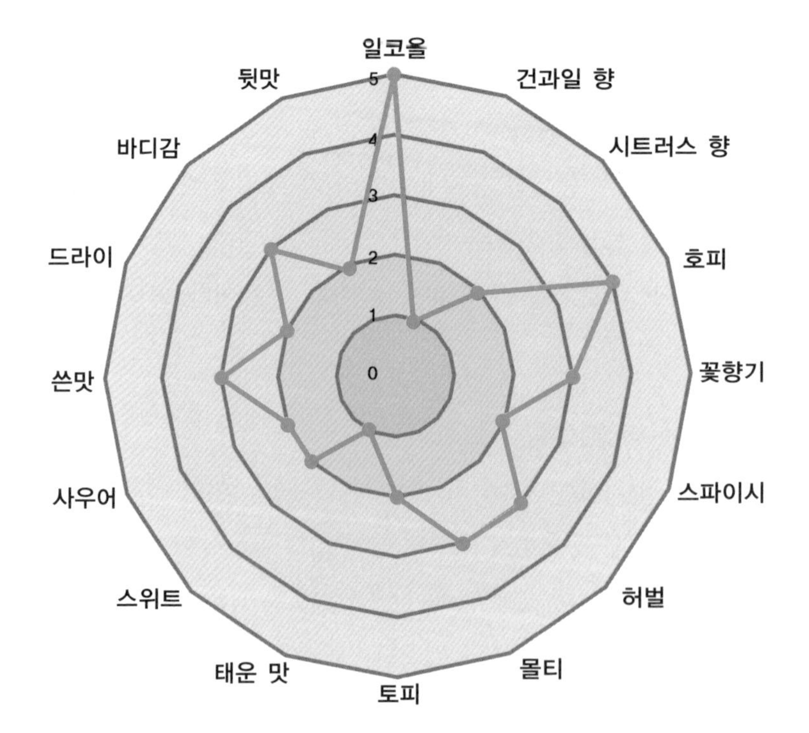

그림 5-6
맥주 아로마 휠

맥주 아로마 휠은 '알코올(알코올의 맛), 건과일 향(말린 과일 향), 시트러스 향(시큼하면서 달달한 과일 향), 호피(홉에서 나는 다양한 향과 맛), 꽃향기(홉에서 특별하게 나는 꽃 향. 부재료 꽃을 사용했을 때 나는 맛과 향), 스파이시(약하게 느껴지지만 매운맛과 같은 화~한 느낌), 허벌(각종 허브에서 나는 향), 몰티(몰트에서 나는 맛과 향. 빵, 비스킷 등), 토피(태운 설탕 맛, 캐러멜 향), 태운 맛(특수 몰트에서 나는 맛, 크리스털 몰트 초콜릿 몰트 등 커피 맛과 비슷한 맛), 스위트(단맛의 정도), 사우어(신맛), 쓴맛(홉의 쓴맛의 정도), 드라이(스위트의 반대되는 맛), 바디감(스위트한 맛이 주는 무게감, 당화 시 잔당에 의한 무게감), 뒷맛(넘기고 난 후 입 안에 남아 있는 여운에서 느껴지는 맛과 향)'으로 측정한다.

〈그림 5-6〉과 같이, '알코올(5), 건과일 향(1), 시트러스 향(2), 호피(4), 꽃향기(3), 스파이시(2), 허벌(3), 몰티(3), 토피(2), 태운 맛(1), 스위트(2), 사우어(2), 쓴맛(3), 드라이(2), 바디감(3), 뒷맛(2)'으로 측정한 예이다.

맥주의 향을 정리하면, 다음 〈표 5-1〉과 같다.

후각 전달 과정을 보면,

① 음식의 향은 바깥에서 인두를 통해 후각 망울에 도달한다.

② 향미의 지각 중 80%는 후각에 의해 제어된다.

③ 인간은 약 2500만 개의 후각 세포를 가지고 있다.

④ 347종류의 수용체는 1만 개의 냄새를 인식한다.

대분류	중분류	소분류
아로마(aroma)	젖은 종이, 신선하지 않은(oxidized, stale)	알칼리성(alkaline)
		분필(chalky)
		가죽(leathery)
		종이(papery)
		고양이(catty)
		신선하지 않음(stale)
	산화, 산성(sour, acidic)	식초(acetic)
		산성(acidic)
	유황의(sulfury)	빵, 이스트
		야채요리
		황화물을 포함한(sulfidic)
		아황산염과 관련한(sulfitic)
		성냥 타는 냄새(sulfuric)
	지방질의(fatty)	기름기의(oily)
		역한(rancid)
		버터스카치(diacetyl)
		지방산(fatty acid)
	페놀(phenolic)	병원 약 냄새, 정향(phenolic)
	캐러멜화(caramelized)	캐러멜(caramel)
		불에 탄(burnt)
	곡물(cereal)	곡물(grainy)
		몰트(malt)
		맥아즙(malty)
	수지로 만든, 견과류(resinous, nutty)	수지(resinous)
		견과류(nutty)
		자른 풀(grassy)
	방향의(aromatic)	알코올(alcoholic)
		아세톤, 신나(solvent like)
		바나나(estery)
		과일(fruity)
		풋사과(acetaldehyde)
		꽃(floral)
		홉(hoppy)

표 5-1
맥주의 향 분류

3. 미각

향을 맡았다면 이제 본격적으로 맥주를 마셔보자. 먼저 맥주를 한 모금 마시고 입안에서 굴린다. 그리고 맥주를 입안에 둔 상태에서 외부 공기를 들이마신다. 이때 '추으읍~'하고 들이키는 소리가 나도 예의에 어긋나는 것이 아니니 신경 쓰지 않아도 된다. 이런 방법을 통해서 맥주의 맛과 향을 좀 더 자세히 느낄 수 있다. 그런 다음 완전히 맥주를 삼키면서 마신다. 수제 맥주일수록 더 다양한 맛을 지니고 있기 때문에 맛과 향의 미묘한 변화를 감지할 수 있다.

맥주의 미각을 정리하면, 〈표 5-2〉와 같다.

표 5-2
맥주 미각의 분류

대분류	중분류	소분류
미각	쓴맛(bitter)	쓴맛
	짠맛(salty)	짠맛
	단맛(sweet)	단맛
	신맛, 산성 맛(sour, acidic)	신맛
	농도(body)	농도
식감	식감	탄산화(carbonation)
		분말가루(powdery)
		떫은(astringent)
		피냄새(metallic)
		입이 코팅된(mouth coating)

(1) 맥주의 쓴맛을 나타내는 IBU

맥주는 독특한 쓴맛을 가지고 있는데, 이것은 맥주에 들어가는 홉에 의해 생겨나는 맛이다. 쓴맛은 맥주에 함유되어 있는 이소알파산의 비율을 1-100의 수치로 표기하는데, 이것을 IBU라고 한다.

하면발효를 하는 라거 맥주의 IBU는 평균 20IBU 이하이다. 쓴맛을 나타내는 IBU의 정도를 정리하면, 〈표 5-3〉과 같다.

IBU	종 류	쓴맛의 정도
10-20	라거 맥주	느끼지 못함
20-30	빅웨이브, 엠버 에일, 슈렝케를라 바이젠	약간 쓴맛
30-40	듀체스 드 브루고뉴	쓴맛이 강함
70	올드라스푸틴, 스컬핀	쓴맛이 아주 강함
90	-	-

표 5-3
IBU의 정도

(2) 숫자로 읽는 맥주

모든 알코올성 맥주는 알코올을 함유하고 있으며, 알코올을 나타내는 용어를 ABV(Alcohol By Volume)라 한다. 대부분의 맥주들은 4-6% 정도의 알코올을 함유하고 있으며, 에일 맥주들은 10%가 넘는 맥주도 있다. 맥주의 색깔이 진하다고 알코올 도수가 높은 것은 아니다. 알코올이 4.5%인 맥주가 있다면 이것은 중량 1kg 속에 알코올이 4.5%가 함유되어 있다는 의미이다.

미각의 전달 과정을 보면,

① 단맛, 쓴맛, 신맛, 짠맛, 감칠맛이 있다.

② 음식이 전달하는 감각적 느낌의 약 20%는 입안에서 일어난다.

③ 인구의 약 10%는 4000개가량의 맛 봉우리가 있다.

④ 글루타민산과 지방에 대한 더 많은 수용체가 있다.

4. 촉감

일반적인 식음료의 테이스팅은 시각, 후각, 미각으로 구성된다. 그러나 맥주는 독특한 향과 거품, 색깔 등을 갖고 있어 입에서 느껴지는 또 하나의 촉감에 대하여 알아보도록 하자.

미각에서 표현했던 '단맛, 쓴맛, 신맛, 짠맛 그리고 감칠맛'과 별개로 입안에서 느껴지는 맥주의 무게감, 탄산감, 질감 그리고 알코올이 주는 촉감이 있다. 먼저 바디(body)는 입과 목 넘김에서 느껴지는 무게감을 의미한다. '가볍다, 무겁다'라고 표현한다. 가벼우면 라이트 바디라고 하고, 라이트 바디보다 무거우면 미디움 바디라고 한다. 아주 걸쭉한 무거움이 느껴지면 풀바디라고 표현한다.

입 안에서 느껴지는 탄산에 대한 표현은 약, 중, 강으로 나누며, 경우에 따라 탄산감이 너무 강하면 맥주 고유의 맛을 느끼지 못하는 경우도 있다.

질감은 '부드러움, 거침, 떫음'으로 표현하며, 떫은 질감은 홉을 많이 사용하거나 태운 몰트를 사용하였을 때 느껴지는 질감이다. 알코올에 대한 질감은 알코올의 함유량에 따라 도수가 낮으면 느껴지지 않거나 약하게 느껴질 수 있으며, 독하고 역하게 느껴지는 경우도 있다.

5. 맥주의 맛 테이스팅

가. 크래프트 맥주 즐기는 법

크래프트 맥주는 내용을 알고 즐기면 재미가 100배이다. 먼저 맥주 맛을 제대로 즐기기 위한 포인트가 있다. 포인트는 '색, 거품, 아로마, 맛'을 기본적으로 느끼고 먹어야 한다.

(1) 눈으로 보아야 하는 색과 거품

맥주는 크게 흰색, 황금색, 갈색, 검은색으로 구분할 수 있다. 맥주 스타일은, 흰색은 바이젠, 황금색은 필스너, 갈색은 어두운 IPA, 검은색은 흑맥주 스타일로 구분한다. 맥주의 색은 몰트의 영향을 받고, 몰트 베이스가 되는 '몰트, 색, 향, 바디감'에 영향을 주는 특수 몰트가 있다.

(2) 코로 느끼는 맥주의 향, 아로마

아로마는 몰티향(곡물에서 나는 향)과 홉피로 구분한다. 과일향, 꽃향, 허브향 같이 달콤한 향들은 홉에서 주는 향이고, 구수함, 단향 등은 곡물에서 주는 향이다.

(3) 입에서 느끼는 맛

입안에서는 맛, 향 그리고 바디감 등 다양한 형태로 느낄 수 있다. 맛에는 단맛, 짠맛, 쓴맛, 신맛, 감칠맛이 있고, 바디감은 무거움 또는 가벼움으로 느낄 수 있다.

단맛은 몰트가 영향을 미치고, 짠맛은 양조할 때 물의 염도를 높여서 내고, 신맛은 효모에 의해서 만들어지며, 감칠맛은 여러 가지 맛들의 균형이 잘 이루어졌을 때 복합적으로 상승되는 맛이라 할 수 있다. 바디감은 물속에 아무것도 없는 것을 마실 때와 설탕이나 소금을 넣어서 마셨을 때 느끼는 느낌, 즉 물에 무엇인가 함유되어 있다는 것은 바디감이 있다고 표현할 수 있다. 주로 단맛이 있는 맥주에서 느껴지는 무게감이라고도 할 수 있다. 쓴맛은 홉이 주는 성분이다. 고미 성분이라고 표현하고, 맥즙을 끓이는 동안 홉 속에 들어 있던 고미 성분이 쓴맛으로 바뀐다.

(4) 맛있게 즐길 수 있는 최적의 온도

음식도 맛있게 먹으려면 음식 스타일 및 계절마다 적절한 온도가 있듯이 맥주도 마찬가지다. 에일 맥주는 7–9℃에서 즐겨야 맛과 향을 제대로 즐길 수 있다. 알코올 도수가 낮은 에일은 차갑게, 높

맥주 종류	적정 서빙 온도	비 고
라거	2–4℃	맥주가 차가울 경우 맥주 특유의 향이 잘 나지는 않는다. 갈증해소용이나 풍미가 중요하지 않는 맥주 스타일.
프리미엄 라거	4–6℃	보통 맥주의 서빙 온도이다. 차갑다는 느낌보다는 시원하면서 맥주의 풍미를 느낄 수 있는 온도이다. 체코의 필스너, 벨기에 밀맥주 윗비어, 독일의 헤페바이젠 등.
에일	7–9℃	크래프트 맥주가 적정한 온도이다. 맥아와 홉 함량이 높은 맥주 스타일. 맛과 향의 특징들을 느낄 수 있다.
람빅	10℃ 이상	지하실 온도에서 서빙하는 고도수의 맥주와 젖산발효 등을 거친 람빅 스타일의 맥주. 야생효모나 미생물들이 만들어내는 복잡 미묘한 풍미를 더 많이 느낄 수 있다.

표 5-4
맥주 적정 서빙 온도

은 도수의 에일 맥주는 덜 차갑게 즐겨야 한다. 〈표 5-4〉는 맥주 적정 서빙 온도이다.

생맥주는 양조장에서 출고될 때가 가장 극치의 완숙이 되어 있는 상태이다. 생맥주 취급 시 유의사항은 글라스에 담겨진 맥주가 지나치게 냉각되어 3℃ 이하가 되면 향취를 잃게 되고 충분한 거품이 일어나지 않는다. 또한 6℃ 이상이 되어 미지근하게 되면 상쾌한 맛이 없어지며 마시고 싶은 욕망이 감퇴된다.

생맥주는 살균처리되어 있지 않기 때문에 상하기 쉬우므로 항상 2-3℃의 온도를 유지해야 한다. 온도가 7℃ 이상으로 올라가면 맥주의 맛이 변하여 시어지고 색이 탁해진다. 생맥주는 글라스에 부어졌을 때, 3-4℃ 정도가 적정 서빙 온도이다.

나. 관능평가 시 고려사항

음식의 맛을 평가하는 것을 관능평가라 하고 사람의 오감을 사용한 검사 방법이다. 맥주의 관능평가 시, '색과 거품 생성, 거품 유지, 탁도, 향기, 순수한 맛, 뒷맛, 농후한 정도, 쓴맛의 강도'를 고려하여야 한다. 〈그림 5-7〉은 맥주 테이스팅 노트이다.

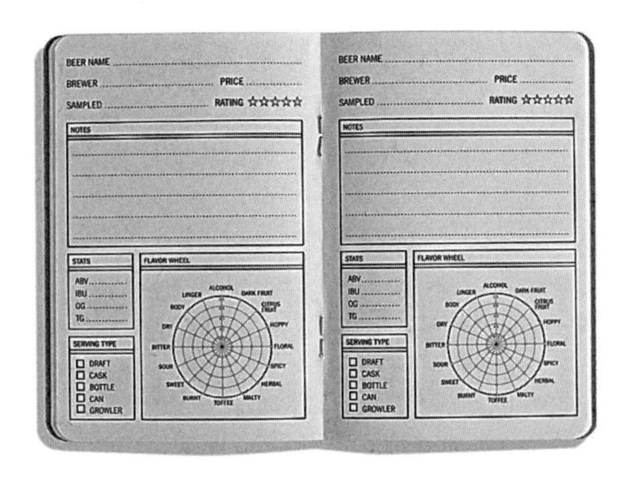

그림 5-7
맥주 테이스팅 노트

〈그림 5-8〉은 가펠 쾰쉬이고, 〈그림 5-9〉는 가펠 쾰쉬의 테이스팅 노트이다. 이 맥주는 라이트 하이브리드 맥주(light hybrid beer)이고, ABV 4.8%, IBU 25, SRM 3.5–5이다.

그림 5-8
가펠 쾰쉬 맥주

자료 : www.ratebeer.com

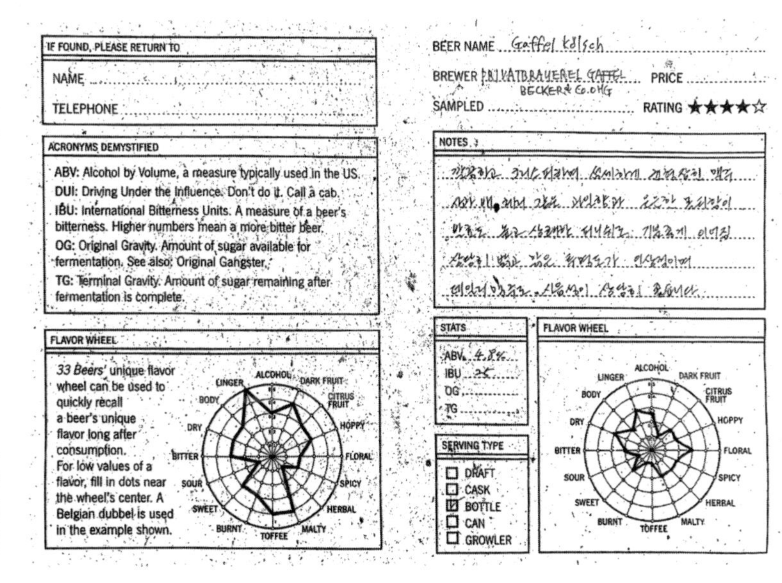

그림 5-9
이유정(맥주 소믈리에)의 테이스팅 예제

〈그림 5-9〉를 설명하면, 〈표 5-5〉와 같다.

오 감	관능평가
향미 (flavor)	부드러우면서 발효가 잘 이루어진 몰트이고, 발효로 인한 미미하게 느껴지는 과일의 스위트함, 드라이함과 약간의 시큼한 뒷맛을 동반한 중하에서 중 정도의 쓴맛. 위 세 가지의 밸런스가 섬세하게 잡혀 있는 부드럽고 균형 있는 팔레트이다. 중간 하 정도의 노블 홉 플레이버.
외형 (appearance)	매우 옅은 금색(공인 퀼쉬는 대단히 맑게 필터링). 연약한 흰색 거품을 가지고 있으며, 오래 지속되지 않는 편이다.
아로마 (aroma)	매우 옅은 필스너 몰트의 아로마, 발효로 인한 미미하지만 좋은 과일향(사과, 체리, 배), 낮은 수준의 노블 홉 아로마, 살짝 와인 또는 유황 같은 특징.
식감 (mouth-feel)	부드럽고 청량함, 미디엄 라이트 바디, 탄산화는 미디엄 하이, 발효가 깔끔하게 잘 되어 있다.
전반적 평가	깔끔하고 청량하며 대단히 미미한 과일 맛과 향을 가지고 있는 밸런스가 정교하게 잘 맞추어져 있는 맥주이다. 절제된 몰티 향이 기분 좋게 리프레싱시켜주고 톡 쏘는 뒷맛까지 내내 이어진다. 훈련이 되어 있지 않은 시음자의 경우 라이트 라거, 혹은 미묘한 필스너, 때로는 블론드 에일로 착각하기 쉽다.

표 5-5
맥주 소믈리에의 관능평가

제 6 장

크래프트 맥주 전문점 창업 프로세스

제 1 절

크래프트 맥주 전문점 창업계획

1. 창업의 4요소

크래프트 맥주 전문점 창업은 말 그대로 돈을 투자하여 영업하는 것이다. 크래프트 맥주 전문점 창업은 내가 하고 싶은 크래프트 맥주 아이템, 내가 자신 있는 메뉴를 가지고 수익을 발생시키고, 그것을 통해 내 삶의 궁극적인 목표를 이룰 수 있다는 것이 가장 큰 매력이다.

크래프트 맥주 전문점 창업은 누구나 할 수 있지만 성공은 쉽지 않다. 크래프트 맥주 전문점 창업자는 맥주에 대한 풍부한 지식뿐만 아니라 다방면에서 지식과 상식이 풍부한 것이 훨씬 유리하다.

성공의 기회는 누구에게나 열려 있고, 노력 여하에 따라서는 엄청난 부를 쌓을 수도 있다. 무엇보다도 조직으로부터 받는 스트레스가 없고, 고생한 결과가 내 것이라는 것이 가장 큰 매력으로 꼽히고 있다. 태어날 때부터 창업을 계획한 사람은 없다. 살다 보니 인생의 흐름이 창업으로 가게 되는 경우가 대부분이다. 대학을 갓 졸업한 이들부터 은퇴 후 제2의 인생을 준비하는 이들까지 창업을 준비하는 이들의 연령대는 다양하다. 한 가지 공통점은 이들 모두 저마다의 사연과 목표를 가지고 창업을 꿈꾸고 있다. 하지만 대한민국 창업 후 생존율은 17%. 창업을 성공으로 이끌기 위해선 목표와 다짐만으로는 부족하다. 냉철한 판단과 판단을 실행으로 옮길 과감함이 필요하다.

창업은 "상품 및 서비스를 생산, 판매하기 위해 현재까지 존재하지 않은 새로운 기업이나 조직을 설립하는 것"[17], "인간이 보다 나은 경제적 생활을 위해 필요한 상품을 만들어 판매하고 서비스로 조직을 만드는 일"[18], 중소기업창업지원법은 "창업자와 아이디어 자본의 결합으로 시작한다"라고 하였다.

창업계획은 기업을 만들기 위한 아이디어부터 오픈 전까지의 프로세스이다. 시스템은 '마케팅 전략, 재무전략, 조직전략, 점포전략, 서비스 전략'을 매뉴얼하는 작업이다. 크래프트 맥주 전문점 창업이란 자본, 아이템, 상권 분석, 인력, 설비시설, 식자재 등 필요자원을 투입하여 시스템을 매뉴얼하여 창업자가 변환 과정을 통해 이윤을 창출하는 것이다. 즉, 식당의 가장 중요한 기능은 '메뉴 개발, 서비스 개발, 교육훈련, 지도, 판매 촉진, 금융, 정보, 경영관리' 등 개개의 기능을 유기적으로 통합하여 프랜차이즈 상품*을 만들어내는 일이다.

* 일명 프랜차이즈 패키지.

크래프트 맥주 전문점 창업은 '마이크로 브루어리, 브루펍, 집시 양조기술자, 크래프트 맥주 마켓' 중 선택하여야 한다.

크래프트 맥주 전문점 창업의 4요소는 〈그림 6-1〉과 같이, '창업자, 아이템, 자본, 상권'이다. 식당 창업에서 가장 중요한 요소

그림 6-1
창업의 4요소

는 창업자의 마음가짐이다. 즉, 창업자가 기업가정신을 가지고 있어야 한다.

가. 창업자

1) 창업자의 마음가짐

창업은 누구나 할 수 있지만 창업자가 누구인가에 따라 성공할 수도, 실패할 수도 있다. 같은 장소에서 같은 업종으로 장사를 하더라도 누가 운영하느냐에 따라 그 결과는 다르게 나타난다.

창업자는 점포를 직접 운영하는 당사자다. 창업에 있어서 창업자의 마음가짐이 가장 중요함에도 불구하고 대부분의 창업자들은 창업을 너무 쉽게 생각한다. 즉, 자기 자신에 대한 반성이나 성찰이 부족하다는 말이다. 대부분 '하면 되지 뭐', '돈 버는 일인데 왜 못해' 이런 식으로 생각한다. 틀린 이야기는 아니다. 하지만 시간과 돈이 문제다.

먼저 창업자는 자신이 창업을 해도 되는지, 무엇을 해야 하는지에 대한 계획이 필요하다. 남이 하니까 나도 한다는 식의 창업은 실패 확률이 높다. 가맹점을 창업한 경우, 프랜차이즈 본사에서 충분한 교육을 받았지만 실제로 영업시작 1개월 만에 점포 운영을 포기한 사례도 많다. 이유는 가맹점을 운영할 창업자 자신에 대한 분석이 부족한 데서 오는 현상이다. 창업은 돈만 있다고, 기가 막힌 아이템이 있다고 되는 것도 아니다. 창업자 자신이 창업을 할 수 있는 마음의 준비가 되어 있는지를 점검하고 준비해야 한다.

〈표 6-1〉은 창업 후 발생하는, 혹은 겪어야 하는 당혹스러운 상황에 대한 열 가지 질문이다. 솔직하게 답해 보고, 이 중 일곱 가지 이상 "예"라고 자신 있게 대답할 수 있어야 창업자로서의 자세가 준비된 것으로 보면 된다.

표 6-1
창업자로서의 준비자세

자료 : 김갑용, 《소자본창업》, 김영사, 2005, p. 105.

질문	내용	체크
질문 1.	나는 손님의 냄새 나는 신발을 즐거운 마음으로 정리할 수 있다.	☐
질문 2.	나는 창업을 결심한 후, 어떤 파격적인 조건의 취업 제의가 들어와도 거절할 수 있다.	☐
질문 3.	나는 밤과 낮이 180도로 바뀌게 되는 생활환경에 즐겁게 적응할 수 있다.	☐
질문 4.	나는 손님에게 따귀를 맞아도 겉으로는 웃을 수 있다.	☐
질문 5.	나는 가게 문을 내가 먼저 열고 종업원을 맞이할 수 있다.	☐
질문 6.	나는 영업시간 중 10년 만에 연락 온 친구와의 만남도 거절할 수 있다.	☐
질문 7.	나는 창업 준비를 위해 다른 가게의 종업원으로 취업할 수 있다.	☐
질문 8.	나는 라이벌 친구에게 자신 있게 내 창업 사실을 알릴 수 있다.	☐
질문 9.	나는 친구의 권유로 하게 된 창업이 실패하더라도 친구를 원망하지 않는다.	☐
질문 10.	나는 어떤 상황에서도 "예"라고 할 수 있다.	☐

창업자는 지적(기술적) 자질과 감성적 자질을 가지고 있어야 한다.

지적 자질은 문제해결 능력, 명료한 사고, 해박한 업무 지식, 창의적 사고를 말한다. 감성적 자질은 열정과 넘치는 에너지(체력), 자만하지 않음, 경험의 활용, 올바르게 일을 처리하려는 의지, 갈등관리 능력, 강한 유대감과 동기부여, 긍정적 태도, 추진력, 성실성과 도덕성, 커뮤니케이션 기술 등을 말한다.

무엇보다 가장 중요한 자질은 인간적 냄새와 기업가정신을 가지고 있어야 한다. 가토 히데노리(加藤秀則, 그림 6-2)는 "The Brewmaster"를 2002년 개업하였다. 그의 경영철학은 '브루어마스터가 될 때까지'이다. 후쿠오카 대학 공학부를 졸업하고 도쿄 본사의 캔 회사에 설계 엔지니어로 근무하였다. 어느 일간지에서 미국에 세계의 다양한 스타일의 맥주가 있다는 것을 알고, 1994년 무작정 미국 서해안에 있는 양조장을 찾아다니며 제조방법의 기본을 배웠다. 물론 크래프트 맥주사업 전반을 배우고 귀국하여 현재 회사를 창업했다. 2001년 4월부터 창업 준비를 시작할 때, 일본의 크래프트 맥주 붐이 지나가서 모든 사람이 반대하였다. 오죽하면 세무서에 갔더니 담당자가 "다시 생각해 보는 것이 어떻습니까?"라고 할 정도였다. 그러나 그에게는 오직 '맥주'밖에 없었다. 그래서 필사적으로 노력한 끝에 제조면허를 받았다. 동시에 2002년 2월 7일 개업까지 시제품을 반복해서 시음하여 완성된 맥주를 가지고 후쿠오카

그림 6-2
가토 히데노리

자료 : 대경대학교·대한수제학회, 〈일본 큐슈 CRAFT BEER 연수〉, 2019, p.218.

에 있는 미국 영사관을 빌려 관계자와 거래처를 모시고 시음하였다. 평판은 최상이었고, 최종적으로 완성된 것이 간판 상품인 'The Brewmaster'이다. 그 후 유기농 커피를 사용한 '힐링 타임'과 '카보스 앤허니'를 추가하였다. 계절에 맞춘 한정품도 판매하였다.

〈표 6-2〉는 크래프트 맥주 전문가들이 강조하는 창업자의 마음가짐이다.

표 6-2
창업자의 마음가짐
자료 : 김갑용, 《소자본창업》, 김영사, 2005, p. 105.

식당명(경영자명)	창업자의 마음가짐
핸드앤드몰트 도정한(브라이언 도) 대표	맥주를 만들 때, 타협 없이 제일 맛있는 맥주를 만들어야 하고, 이 맛있는 맥주를 온 국민들이 마실 수 있도록 제공한다. 작은 도시의 작은 치킨집에서도 맛있는 수제 맥주를 마시게 하여야 한다.
TAPS (윤상혁 대표)	성의 없이 따른 백 잔의 맥주보다 내 마음을 보여주는 한 잔의 맥주가 천 명의 손님을 불러온다.
플래티넘 윤정훈 부사장	더 많은 고객들이 찾아오게끔 좋은 가격의 품질 높은 맥주를 만들려고 노력해야 한다.
와일드 웨이브 백윤주 대표	지치지 않는 열정, 식지 않는 열정으로 고객을 감동시켜야 한다.
대구에일맥주 정성휘 대표	실패에 굴하지 않고 긍정적인 마인드로 철저히 준비를 해나간다면 좋은 결과가 있을 것이다. (로컬 + 음식 + 관광) × 창의 = 대박
삼수장어 장영진 대표	겸손한 마음으로 죽을 각오로 일하라.

그림 6-3
도정한 대표와
윤정훈 부사장

2) 크래프트 맥주 전문점 창업자의 성공요건

개성 있는 맛을 뽐내는 크래프트 맥주가 소비자의 입맛을 사로잡으며 '크래프트 맥주 열풍'을 일으키고 있다. 크래프트 맥주를 팔고 있는 전문점도 빠른 속도로 늘어나고 있다. 한국마이크로 브루어리협회에 따르면 크래프트 맥주 전문점은 서울 이태원과 홍대, 강남 등을 중심으로 전국에 1000여 개 이상이 있다고 한다. 아무리 시장 수요가 있다고 해도 모든 점포가 다 성공하는 것은 아니다. 오픈하는 점포가 성공하기 위해서는 고객을 지속적으로 잡아당기는 매력을 갖추었을 때만 가능한 것이다.

창업자의 성공 포인트를 '크래프트 비어 마켓'에서 벤치마킹하려 한다.

(1) 부업이 아닌 전업으로 시작하라

크래프트 맥주 전문점 창업은 쉽다. 누구나 할 수 있다. 하지만 함부로 덤벼들 수 없는 까다로운 업종이다. 식당을 창업하면, 10명 중 1명 미만이 생존한다. 식당에 투자하여 이익을 창출하면 은행이자보다 몇 배 벌 수 있다는 계산으로, 남편이 돈이 있어 집에 있으면 심심하니까, 돈만 투자하면 동업해서 이익을 나누자는 제의 등 만약 부업으로 생각하고 시작한다면 망할 확률이 높다. 아프리카의 사자가 먹이를 잡기 위해서 질주하는 모습을 생각하면 된다. 창업자는 죽을 각오로 운영할 때 성공한다.

(2) 수치개념을 가져라

창업자는 수치개념이 있어야 한다. 수치개념이 없는 창업자는 망

한다. 전국 음식점 중에 0.6%만 매출액의 15% 이상 이익을 내고 있다. 이 정도 수익은 직원 한 명당 하루 매출 30만 원을 올려야 한다. 월세는 총매출의 8% 이내이고, 재료비는 매출의 30%이다. 이렇게 손익을 분석해야만 성공 해법을 찾을 수 있다.

투자 대비 수익성을 생각해 보자. 예를 들어, 5000만 원 투자해서 500만 원 벌려고 하면, 창업을 하지 말아야 한다. 대박집을 만드는 창업자도 존재한다. 기대 수익성과 현실 수익성을 보면, 첫 월급에 +@로 인식하면 된다. 창업자의 87%는 점포형이다. 1억 투자 시 월 3.5%(350만 원, 본인 인건비 제외)로 계산하면 된다. 3.5% 이상이면 크래프트 맥주 전문점 사업에 재미를 느낀다.

업종업태에 따라 다르겠지만 전문가들은 한 달 매출을 30일이라고 가정하고, '12일 매출은 식자재 원가, 5일 매출은 인건비, 3일 매출은 임대료, 2일 매출은 수도광열비, 8일 매출은 수익금(금리)'으로 지출한다.

(3) 맥주와 메뉴의 다양성

〈그림 6-4〉는 크래프트 비어 마켓 점포다. 크래프트 비어 마켓의 성공 포인트는 맥주의 맛과 향 그리고 다양성이다. 이와 같이 크래프트 맥주 전문점도 맥주의 맛과 향 그리고 다양성이 있어야 한다. 크래프트 맥주는 소규모 양조장에서 맥주 장인이 자신의 혼을 담아 만들고 있는 맥주다. 그런 만큼 맥주 맛도 맥주 제조자, 장인에 따라 달라진다. 이들이 이용하는 다양한 원료와 양조 방법, 그리고 그들의 철학에 따라 다양한 맛이 창출되고 있는 것이다.

이곳에서는 단맛과 쓴맛이 어우러진 깔끔한 맛을 내는 필스너,

그림 6-4
크래프트 비어 마켓

자료 : 강태봉, "수제 맥주 전문점의 성공요건, 젊은 층에 맞는 문화 구축", 월간외식경영, RGM컨설팅, 2015.5.8.

달콤하며 목 넘김이 깔끔한 골든 에일, 강하게 볶은 맥아를 사용해 탄 맛이 나는 스타우트 흑맥주, 쓴맛과 단맛이 강하고 진해 묵직한 맛과 도수가 높은 인디아 페일 에일(IPA) 등의 맥주를 제공한다. 당연히 여성들이 선호하는 사과, 피치 등 과일 맛과 향이 나는 맥주도 포함돼 있다.

일본 전역의 맥주 공장, 미국 크래프트 맥주 공장 등 60개 생산 공장을 협력업체로 등록을 해놓고, 그중에서 30개 맥주만 고객에게 내놓는다. 판매량에 따른 고객 선호도를 분석해 맥주를 매일 교체해준다.

(4) 젊은 층에 맞는 문화를 만들어라

크래프트 비어 마켓은 맥주 마니아와 젊은 층을 타깃으로 하기 때문에 점포가 그들이 모이기 쉬운 역세권에 위치하고 있다. 크래프트 비어 마켓의 콘셉트 또한 "30종류의 크래프트 맥주를 가볍게! 즐겁게! 편하게! 맥주와 어울리는 맛있는 요리를 480엔 균일가로 제공하는 새로운 스타일의 맥주바"로, 젊은 층을 사로잡기에 충분하다. 유행에 민감한 젊은 층을 타깃으로 하기 때문에 그들이 선호하는 특별 행사도 한다. 2014년에 바닷가 하루미 특설링에서 '크래프트 록 페스티벌'을 열었다. 4800엔만 지불하면 바닷가 시원한 바람과 함께 록 음악을 들으며 60여 종류의 수제 맥주를 마음껏 마실 수 있도록 한다.

홈페이지 또한 젊은 고객층이 선호하는 스타일로 만들어놓았다. 구성이나 내용 그리고 디자인을 알기 쉽고 즐거움을 느낄 수 있게 했다. 작가가 그린 만화를 영상화해 놓은 것도 눈에 띈다. 이 두 편의 만화영상은 크래프트 비어 마켓의 맥주를 마시는 점포의 축제 분위기, 행복한 모습, 꿈을 그려 놓았다.

이렇게 점포 콘셉트, 록 페스티발, 홈페이지 등 이 회사가 만들어내는 환경과 기업문화가 점포 번성을 뒷받침해 주고 있다. 함께 일하는 직원들도 이런 기업문화에 스스로 동참하고 즐기고 있으니 기업이 잘 될 수밖에 없다.

(5) 점포의 컬러와 스토리를 확실히 구축하라

크래프트 비어 마켓은 점포마다 각자 자기만의 확실한 컬러와 스토리가 있다. '로스트 치킨'을 메인 메뉴로 내놓는 점포가 있는가 하면, '피자 장인이 만든 크래프트 가마 피자'를 테마로 어패류, 육류 그리고 채소를 풍부하게 사용한 오리지널 피자를 자랑하는 점포도 있다. 프렌치 베이스 요리에 숯불구이 고기를 오픈키친 스타일로 제공하는 점포도 있다. 따라서 이 점포는 지역 특성에 맞게 "맥주와 잘 어울리는 일본 향토요리를 개발, 새로운 맥주 문화 만들기"라는 콘셉트를 내놓았다.

같은 브랜드, 같은 콘셉트, 지역 특산 맥주인 크래프트 맥주라고 하는 강력한 상품을 함께 쓰지만, 그 지역 특성을 잘 살려 고객이 만족할 만한 콘셉트를 만들어가고 있는 것이다. 점포 책임자인 점장도 각 점포의 콘셉트에 어울리는 사람을 배치해 스스로 창의적인 사고를 갖고 일할 수 있도록 했다.

그림 6-5
크래프트 맥주를 따르는 모습

자료 : 강태봉, 상계서

스토리텔링이 최근 경영의 화두로 부상하고 있다. 크래프트 맥주도 스토리텔링이 있어야 살아남는 시대다. 크래프트 맥주 전문점의 메뉴, 상호, 인테리어에서 주인의 철학이 묻어나고, 우리 크래프트 맥주의 이야깃거리를 만들어야 한다.

(6) 온도 관리와 파이프 청소

모든 음식이 그러하듯 맥주의 맛도 결국 온도와 신선도에서 결정이 난다. 즉, 아무리 훌륭한 장인이 좋은 기술과 재료로 맛있는 맥주를 만들었다 하더라도 관리를 잘 못하면 아무 소용이 없다.

크래프트 비어 마켓은 모두 4–6℃ 맥주 냉장창고를 별도로 갖고 있다. 계절에 따라 다르겠지만 손님에게 전달되는 맥주 온도가 6–8℃일 때 가장 맛있기 때문이다. 이러한 온도를 지키기 위해 냉장고의 위치와 크기 그리고 파이프 재료 및 길이 등을 철저히 계산한다. 단순히 손님에게 보이는 멋스러움보다는 이렇게 기능적인 것을 중시하는 것이다. 이 업소는 손님에게 맛있는 맥주를 제공하기 위해서 30개나 되는 파이프를 매일 청소한다. 관 속에 맥주의 맛있는 당분을 빼앗아가는 찌꺼기를 제거하기 위함이다. 같은 브랜드의 맥주가 동일한 냉장고에서 나왔다 하더라도 맛이 달라지는 이유다. 이 역시 매일 매일 점포에서의 수고가 고객만족으로 이어진다는 것을 잘 알기 때문에 실천하고 있는 것이다.

(7) 맥주와 어울리는 맛있는 메뉴

점포는 고객을 위해서 존재한다. 따라서 고객이 원하는 상품을 만들기 위해 최선을 다한다. 특히 그 업소만의 간판상품을 메인 메뉴 콘셉트로 정하고 시설과 설비를 갖추어야 한다. 점포는 항상 팔고 있는 그랜드 메뉴 외에 계절상품이나 기획상품을 개발해 칠판에 적어 놓고 판매하여야 한다.

대다수의 음식점이 인건비 절감 및 식재관리의 용이성 등을 이유로 냉동식품 등을 사용하고 있는 추세다. 이 업소는 비록 맥주를 주력으로 팔고 있는 맥주바이지만 맥주와 잘 어울리는 요리상품, 차별화된 맛있는 상품을 개발하는 데 최선의 노력을 하기 때문에 고객의 지지를 받고 있는 것이다.

음주문화가 바뀌고 있다. 식사 후에 술을 따로 마시지 않고 식사와 술을 함께 해결하는 문화가 자리잡아가고 있다. 2차, 3차로 옮겨가며 흥청망청 마시는 것에서 간단히 즐기는 음주문화가 젊은 세대들을 주축으로 빠르게 확산되고 있다. 맥주 전문점임에도 매력적인 요소를 구축해야 하는 이유다. 크래프트 비어 마켓처럼 직원들이 즐겁게 일할 수 있는 점포야말로 고객에게 가장 매력 넘치는 점포일 것이다.

(8) 지역 농축산 재료와 지역 관광상품으로 만들어라

일본에는 전국 어느 지역이든 그곳만의 독특한 축제(마츠리)가 있다. 지역 주민을 중심으로 지자체가 적극 후원해 하나의 문화로 형성, 계승한다. 그 지역의 물이나 농산물을 주원료로 사용해 수제 맥주를 만들기 때문에 자연스럽게 수제 맥주 공장은 지역의 자랑이자 지역 경제를 활성화시켜주는 매개체 역할을 하게 된다.

수제 맥주 공장이 있는 지역에서는 매년 생산자와 주민, 지자체가 뜻을 모아 축제를 개최한다. 축제 기간을 활용해 자신의 지역을 홍보하고 타지역의 소비자들을 끌어들여 지역 경제에 활기를 불어넣고 있는 것이다. 맥주의 왕국이라고 불리는 독일 뮌헨에서도 매년 9월 중순에서 10월 초순까지 '독일 뮌헨 옥토버페스트'가 열린다. 축제기간 동안 세계 각국에서 평균 약 700만 명이 방문, 그 지역의 경제 발전에 큰 영향을 주고 있다.

도쿄 부근 빨간 고구마 산지로 유명한 사이타마 현 가와고에 시에서도 매년 지비루(地ビール, 지역 맥주) 축제를 개최하고 있다. "BEER BEAUTIFUL"이라는 주제로 기존 지비루와 축제를 위해 한정 출시하는 맥주까지 다양하게 선보인다. 단순히 지비루뿐 아니라 유명 음식점의 부스, 유명 아티스트의 라이브 뮤직, 다양한 놀이 이벤트, 마술쇼, 댄스파티가 함께 어우러진 지역 축제다. 이 지역 특산물인 빨간 고구마로 만든 지역 맥주를 맛보기 위해 매년 수천 명의 외부 방문객이 모인다고 하니 지역 경제에 미치는 여파도 어느 정도 가늠해 볼 수 있다. 이처럼 지비루 공장은 지역 농산물을 사용하기 때문에 차별화된 개성은 물론 확실한 거래처를 확보할 수 있어 지역 주민이 안심하고 농업에 전념할 수 있어서 효율적이다. 게

다가 지자체는 이를 통해 지역의 경제 활성화와 홍보 효과까지 기대할 수 있으니 그야말로 일석삼조인 셈이다.[19]

(9) 직원을 감동시켜라

창업자는 1차 고객을 종사원, 2차 고객을 음식점을 찾아오는 진짜 고객이라고 인식해야 한다. 창업자는 종사원을 비용이라고 생각하지 말고 음식점에서 값비싸고 귀중한 재산으로 간주해야 한다. 만약 창업자가 직원을 감동시키면, 종사원 태도가 성숙되고 서비스도 높아진다. 결과적으로 음식점의 매출은 증가한다.

창업자는 직원들 마음도 섬세하게 읽을 줄 알아야 한다. 하루 종일 점포 안에서 일하는 직원들은 사회의 새로운 정보를 얻기가 쉽지 않다. 구성원 간 정보교환도 소통의 중요한 요인이다.

직원들이 회사에 주인 의식을 갖도록 만들어야 한다. 한 업체는 직원들의 투자를 받는 제도를 시행하고 있다. 직영점을 창업할 때, 적게는 500만 원부터 많게는 몇 천만 원까지 투자를 받고, 매달 수익만큼 배당금을 준다. 이렇게 돈을 번 직원이 체인점의 사장이 되기도 한다. 직원들을 잘 살도록 만들어야 주인의식이 생긴다. 맥주전문점 기린 비어 페스타에서 4년째나 아르바이트를 하고 있는 대학교 4학년 기무라 씨는 "왜 이곳에서 4년씩 일하고 있느냐"고 묻자 "자신을 가족처럼 대해주고 일을 잘 가르쳐주고 있기 때문"이라고 했다. 경영자가 직원들을 어떻게 대해주고 있는지 알 수 있는 대목이다. 최고 경영자나 간부들도 아르바이트 직원을 가족처럼 대해주고 있었던 것이다.[20]

(10) 크래프트 맥주와 어울리는 잔을 만들어라

서울 안국동에 자리한 맥주 다이닝 펍 '비어셰프'. 메뉴 한 페이지를 가득 채운 국내 수제 맥주를 취향대로 주문하면 각각 다른 모양의 맥주잔을 함께 제공한다. 익숙한 머그잔부터 와인잔 모양의 맥주잔까지, 주문한 맥주 종류에 따라 잔의 모양도 제각각이다. 커다란 피처에 가득 담겨 나온 생맥주를 알아서 따라 마시던 과거와는 전혀 다른 분위기다.

국내 최초의 미국 공인인증 맥주 전문가이자 비어셰프의 오너인 손봉균 씨는 "라거, 페일 에일, 스타우트, IPA 등 맥주 종류에 따라 맥주 본연의 맛과 풍미를 가장 잘 끌어낼 수 있는 잔이 있다"고 설명했다.

맥주는 반드시 맥주잔에 따라 마셔야 한다. 우선 맥주잔으로 마셔야 맥주 특유의 색깔을 감상할 수 있고, 무엇보다도 중요한 것은 맥주잔에 따라야 적당한 거품이 만들어진다. 수제 맥주 인기가 꾸준히 지속되면서 국내 수제 맥주 업체 수는 100곳을 훌쩍 넘어섰다. 개성 있는 자신만의 맥주를 만들어온 이들은 요즘 맥주 맛을 가장 잘 표현할 수 있는 전용 잔도 함께 선보이고 있다.

제주맥주는 제주위트에일과 제주펠롱에일을 잇따라 출시하며 특유의 감귤 향을 극대화할 수 있도록 상단부가 볼록한 전용 잔을 함께 출시해 인기를 끌고 있다. 수제 맥주 펍 '데블스 도어'의 오진영 브루마스터는 "국내 수제 맥주 업체가 다양해지면서 요즘은 자신들만의 시그니처 잔까지 만들어 함께 납품하는 경우가 많아졌다"며, "이는 맥주 맛을 극대화할 뿐 아니라 양조장의 로고나 브랜드 이름을 새긴 디자인 때문에 홍보 효과도 뛰어나다"고 설명

했다.[21]

* 컬러는 278쪽 참조.

〈그림 6-6〉*과 같이, 맥주잔의 모양은 우리가 마시는 음료 가운데 가장 다양하다. 맥주잔은 맥주의 거품, 향, 맛과 직접적인 관계가 있기 때문에 맥주잔 또한 그 만큼 다양하다. 맥주잔 모양별로 구분하면, '필스너 플루트형(체코식 필스너 맥주 전용), 바이젠 플루트형(독일식 밀 맥주 전용), 고블릿형(벨기에 트라피스트 맥주 전용), 노닉 파인트형(영국 에일 전용), 튤립형(벨기에 스트롱 에일 전용), 머그(독일식 필스너 전용)' 등이 있다.

그림 6-6
맥주잔 스타일

자료 : 대경대학교 평생교육원, 《대구맥주학교》, 2015, p.6.

필스너 플루트형

바이젠 플루트형

고블릿형

파인트형

튤립형

머그

나. 아이템

아이템은 창업에서 가장 중요한 요소 중 하나다. 무엇을 팔 것인가를 결정하여야 한다. 이는 창업의 성패를 결정짓는 관건이다. 보통 아이템을 결정할 때, 장사가 잘 되는 것을 기준으로 한다. 장사가 잘 되는 것도 중요하지만 먼저 창업자가 적성에 맞아야 한다.

기본적으로 본인이 감당할 만한 아이템을 선정한다고 하지만 그보다 창업하고자 하는 시점에서 잘 되는 업종업태에 올인하는 경우가 대부분이다. 실제로 창업을 하게 된 동기를 조사해 보면 누구나 지인의 소개로 창업하는 경우가 언론매체나 인터넷을 통한 아이템 선정보다 훨씬 높다. 이는 자신의 적성이나 능력 등을 고려하기보다는 그저 '남이 해서 잘 된다고 하니까 나도 하면 되겠지'라는 인식으로 업종을 선정하는 경우가 많다는 얘기다. 창업자가 오랫동안 즐겁게 할 수 있는 업종을 선택해야 한다. 이것이 바로 나의 유망 아이템이다.

1) 아이템 선정

먼저 업종과 업태의 분류기준에서 선정한다. 업종은 영업하고 있거나 취급하고 있는 메뉴의 대분류상의 종류를 의미하고, 업태는 영업방식, 서비스 방식, 금액지불방식 등 업종에 대한 영업형태상의 종류를 의미한다.

〈표 6-3〉은 아이템을 선정할 수 있는 세부품목이다. 아이템은 크래프트 맥주 전문점이다. 크래프트 맥주 전문점은 일반음식점 영업으로 영업허가를 신청하여야 한다. 일반음식점은 〈표 6-4〉

와 같이, 식사와 함께 부수적인 음주행위가 허용되고 공연이 가능하다.

표 6-3
아이템 선정

구 분	세부품목
일반음식점	패밀리레스토랑, 패스트푸드레스토랑, 피자 전문점, 전문음식점(돈가스, 카레, 우동, 스테이크, 우동, 냉면, 채식, 전통음식), 스테이크 전문점, 맥주 전문점, 선술집, 대중 활어횟집(참치, 가자미), 꼬치 전문점, 치킨점, 족발집, 중국집, 파스타, 딤섬, 쌀국수, 한정식, 닭강정, 기타
휴게음식점 제과점	제과점, 떡집, 도넛 전문점, 분식집, 김밥 전문점, 커피 전문점(다방), 아이스크림 전문점, 도시락 전문점, 생과일주스 전문점 단팥빵 전문점, 디저트 케이크, 꽈배기, 기타
단란주점	단란주점
유흥주점	룸살롱, 바, 맥주홀, 무도유흥주점, 클럽, 카바레, 나이트클럽, 한국식 접객주점, 외국인전용주점, 기타

표 6-4
식품접객업의 종류와 영업형태

업 종	주 영업형태	부수적 영업형태
휴게음식점영업	음식류, 조리, 판매	음주행위 금지, 공연 가능
일반음식점영업	음식류, 조리, 판매	식사와 함께 부수적인 음주행위 허용, 공연 가능
단란주점영업	주류, 조리, 판매	손님 노래 가능, 공연 가능
유흥주점영업	주류, 조리, 판매	유흥접객원, 유흥시설 설치 허용 및 음주가무 허용
위탁급식영업	음식류, 조리, 판매	음주행위 금지
제과점영업	음식류, 조리, 판매	음주행위 금지

2) 크래프트 맥주 전문점 창업 행정 절차

〈그림 6-7〉과 같이, 창업을 위한 행정 절차는 ① 신규 위생교육(음식업중앙회), ②영업허가 신청(시·군·구청 위생과), ③ 사업자등록증 신청(관할 세무서), ④ 건강진단(관할 보건소)의 4단계로 이루어지고, 여기에 ⑤ 보험 가입까지 하면 오픈을 위한 준비가 완료되었다.

각 단계별로 구비서류만 잘 갖추면 별다른 어려움 없이 신청할 수 있다. 참고로 '영업허가증'이나 '사업자등록'은 점포 구입 후 인테리어 공사 중에 신청해야 오픈에 차질이 없다.

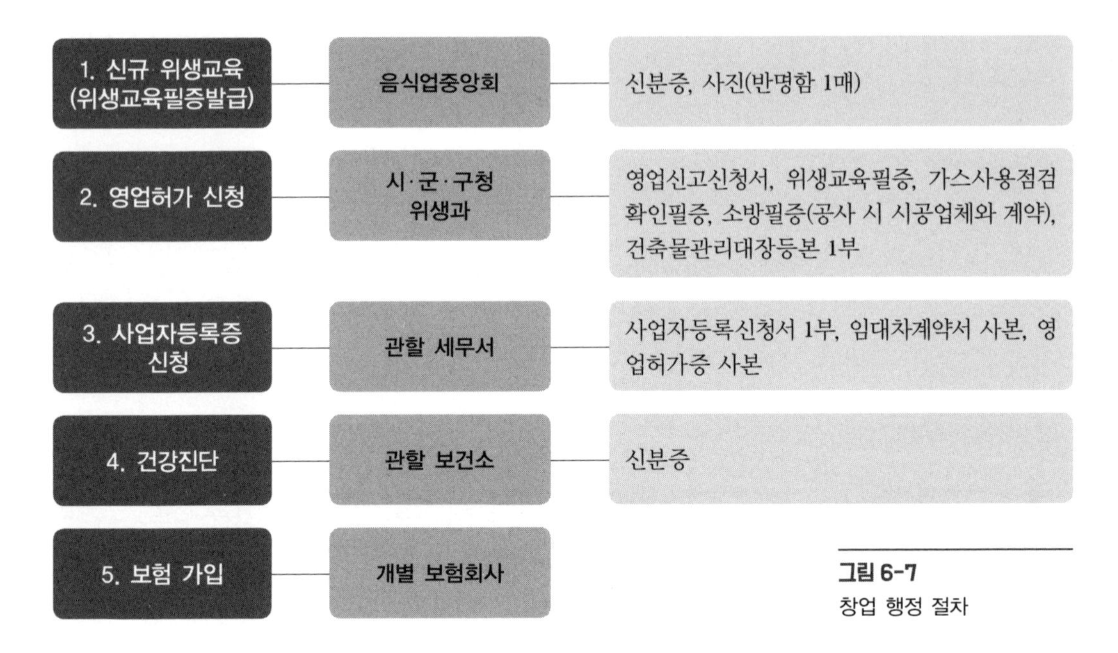

그림 6-7
창업 행정 절차

소규모 주류제조자란 「주세법 시행령」에 따른 시설기준을 갖추고 탁주, 약주, 청주 또는 맥주를 제조하여 그 영업장에서 최종 소비자에게 판매하거나 다른 사업자의 영업장에 판매할 수 있는 자를 말한다. 〈표 6-5〉와 같이, 소규모 주류제조자에 대한 지원을 강화하기 위하여 기존의 소규모 맥주에서 소규모 탁주·약주·청주로 확대 시행(2016.2.25) 이후 시설기준 및 판매경로를 확대 시행하였다.(2018.4.1)[22]

소규모 맥주제조자란 「식품위생법」에 따른 식품접객업 영업허가를 받거나 받을 자 또는 영업신고를 한 자로서 그 영업허가를 받

* 해당 제조자가 직접 운영하는 다른 장소의 영업장을 포함한다.

** 「식품위생법」에 따른 식품접객업 영업허가를 받거나 영업신고를 한 자를 말한다.

을 장소 또는 영업신고를 한 장소에서 맥주를 제조하여 그 영업장* 에서 최종 소비자에게 판매하거나 다른 사업자**의 영업장에서 판매하는 자를 말한다.

「주세법」에 따라 소규모 맥주제조자에 대한 주류의 제조, 저장, 설비, 가격 및 판매에 관한 명령을 정하고 관할 지방국세청장 또는 세무서장 위임을 고지한다.

표 6-5
소규모 맥주 제조 시설 기준

자료 : 국세청주류면허지원센터, 《소규모 주류제조자를 위한 가이드 북》, 2018, p.5.

시설기준
(주세법 시행령 별표3의 제4호 및 주세 사무처리 규정 제32조, 제33조)

- 담금·제성·저장용기
  가) 당화·여과·자비조 등의 총용량 : 0.5kℓ 이상
  나) 담금 저장조 : 5kℓ 이상 120kℓ 미만
- 시험시설
  가) 간이증류기 1대
  나) 주정계(0.2도 눈금, 0~30도) 1조
- 유량계 또는 전자자동계수기 2개(고장·파손에 대비한 예비 포함)
  - 국가표준기본법 제14조에 따라 통상자원부장관의 지정을 받은 교정기관의 검정을 받아 적합하다고 인정된 것을 사용
- 합성수지 용기는 식품·의약품분야 시험·검사 등에 관한 법률 제6조 제2항 제1호에 따른 식품 등 시험·검사기관의 시험분석에서 사용적격 판정을 받은 것을 사용
- 작업장은 독립건물이거나 완전히 구획되어서 위생에 영향을 미칠 수 있는 다른 목적의 시설과 구분되어야 하며, 충분한 조명·환기 및 방충시설을 갖추어야 함
- 제조하는 작업장과 판매 장소는 명백하게 구분

소규모 맥주 제조 시설 내용은 〈부록〉에서 상세히 설명하고 있다.

다. 자본

창업은 반드시 돈이 든다. 또 들어야 한다. 그런데 부당하게 지불한다거나 아니면 쓸데없는 곳에 낭비하는 것을 어떻게 줄이느냐가 중요하고 이것을 판단할 줄 알아야 한다.

창업자금은 총 투자비용의 70%가 자기자본이어야 한다. 여기서 자기자본이라 함은 그 돈이 없어도 당장 사는 데 지장이 없음을 의미한다. 다시 말하면, 이자가 발생되지 않는 자금이다. 자금 없이 창업은 불가능하다. 창업을 준비한다면 자금계획부터 세워야 한다. 자금이 부족하면 선택한 업종 변경이 아니라 '상권, 점포 크기, 브랜드 선택' 등으로 창업의 규모를 줄이는 것이 바람직하다. 부족한 자금을 무리하게 차입해서 시작하는 것은 좋은 방법이 아니다. 1억 원이 창업자금이면, 최소 7000만 원은 자기자본이어야 한다. 창업자금은 541법칙으로 집행하는 것이 좋다. '점포임대 비용 50%, 시설 및 집기 구입비용 40%, 운영자금 10%'이다. 막상 일을 진행하다 보면, 이 법칙이 정확하게 지켜지지 않는다. 하지만 자금계획의 기본은 알고 있어야 위험을 줄일 수 있다.

특히 자본금이 1억 원이라면, 더욱 그렇다. 점포 구입비용이 60-70%를 차지하지만 투자가치나 점포 운영수익으로 그 부분을 충당할 수 있는지를 판단해야 하며, 다른 부분에서 비용을 줄일 수 있는지를 따져봐야 한다. 농촌체험관광 6차산업 선도 경영체 육성사업을 신청할 경우 지자체에서 크래프트 맥주 전문점을 설립할 수 있는 지원금으로 창업할 수 있다. 즉, 사업의 목적은 '농촌체험관광 사업을 생산, 가공, 유통 등을 연계한 6차산업으로 추진, 외연 확대로 인한 일자리 창출 및 농가소득 증대로 지역사회 활성화'이다. 지역 농산물을 활용하여 크래프트 맥주를 생산하여 판매하는 것이다.

창업에 필요한 자금은 아래와 같이 나눌 수 있다. 시설자금은 초기비용, 운전자금은 운영비, 예비자금은 예비비이다.[23] 세부내역은 〈표 6-6〉과 같다.

창업 전 필요자금			창업 후 필요자금		
점포 구입비용	권리금		점포 유지비	월임대료	
	보증금			수도광열비	
	중개수수료			가스요금	
인테리어 비용	내장공사비			전기요금	
	외장공사비			전화요금	
	전기설비		인건비	종업원 급여	
	통신공사비			복리후생비	
	가스		재료비	재료비	
	간판			기타	
시설 집기	탁자·의자		비품	소모품비	
	액자			사무용품	
	기계·설비		영업 제경비	교제비	
	컴퓨터·사무용기기			교통비	
	초도물품			운송비(주유)	
	문구류		금융비용	리스, 렌트	
광고 홍보	판촉물·기념품			차입금이자	
	전단지·팸플릿		기타	보험료	
	광고 선전비			제세공과금	
	개점 이벤트			카드수수료	
	인허가비용			보안경비	
	기타			광고 선전비	
				잡비	
				기타	
시설자금 합계			운전자금 합계		
총비용					

표 6-6
총 소요 자금 세부내역

총 소요자금 = 시설자금 + 운전자금 + 예비자금

- 시설자금: 임대보증금, 권리금, 인테리어 공사비, 시설비, 비품 구입비, 가맹비 등 초기비용
- 운전자금: 인건비, 재료비, 점포 유지비, 홍보비 등 운영에 들어가는 자금
- 예비자금: (시설자금 + 운전자금) × 0.2 = 6개월 정도의 운전자금

라. 상권

1) 상권의 개요

"상권이 반이다", "목이 좋아야 한다"는 말처럼 창업에서 상권은 중요하다. 상권이란 점포가 들어섰을 때, 고객을 흡입할 수 있는 지리적 일정범위를 의미한다. 상권은 일정한 지역을 중심으로 재화, 용역, 서비스, 유통이 이루어지는 공간적 범위를 의미한다.[24] 점포의 세력공간으로 고객을 흡인할 수 있는 질적 영역이자 마케팅 촉진전략을 추진할 수 있는 공간적 범위를 포함한다.

상권은 크게 지역상권(서울 부산, 대구, 대전, 광주), 지구상권(동구, 서구, 남구, 서초구), 지점상권(경리단길, 홍대입구, 인사동) 세 가지로 분류한다. 상권은 지점상권을 의미하고, 점포상권으로도 표현한다. 점포상권도 특급 상권, A급 상권, B급 상권, C급 상권으로 분류된다. 점포상권 시간당 유동인구 분류는 〈표 6-7〉과 같다.

상권 분류	시간당 유동인구	지 역
특급 상권	1만 명 이상	영등포구청역 인근, 천호역, 삼성역, 선릉역, 종각역, 울산남구청, 남포동자갈치, 국제시장 인근, 광화문역 인근, 용산역, 서울역
A급 상권 (대형 상권)	5000명 이상	강남역 아래, 신촌역, 대형 역세권, 회현역 주변, 대전 둔산동, 부평시장 인근, 안양범계역 인근, 신사논현역, 명동역 주변, 압구정역, 용산역, 서울역
B급 상권 (중형 상권)	3000명 정도	대단위 아파트 단지, 지하철역
C급 상권 (동네 상권)	1000명 이상	동네

표 6-7
점포상권 유동인구 분류
자료 : SK텔레콤 자사 상권 분석 결과 재구성

식당 창업을 고민하는 이들은 무조건 A급 상권에서 점포를 열어야 성공하는 줄 안다. 하지만 브랜드에 따라 A급 상권으로의 입성이 오히려 독이 되는 경우가 있다. A급 상권에 들어갈 때, 치열하게 고민해야 하는 부분이 있다. 바로 인건비와 권리금 그리고 임대료이다.

만약 떡볶이집 하나를 오픈하더라도 A급 상권에 오픈을 한다고 하면 셀프서비스를 시행하는 분식점이어야 한다. 대략 월 매출 5000만 원 중 1000만 원을 임대료로 내고, 1000만 원이 넘는 돈이 인건비로 나간다. 원가도 1000만 원 이상 나가고 더욱이 부대비용까지 생각하면 정작 본인이 가져가는 돈은 형편없다. 줄일 수 있는 비용이 오직 인건비뿐이기에 인건비를 고려치 않고 무작정 A급에 욕심을 부리면 장사해서 남 좋은 일만 시킬 수 있다.

창업자금이 부족하면 희망하는 상권에서 영업하기가 쉽지 않다. 일반적으로 상권은 크게 역세권, 대학가 상권, 오피스 상권, 아파트 상권, 주거밀집 상권, 복합 상권 등으로 나눈다. 상권이 좋다고 해서 아무 업종이나 성공한다는 보장은 없다. 상권에서도 입지, 즉 점포의 위치에 따라 등급이 매겨지고 입지에 맞는 업종을 선택하여야 한다. 이것을 찾는 것이 내게 맞는 상권과 점포를 선택하는 것이다. A급 상권이라 해서 다 잘 된다는 보장도 없고, C급 상권이라 해서 다 망하는 것도 아니다. 각 상권마다 점포 위치, 크기, 업종 그리고 투자자금 등의 요소를 따져서 가장 효율적인 선택과 분석이 필요하다.

2) 상권 조사 분석 방법

상권 조사 프로세스는 〈그림 6-8〉과 같다.

상권 조사 분석 방법은 '상권을 설정하여 상권 지도를 그리고, 상권 내 인구를 조사하고, 상권 내 외식업소 현황을 분석하고, 상권의 장래성을 파악하고, 후보지와 유동인구 유발요소와의 접근성 및 시계성, 후보지 앞에서의 유동인구 현황 및 내점률, 후보지의 점포 비용과 수익률'을 분석하여야 한다. 구체적으로 설명하면 다음과 같다.

(1) 상권을 설정하고 상권 지도를 그린다

〈그림 6-9〉와 같이, 상권이란 점포가 들어섰을 때 고객을 흡수할 수 있는 지리적 일정범위를 의미한다. 외식업소에서는 매출의 50% 이상을 차지하는 지역을 1차 상권, 매출의 70%까지 포함하는 지역을 2차 상권, 그리고 90%까지 차지하는 지역을 3차 상권으로 설정한다.

상권은 입지의 스타일, 점포의 영업력, 즉 상품력, 서비스력, 점

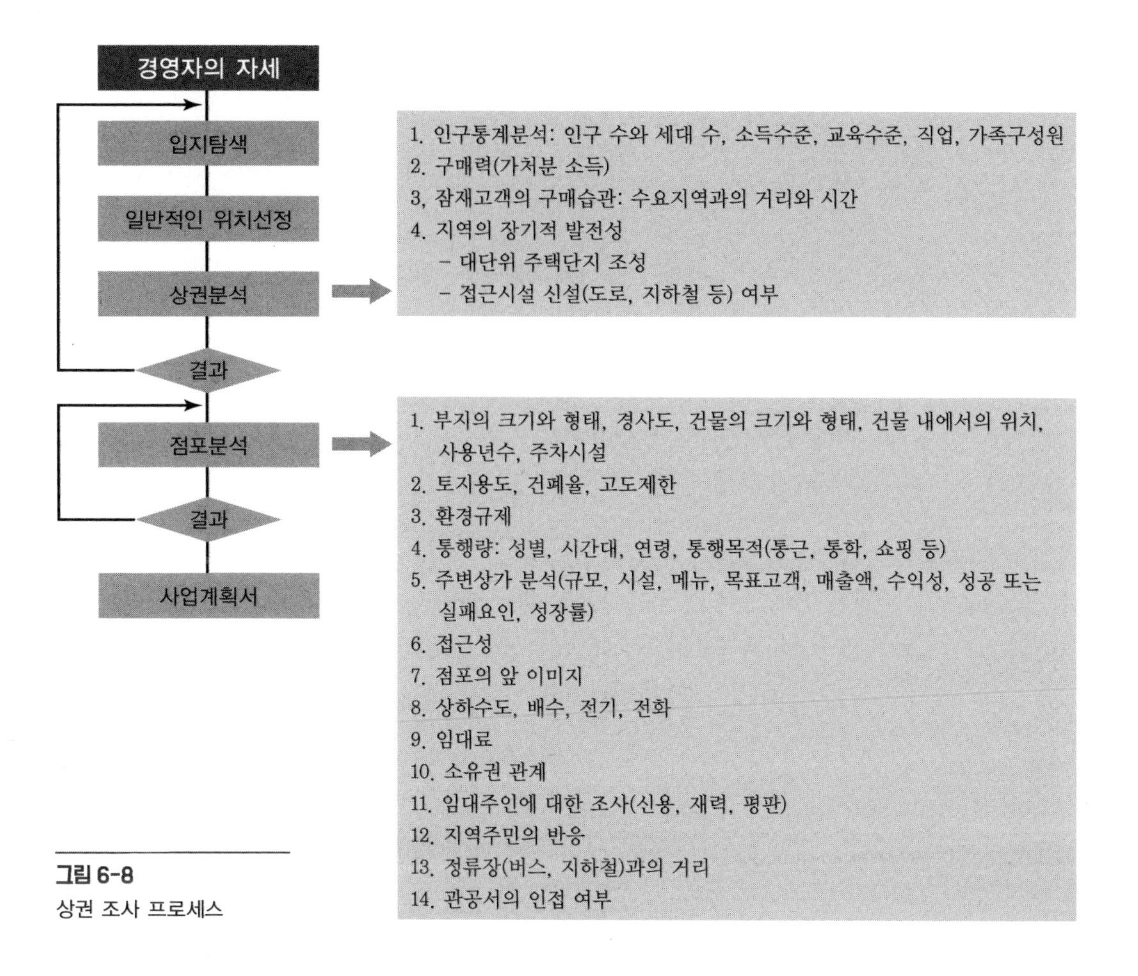

그림 6-8
상권 조사 프로세스

포력, 브랜드력에 따라서 넓이가 달라질 수 있다. 예를 들면 객단가가 높을수록 상권이 넓어진다. 상권의 넓이가 이해되면, 컴퍼스를 사용하여 물건을 중심으로 한 동심원을 그려 1, 2, 3차 상권을 구분한다.

상권 분석은 〈표 6-8〉과 같이, 지리적인 장애요소가 없는 평지에서 일반적으로 객단가가 낮은 패스트푸드점의 1차 상권 반경

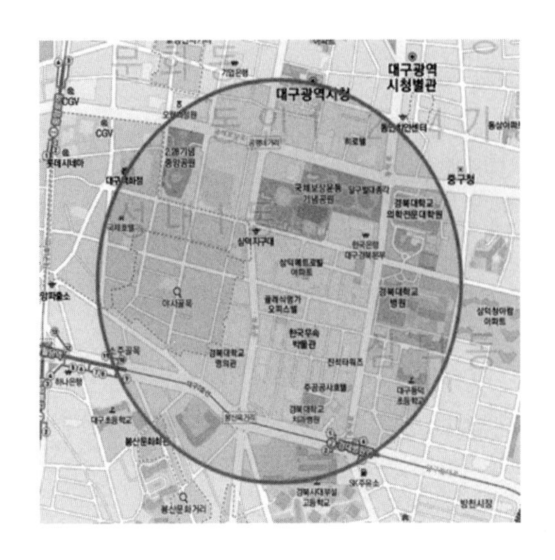

그림 6-9
상권 지도

은 500m, 2차 상권은 1km, 3차 상권은 2.5km이다. 패밀리 레스토랑은 1km, 2.5km, 5km, 패밀리 다이닝과 캐주얼 레스토랑은 1.5km, 3km, 5km, 디너 하우스 경우에는 2.5km, 5km, 시 전체 이상으로 넓어져 간다.

상권 지도	분 류
1차 상권	도보 10분, 고객의 60-70% 흡입
2차 상권	도보 20분, 고객의 15-20% 흡입
3차 상권	도보 30분, 고객의 5-10% 흡입

표 6-8
상권 분류

(2) 상권 내 인구를 조사한다

어떤 업종이든지 후보점포 배후지의 세대수와 인구현황은 점포입지의 적격 여부를 판단하는 첫걸음이다. 이 조사를 통해 하고자 하는 업종의 점포가 몇 개까지 적절한지, 또 어떤 업종이 적합한지 알 수 있다.

지역통계연보에 나와 있는 구별, 동별에 기초하여 1, 2, 3차 상권 내 인구 수를 산출한다. 예를 들어 일반적으로, 패밀리 레스토랑의 경우, 1차 상권 내 7000명 이상, 2차 상권 내 1만 5000명 이상, 3차 상권 내 3만 명 이상이 요구된다. 특히 아파트와 일반주택 거주민 수를 파악하여 비교, 분석해 본다. 이는 외식업소에서 아파트 거주민이 단독주택보다 소비성향이 높고, 그중에서도 30평 전후의 아파트 거주민이 가장 구매력이 높다고 한다.

또한 각 상권 내 인구 구성비(연령별, 남녀별)와 세대 당 인구 수를 조사해본다. 예를 들어, 크래프트 맥주 전문점은 고객이 젊은 층이 많으면 유리하고, 패밀리 레스토랑의 경우 핵가족, 신혼부부가 많은 인구 구성비가 바람직하다. 이처럼 점포 배후지역의 세대주 및 인구 현황은 어떤 업종을 선택하는 데 중요한 판단 근거가 된다. 상권 내 인구조사 내용은 〈표 6-9〉와 같다.

상권 조사	세부사항
통계자료 조사	인구, 세대 수, 가족구성원 수, 주거형태(단독, 아파트…)
상권 규모 파악	• 고정상권(주거인구 및 고정출근자 상주인구) • 유동상권(비거주 및 비상주인구) • 주간 상권 및 야간 상권 파악 • 대형 접객시설의 고정, 유동상권 파악
통행인구 조사	성별, 연령별, 시간대별(아침, 점심, 저녁), 요일별(평일, 주말), 통행인구의 통행성격 관찰, 통행인구의 수준 파악
통행차량 조사	차종별, 시간대별
경합 점포 조사	• 매장 구성 • 가격 • 매출 관련 • 이용객 층 • 운영 관련 • 강약점 파악

표 6-9
상권 내 인구조사 내용

(3) 후보지와 유동인구 유발요소와의 접근성 및 시계성

아무리 번듯한 점포라도 고객이 접근하기가 곤란한 위치라면, 좋은 점포입지가 될 수 없다. 따라서 이 항목은 점포입지 후보지가 유동인구를 유발시킬 만한 요소*가 있는지를 조사하여 점포입지 선정 시 고려하여야 한다. 기본적으로 유동인구를 유발시킬 만한 요소가 많을수록 좋은 점포입지다. 그러나 강남역의 미니스톱처럼 한 빌딩만을 상대로도 짭짤한 수익을 얻고 있는 곳도 있는 만큼 유동인구 유발요소와 접근성을 동시에 충족시켜 줄 수 있는 점포입지를 얻으려 노력해야 한다.

* 극장, 금융가, 오피스가, 전철역, 버스정류장 등

(4) 후보지 앞에서의 유동인구 현황 및 내점 비율

이 항목을 조사하는 이유는 점포 후보지의 잠재고객뿐만 아니라 어떤 업종을 선택해야 할지, 어떤 계층에 초점을 맞추어야 하는지 판단하기 위해서이다. 주의해야 할 점은 유동인구 수에 현혹되어 점포입지를 결정하지 말아야 한다. 아무리 유동인구가 많아도 그들이 점포 안으로 유입되지 못한다면 빛 좋은 개살구이다. 따라서 유동인구와 더불어 내점 고객을 조사하여 그 자리가 얼마나 실속 있는 자리인지를 판단하는 것도 중요하다.

(5) 후보지의 점포 비용과 수익률

아무리 매출이 많은 지역이더라도 점포 비용이 과도하게 든다면 실제 수익률은 낮을 수밖에 없다. 따라서 눈에 보이는 매출액에 현혹되지 않기 위해서는 점포비용과 수익률과의 상관관계를 면밀히 조사할 필요가 있다. 예상 후보지별로 '총 개점비용과 예상 매출액, 예상 수익' 등을 분석한 후, 개점비용이 적게 들면서도 수익률이 높은 곳을 선정하도록 한다.

3) 효율적인 입지 선정

(1) 입지 선정

입지 선정기준은 '식당의 특성, 서비스 형태, 메뉴가격, 경영' 등의 선택적 요인에 따라 달라질 수 있다. 어떤 지역에서 성공적인 아이템이 다른 지역에서도 성공한다는 보장이 없다.

입지 선정기준은 아래 내용이 양호해야 한다.

- 은행, 전철 그리고 도로 접근성
- 보행이나 주행 중 쉽게 눈에 띌 수 있는 가시성
- 식당(차량이나 보행자의 수) 유동인구의 수
- 잠재시장으로부터의 거리
- 식당 주변 환경

만일 입지 선정기준에 맞지 않으면, 입지 선정에서 배제되어야 한다. 또한 입지 선정기준은 '지역주민의 수입 정도, 가족구성원, 상업(근린)지구, 출(퇴)근길' 등이 기본적으로 파악되어야 한다.

선택한 입지 주변에 많은 사람들이 거주하지만 연령 분포로 볼 때, 노령인구가 많다면 패스트푸드점보다는 토속음식점이 더 적합하다. 패밀리 레스토랑은 패스트푸드나 일반 식당과 같이 편리한 위치나 값비싼 권리금을 지불하지 않아도 주차장이 있는 장소면 좋다. 크래프트 맥주 전문점은 출근길보다 퇴근길이 좋다. 상업지구는 '일반음식점, 휴게음식점, 제과점, 유흥주점, 단란주점'을 영업할 수 있지만, 근린지구는 '일반음식점, 휴게음식점, 제과점'을 영업할 수 있다.

크래프트 맥주 전문점 입지 선정을 할 때, '투자규모, 업종업태, 층수, 장소'를 사전에 정해 놓고 입지를 찾아야 효율적인 입지 선정이 가능하다. 〈그림 6-10〉을 먼저 체크해야 한다.

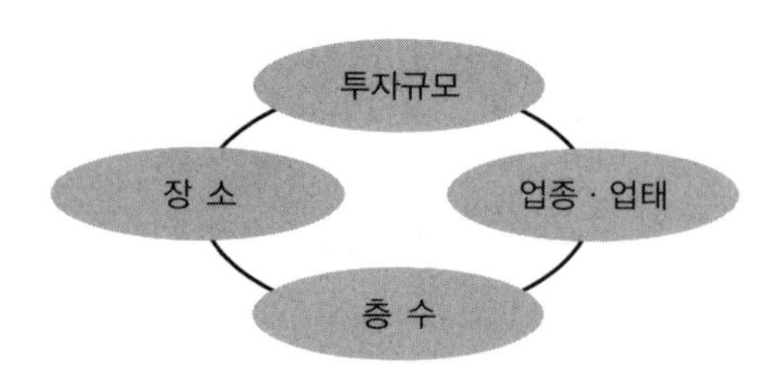

그림 6-10
입지 선정 전제조건

첫째, 투자규모, 준비된 창업자금에 맞는 점포를 체크해야 한다. 예를 들면, 점포 크기, 권리금 등.

둘째, 업종과 업태에 맞는 점포를 체크해야 한다. 예를 들면, 분식집은 작은 점포, 고깃집은 큰 점포.

셋째, 층수와 객단가를 체크해야 한다. 예를 들면, 높은 층일수록 객단가 높은 아이템.

넷째, 지역에 따라 '상, 중, 하'를 체크해야 한다. 예를 들면, 명동 상, 목동 중, 구로동 하.

입지 선정 시, '잠재시장성, 소득 수준, 경쟁업소, 집합적인 외식거리'를 고려해야 한다.

잠재시장성, 크래프트 맥주 전문점을 지나가는 차량이나 도보로 지나는 사람들의 유동성이 커야 한다. 또한 젊은 층이 많은 곳이 좋다. 소득 수준, 규모가 있는 식당은 특수한 경우를 제외하고는 5㎞ 이내에 중산층 이상의 소득 수준이 있어야 한다. 학교 주변은 가격이 낮아야 한다.

지역의 성장과 쇠퇴, 주변 지역의 경제적 활력에 영향을 받는다. 만약 경제적 활력이 사라지면 식당의 도산은 시간문제다. 즉, 지역 연령층의 변화, 도시계획 또는 도로 계획으로 인한 지역 상권 변화를 파악해야 한다.

경쟁업체, 유사업종과 동종업종의 경쟁업체가 얼마나 있는지를 파악한다. 집합적인 외식 거리, 유동 인구가 많고 상권이 변화한 거리는 총체적인 이용고객의 숫자가 증가할 수 있고, 지역성으로만 평가한다면 양호하지만, 차별성과 수준 높은 서비스가 있는 식당은 집합성이 도움이 되지 않는 경우도 있다.

(2) 입지 선정 시 지리적 위치

① 코너 위치 여부

코너 위치 여부에 의하면, 일면, 삼거리 코너, 사거리 코너가 입지 선정 시 좋은 위치이다.

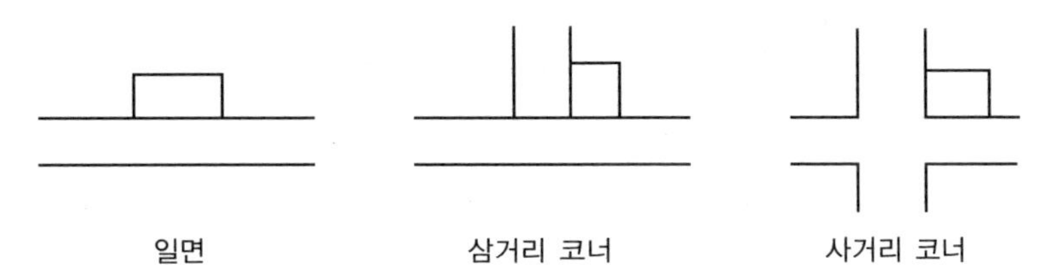

그림 6-11
좋은 코너 입지

② 시계형의 입지

시계성의 오목 입지·볼록 입지는 주변 간판 장애, 전면 가로수 장애, 주변 건물 장애가 있다면 피해야 한다.

그림 6-12
피해야 할 입지

③ 접근성

접근성은 점포 출입의 용이성(출입구 위치, 출입계단 장애)과 상권의 접근 용이성(보행도로, 교통도로)이 있어야 한다.

④ 홍보성

홍보성은 간판 위치와 크기, 점포 위치, 유동인구 규모, 전면 길이, 건물 전체 규모, 건물의 흡인력이 있어야 한다. 상권(지역 인구, 지역 내 주 이용정도)의 구매형태를 파악해야 한다.

⑤ 상권의 동선

상권의 생활동선을 파악해야 한다. 즉, 입지를 선정할 때 주요 외부 유출입 동선(출퇴근, 통학통로, 구매동선)을 고려해야 한다.

⑥ 교통시설 및 도로 현황

주변 교통시설 현황을 조사해야 한다. 즉, 버스정류장, 전철역, 횡단보도(지하도, 육교), 신호등 유무, 교통도로, 각 교통시설 이용인구 규모 등이다. 도로상황은 보행로, 도로 폭, 차량통행 여부, 교통도로, 도로차선, 노변주차 여부, 좌회전 여부, U턴 여부 등이다.

⑦ 지리적 입지

지형·지세는 철도, 도로, 대형 담장(아파트 단지 경계 담장 등), 언덕, 평지 등 지리적 입지의 발전전망을 파악해야 한다. 즉, 도로 신설, 전철역 신설, 횡단보도 신설, 교량 신설, 터널 신설 계획 등이다.

(3) 입지 선정 시 배제 지역

식당 점포를 선택할 때, 아래와 같은 요인이 있는 곳은 배제하여야 한다.

① 배수시설 없는 곳

식당은 배수장치, 하수도, 상수도 등이 가장 중요한 요인 중의 하나이다. 식당은 배수장치 및 상·하수도 사용이 원활해야만 하고, 객장 청소 시 물이 잘 빠질 수 있어야 한다.

② 주차 편의성

식당은 최소한 주차장소가 있어야 한다. 200석 규모의 패밀리 레스토랑은 75대의 주차 공간이 필요하다. 토지가 없어 주차가 어려운 경우, 입지 선정 시 신중히 검토해야 한다.

③ 단기 임대조건

계약 조건상 2년 정도 계약이라도 장기적으로 임대할 의사가 없다면, 입지 선정에서 배제하여야 한다. 점포가 5년 이내 이전을 고려하고 있다면, 좋은 조건이라도 배제하여야 한다.

④ 과도한 교통량

과도한 교통량이 폭주하거나 주행하는 차량의 속도가 비교적 높은 지역 근처라면 배제해야 한다.

⑤ 도로나 보도로부터의 접근성

고객이 도로를 이용할 경우, 주행선상으로부터 좌회전해야만 하는 위치는 배제해야 한다. 이것은 우회전하는 장소보다 일반적으로 약 50%의 매출 감소 요인을 내포하고 있다. 도보 시, 신호대기 장소는 배제해야 한다.

⑥ 가시성(可視性)

식당은 최소 근접거리 50m 이상 가시성이 있어야 한다. 외부 건물이나 기타 여건으로 식당 정문 앞에서만 간판을 볼 수 있는 점포는 가급적 배제해야 한다. 가급적 틈새시장을 찾아라. 시장은 넓고, 상가는 많다.

2. 크래프트 맥주 상권에 따른 입지 선정

크래프트 맥주 전문점 창업을 생각하게 되니 길을 다니면서 있는 상가들을 좋게 보게 된다. 핵심은 유동인구의 동선 파악이다. '저 자리는 테이크아웃이 딱 인데!', '여기다 하면 괜찮을 것 같은데', 신기한 건 목이 아주 좋아 보이는 위치임에도 불구하고 몇 달에 한 번씩 업종이 바뀌는 자리가 있고, 별로 눈에 띄지 않아서 손님이 없을 것 같은데도 꾸준히 영업을 하고 있는 가게도 있다. 크래프트 맥주 전문점 창업 이전에 가장 중요한 것이 있다. 창업에 있어 가장 중요한 것이 상권 분석과 입지 선정이라고 할 수 있다. 그런데 의외로 많은 창업 준비자들이 이 부분을 막연하게만 생각하고 입지 선정에 제대로 된 계획과 목표를 가지고 있지 않다.

막연하게 크래프트 맥주 전문점을 창업하려는 사람들은 어디가 좋다는 확신이 들면, 그 이외의 지역이나 다른 곳은 마음에 두지 않으려는 경향이 있다. 하지만 내 마음에 쏙 드는 물건이 내가 원하는 시기에 쉽게 나타나주지 않는다면, 괜찮은 자리를 확보하는 방법은 지역을 구분하지 말고 어디든 괜찮은 자리가 나타났다고 하면 최대한 쫓아다니는 것이다. 그게 여의치 않다면 원하는 지역 범위 내에서 좋은 자리가 나타날 때까지 몇 달, 몇 년이고 탐색하고 기다리는 수밖에 없다. 지나가다 보면서 '저기면 좋겠다'와 같은 막연한 생각은 금물이다.

더 정확하게, 훨씬 꼼꼼하게 분석하고 생각해 보아야 한다. 크래프트 맥주 전문점 창업을 결심했다면 우선 얼마나 투자할 수 있는지 자본금을 정확하게 따져보고, 맥주 중심으로 할 것인지 사이드 메뉴를 중심으로 할 것인지 등에 대한 구체적인 답변이 나와야 한다.

잘 되는 크래프트 맥주 전문점을 만들기 위한 입지 선정의 최우선 원칙은 '유동인구의 동선을 파악하라!'이다.

가. 도시 중심가 유형

1) 번화가

번화가는 종로, 명동, 강남역, 코엑스몰, 신촌 등과 같이 유동인구가 많은 곳이다. 쇼핑객, 극장고객, 주변의 직장인 등 고객층이 다양하고, 시간 제약을 적게 받는 고객이 많다. 유동인구가 많고 구매력도 높기 때문에 크래프트 맥주 전문점으로 최적의 입지이다. 하지만 개인이 창업하기에는 힘든 곳이다. 보증금, 권리금, 월세 등 투자비용이 너무 많이 들기 때문이다. 보통 이런 곳들은 대형 프랜차이즈 업체들이 브랜드를 대중에게 알리기 위한 안테나숍으로 반드시 들어선다. 실제로 이러한 프랜차이즈들은 비싼 월세에 적자가 나더라도 그 자리에 입점해 운영하는 것을 고집한다. 단순히 수익을 노리기보다 홍보효과에 중심을 두어 운영하는 것이기 때문이다.

여기까지 보면 개인이 창업하기에 감히 엄두가 나지 않는 곳이라 생각하고 단념할 수도 있지만 잘 살펴보면 어느 정도 감당이 되는 괜찮은 자리라고 할 만한 곳이 있다. 바로 대형 프랜차이즈 매장들이 입점해 있는 메인스트리트에서 살짝 비껴 있으면서 동선이 살아 있는 보물 같은 곳이다. 흔히 나오지는 않지만 좀 더 저렴하면서 번화가인 유동인구를 흡수할 수 있어 꾸준히 지켜보며 욕심을 내 볼 수 있다.

영업특성과 대응방안은 〈표 6-10〉과 같다.

영업특성	대응방안
• 유동인구가 많아 부동산과 관련된 비용 높음. • 다양한 업종과 업태. • 대부분 영업상황이 좋은 편. • 늦은 시간까지 영업이 가능. • 주말에는 평일 매출액의 2배 정도. • 가격에 대해 상대적으로 덜 민감한 편.	• 개성 있고 독창적인 이미지 연출. • 레저 지향. • 메뉴 차별화를 통한 고객유인. • 다양한 세계 맥주. • 실내장식 개선을 통한 지속적인 분위기의 변화.

표 6-10
번화가 유형의 영업특성과 대응방안

〈그림 6-13〉은 강남 최고의 번화가에 있는 '구스 아일랜드'다.

다양한 디자인의 스토어숍

내부 전경

특별해 보이는 IPA

입구 전경

서울 다른 지역과 비슷한 가격

돼지 부위별 튀김과 다양한 소스

그림 6-13
구스 아일랜드

2) 비즈니스가

주요 고객층은 직장인들이다. 비즈니스가는 광화문, 시청, 여의도, 강남대로, 테헤란로 등을 대표적으로 꼽을 수 있다. 당연한 이야기이지만 직장인이 주 고객층이고, 이들이 고정고객이므로 직장인을 목표로 크래프트 맥주 전문점의 콘셉트를 잡아야 한다.

비즈니스가의 직장인은 대부분 20대 중반에서 30대 후반까지로 생각하면 된다. 따라서 젊은 층이 선호하는 메뉴 위주로 세팅하는 것이 좋다. 또, 평일 점심시간이 매출을 올리기 가장 좋을 때이므로 이 시간을 잘 활용해야 한다. 그러나 그 이외의 저녁 시간대나 주말 등에는 특수매출을 기대하기 어려우므로 나머지 시간에 손님을 끌어당길 수 있는 아이템 개발이 필요하다.

예전에는 남성을 타깃으로 운영하는 크래프트 맥주 전문점이 많았지만 요즘은 여성고객도 많아졌다. 오피스가 특성상 상대적으로 여성의 비율이 높고, 구매력도 높은 편이므로 남녀 직장인을 고루 배려하는 메뉴 아이템이 필요하다. 크래프트 맥주 전문점 입지로서 최상의 장소이다.

영업특성과 대응방안은 〈표 6-11〉과 같다.

영업특성	대응방안
• 퇴근시간대에 가장 바쁨. • 주말과 그 이후의 시간대에는 매출 하락. • 단체고객의 예약.	• 깨끗하고 평안한 장소로서의 이미지 연출. • 친절하고 밀착된 서비스 제공을 통한 단골고객의 확보. • 점심시간은 커피 판매와 같이 이업종 영업이 필요. • 바쁜 시간대의 좌석회전율 향상을 위한 서비스 제공 시간의 단축 방안 모색.

표 6-11
비즈니스가 유형의 영업특성과 대응방안

나. 역세권 유형

주요 고객층은 기차, 지하철, 고속버스터미널 등의 이용객, 주변 거주자, 상가직원들이다. 흔히 대로변·역세권은 장사하기 쉬울 것처럼 보이나 생각보다 쉽게 운영되지 않는 곳도 많다. 큰길에 있다고 해서, 역 근처에 있다고 해서 무조건 잘 되는 것은 절대 아니다.

수제 맥주 전문점을 열기에 적당한 입지인가는 동선이 살아 있느냐 죽어 있느냐에 따라 다르다. 같은 역, 같은 출구도 사람들의 움직임에 따라 살아 있는 동선이 있고, 죽어 있는 동선이 있다. 주변의 살아 있는 동선을 파악하기 위한 가장 쉬운 방법은 내가 생각한 위치 근처에 버스정류장이나 횡단보도가 있는지 살펴보는 것이다.

버스정류장, 횡단보도처럼 필연적으로 사람들이 모이는 곳은 많은 유동인구만큼 눈에 띄기도 쉽다. 또 대로변은 도로의 폭이 너무 넓으면 그만큼 차량 통행량도 많기 때문에 시끄럽고 여유로운 느낌을 받을 수 없다. 개인 크래프트 맥주 전문점의 입지로는 대로변보다 대로변에서 살짝 빠진, 그러나 유동인구의 유입이 많은 길 초입이 좋다.

〈표 6-12〉와 같이, 영업특성과 대응방안은 아래와 같다.

표 6-12
역세권 유형의 영업특성과 대응방안

영업특성	대응방안
• 특정목적 수행을 위해 움직임, 빠른 서비스, 중저가. • 기차, 고속버스터미널 주변 업소의 '뜨내기손님' 인식 전환 필요.	• 모형 음식의 진열, 간판 등을 통한 가시성 강화. • 신속한 테이크아웃 서비스 제공. • 카운터 서비스의 영업시설 확대.

〈그림 6-14〉와 같이, '데블스 도어'는 신세계가 직접 운영하는 크래프트 맥주 전문점이다. 규모는 1322m^2이고, 시설은 맥주 발효조 6기, 홈브루잉 장비, 피자화덕, 식당 등이다.[25]

그림 6-14
신세계 데블스 도어

라. 골목상권 유형

골목상권은 '브루펍', '집시 양조기술자' 중 선택하여 창업이 가능한 입지이다. 일본은 대부분 골목상권에 브루펍을 가지고 있으면서 경영자가 브루마스터인 경우가 많은 편이다.

주요 고객층은 거주자, 점심은 주부 고객층이 많다. 저녁은 직장인, 맞벌이부부, 주말은 젊은 층이 많은 편이다. 주택가거나 아파트 단지는 큰돈을 벌 수 있는 장소는 아니다. 하지만 창업의 부담이 적기 때문에 초보자에게 추천할 만한 입지이고, 수제 맥주 전문점 운영 경험을 쌓고자 하는 사람에게도 추천할 만하다.

유동인구가 아주 많은 곳은 아니지만 이곳에도 분명한 최적의 장소가 있다. 동네의 버스정류장, 횡단보도, 시장이나 마트 입구,

쇼핑타운 등 사람들이 모이는 곳이다. 아파트 같은 경우는 아파트가 얼마나 오래된 곳인지 아는 것도 중요하다.

대부분의 주거지역에서 보이는 프랜차이즈 매장들이 있는데, 베이커리, 도넛, 아이스크림 매장들이 그곳이다. 이런 매장 주위에 입점한다면 성공할 확률이 높다. 또한 주 고객이 동네 주민들과 주부들이니 퇴근길에 머무를 수 있고 편안한 공간을 만드는 데 비중을 두어야 한다.

주택가나 아파트 상권이라면, 홈브루잉 강좌 등을 동반하면 매출에 도움이 될 수 있다. 수강자들을 통해 손님이 많지 않은 오전에 공간을 활용할 수 있다면 다른 곳과 차별화돼 크래프트 맥주 전문점 운영에도 도움이 된다.

영업특성과 대응방안은 〈표 6-13〉과 같다.

표 6-13
골목상권 유형의 영업특성과 대응방안

영업특성	대응방안
• 실제적인 가치 중요시. • 가격인상에 매우 민감. • 대부분의 업소 규모가 작은 편. • 주말 매출이 상대적으로 높은 편.	• 편안하고 대화가 가능한 장소로서의 이미지 연출. • 고정고객 확충에 노력. • 홈브루잉 교육 강좌로 마니아층 형성.

〈그림 6-15〉와 같이, 경리단길은 서울 용산구 이태원동에 위치한 다국적 미식의 골목거리이다. 이 골목거리는 '과거, 현대, 이국적 모습과 한국적 모습이 이어져 있는 경관, 비의도적 마케팅을 통한 방문욕구 자극, 오감자극을 활용한 집객 효과, 독특한 음식 문화 자원과 거리 경관의 복합적 활용, 미각적 체험과 시각의 즐거움이라는 소프트 콘텐츠를 활성화'라는 특성을 가지고 있다.[26]

그림 6-15
경리단길

〈그림 6-16〉과 같이, 일본의 '후쿠오카 크래프트 맥주 바이 엘보라초'는 골목상권에 위치하고 멕시코 레스토랑과 바를 경영하며 소형 양조장을 가지고 있다. 일본은 대부분 골목상권에 위치해 있다.

그림 6-16
엘보라초의 전경

그림 6-17
엘보라초 경영자 데이비드 빅터(David Victor)

라. 마이크로 브루어리 유형

마이크로 브루어리는 소형 지역 양조장이다. 우리나라는 '소규모 맥주제조장'이라고 말한다. 즉, 소규모 양조장에서 제조되는 특색 있는 맥주를 만드는 장소이다.

정부는 맥주 관련 규제가 완화된 것을 계기로 각 지방 고유의 농산물을 원재료로 삼은 독특한 맥주를 내놓아 소비자의 선택 폭을 넓히고 있다. 각 지자체는 농촌체험관광사업을 '생산, 가공, 유통, 치유' 등 외연 확대로 인한 규모화 및 융복합화로 농외소득의 지속적 창출 체계를 구축하고, 일자리를 창출하고 있다.

2002년 최초 마이크로 브루어리로 '서울의 오킴스브로이·옥토버페스트, 부산 양산 늘 함께 레스토랑, 대구 아리아나브로이, 광주 코리아브로이' 다섯 군데를 허가하였다. 현재 많은 소규모 맥주 양조장이 있다.

〈그림 6-18〉은 대구 아리아나 호텔 보카치오 브로이하우스 전경이다.

그림 6-18
대구 아리아나 호텔
보카치오 브로이하우스

1990년에 바바라 그롬과 웬드 파운드(Barbara Groom & Wendy Pound)*가 창업한 'Lost Coast'라는 미국 맥주 공장은 전형적인 소규모 맥주 공장으로 현재 80명의 종업원을 고용하고 있다. 점점 많은 사람들이 일자리를 찾아서 대도시로 이동하는 시대에 지역사회 일자리를 창출한 진정한 미국 기업이다. 맥주 브루어리의 장치산업 특성상 대도시에서 멀리 떨어진 곳에 공장을 설립하는 것이 유리한 측면이 있다.

* 여자 약사와 카운슬러.

소규모 맥주제조장을 방문하는 고객은 마니아층의 관광객과 거주자이고, 레저 성향이 강하며, 토속음식과 연계하여 판매하여야 한다. 고객들은 가격에 덜 민감한 편이다. 또한 지역 관광지와 연계한 맥주관광 상품으로 개발하여야 한다.

영업특성과 대응방안은 〈표 6-14〉와 같다.

영업특성	대응방안
• 성수기와 비수기의 차이가 심함. • 일반·단체 관광객을 대상으로 한 토속음식 세트메뉴. • 주말에 매출이 높은 편. • 펍을 운영함.	• 비수기에 따른 영업방안 모색. • 지역 특산물을 통한 메뉴 개발 및 지역 축제 참여. • SNS 마케팅 활성화. • 관광상품 이미지 제고. • 전자상거래 활성화. • 판매할 유통망 확대.

표 6-14
마이크로 브루어리 유형의 영업특성과 대응방안

'세븐브로이'는 강원도 횡성에 위치한 맥주제조허가 일반면허 1호 기업이다. 맥주(상면발효와 하면발효)를 생맥주와 캔 맥주로 제조, 판매하고, 서울에도 펍을 운영하고 있다.[27]

〈그림 6-19〉와 같이, '담주브로이'는 전남 담양에 위치한 기업으로 기존 하우스 맥주에 댓잎을 첨가한 대나무 맥주를 개발, 판매

그림 6-19
담주브로이

하고 있다. 1층은 맥주 제조시설과 소시지 공장이고, 2층은 판매장이다.

〈그림 6-20〉과 같이, '제스피(Juspi, Jeju + Spirit)'는 제주시 연동에 위치한 기업이다. 운영은 제주특별자치도 개발공사가 하고 있다. 특징은 제주에서 생산되는 맥주보리와 제주 화산암반수를 사용하였고, '필스너, 페일 에일(감귤 향), 스타우트(초콜릿), 스트롱 에일'을 판매하고 있다.[28]

그림 6-20
제스피

그 밖에도 지역 특산물을 이용한 소규모 맥주 양조장이 많이 있다.

마. 호텔 브로이 유형

〈그림 6-21〉과 같이, 시로야마 브루어리(Shiroyama Brewery)는 시로야마 호텔 가고시마 부대시설이다. 시로야마 브루어리 에일은 일본인의 혀에 맞도록 '보리와 원료의 비율'로 제조한 맥주이다. 장인이 매일 매일 온도와 효모를 체크한다.

시로야마 브루어리 맥주 스타일은 가고시마 특산물을 사용해 좋은 점을 이끌어내 시로야마 호텔 자랑인 요리와 함께 즐기도록 최고의 에일을 제조한다. 주요상품은 '벨기에 화이트(사쿠라지마 작은 귤, 인터내셔널 맥주 컴페티션 수상), 스타우트(아마미 흑당, 인터내셔널 맥주 컴페티션 수상), 허브 에일 레몬그라스(구시키노산 레몬그라스, 재팬 아시아 맥주컵 수상), 페일 에일(계절 감귤류, 인터내셔널 맥주 컴페티션 수상), 마아자쿠 IPA(도쿠노시마 장명초, 재팬 맥주 셀렉션 금상 수상)'를 생산한다.

그림 6-21
시로야마 브루어리

1. 경쟁전략 프로세스

가. 경쟁 있는 전략

마케팅은 개인이나 집단이 제품의 가치를 타인들과 함께 창조하고 교환함으로써 그들의 1차적인 욕구와 2차적인 욕구를 획득하도록 하는 관리 과정이다. 아무리 '크래프트 맥주 전문점의 방향성, 경영이념, 중장기 경영계획'을 크게 잘 세웠더라도 계획한 꿈을 기본적으로 실행할 수 있는 방법을 모르면 아무것도 실행할 수 없다. 즉, 경영자의 중장기 경영계획을 실행하는 것에 대한 비전을 수행하고 구축하는 게 중요하다. 이것을 전략이라고 한다.

전략의 두 가지 요소는 미래를 향한 의지와 유용한 자원이다. 미래를 향한 의지란 장기간에 걸친 개발과 원대한 목표이고, 유용한 자원은 목표를 달성하기 위해 종사원의 헌신을 일으켜 조직의 에너지를 목표 시장에 집중하도록 하는 것이다. 즉, 전략은 크래프트 맥주 전문점이 나아가야 할 중장기적인 방향을 설정, 식당 운명을 결정 짓는 의사결정 과정으로 경쟁 크래프트 맥주 전문점들과 구별되는 차별성을 말한다.

경쟁력 있는 전략은 곧 차별성을 의미한다. 우리 크래프트 맥주 전문점이 경쟁 크래프트 맥주 전문점에게 승리할 수 있는 방법을 생각하는 것이다. 전략은 '싸운다'와 관계가 있다. 비즈니스에서의 전쟁은 '경쟁'이다. 전략적 사고의 기본은 '싸운다는 것과 경쟁'에 있다고 할 수 있다. 전쟁에서 승리하려면 무엇보다도 훌륭한 경쟁전략을 세워야 한다. 경쟁에서 오래 버티는 크래프트 맥주 전문점은 반드시 다른 수제 맥주와의 차별성에서 비롯되는 독특한 장점이 있다. 차별성을 관리하는 것은 장기 비즈니스 전략의 진수라 할 수 있다.

외식사업은 다양한 업종과 업태가 존재하기 때문에, 일방적으로 종사원의 규모만 가지고 강자 전략인지, 약자 전략인지를 결정할 수 없다. 경쟁전략의 중요한 요소는 크래프트 맥주 전문점의 규모가 아니라 시장(고객)점유율이다. 시장점유율에 따라 강자와 약자로 구분해서 전략을 세워야 한다.[29]

〈그림 6-22〉와 같이, 전략의 핵심은 '크래프트 맥주 전문점(company, 자사), 경쟁식당(competition), 고객(customer), 시장(channel)'의 역학관계이다. 크래프트 맥주 전문점의 기본은 고객 니즈에 기초하여 형성되므로 고객지향적인 시각에 출발한다.

- 우리 고객은 누구인가?
- 경쟁 크래프트 맥주 전문점의 강점과 약점은 무엇인가?
- 우리 크래프트 맥주 전문점의 강점과 약점은 무엇인가?

• 자사가 속한 시장의 현황과 흐름(trend), 미래의 예측은 어떠한가?

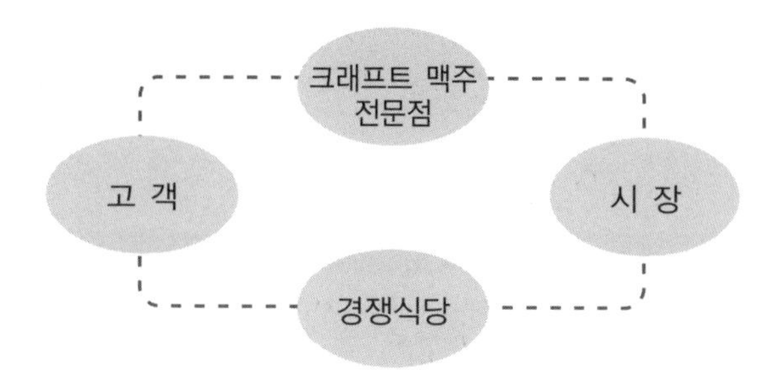

그림 6-22
전략의 핵심

경쟁에서 이기기 위해서는 핵심경쟁력(key factors for success, KFS)을 발견하여야 한다. 가능하면 핵심경쟁력을 자기 식당의 경쟁적 우위로 삼는 것이 경쟁전략의 핵심이다.

최초로 전기를 발명한 토마스 에디슨은 기억하지만, 두 번째로 교류 전기를 발명한 니콜라 테슬라는 기억하지 못한다. 우리는 2등을 기억하지 못한다. 알 리스(A. Ries)와 잭 트라우트(J. Trout)는 "소비자의 기억 속에 '최초'로 인식하지 못했다 하더라도 희망을 버릴 필요는 없다. 자신이 최초가 될 수 있는 새로운 영역을 찾아보라. 생각처럼 어려운 일만은 아니다"라고 하였다.[30]

외식시장에서, 같은 업종끼리 시장점유율 1등은 강자이고, 시장점유율 2위 이하의 모든 기업을 비즈니스 약자라고 한다. 강자와 약자를 나누는 것은 오로지 시장점유율에 의해서 나뉜다.

크래프트 맥주시장은 라거 맥주를 소유한 대기업과 중견기업을 제외한 나머지 모두 약자 기업이다. 특히 크래프트 맥주 전문점 창업자는 절대 약자이다. 약자는 최초가 되든지 최고가 되어야 한다.

최고는 동네에서부터 1등하면 된다. 맥주의 다양성과 맛으로 승부하여야 한다.

〈표 6-15〉와 같이, 강자는 '동질화·간접화·복합화'이고, 약자는 '차별화·직접화·세분화'이다.[31]

표 6-15
강자와 약자의 전략

강자 전략		약자 전략	
동질화	경쟁요인은 규모경제*를 이용하거나, 경쟁업체를 벤치마킹하는 전략.	차별화	고객들이 널리 인정해 주는 독특한 크래프트 맥주 전문점 특성(서비스, 음식의 맛, 브랜드 이미지, 점포의 분위기)을 경쟁우위로 삼는 전략.
간접화	TV, 신문, 라디오와 같은 대중매체를 활용하는 마케팅 전략.	직접화	온라인 쇼핑몰을 열어 고객과 직거래, SNS 마케팅, 지역신문이나 지역방송 PR, 경영자의 개인 브랜드(명성) 제고 전략.
복합화	지원이 많고, 시장점유율도 높은 1위는 사업을 복합적으로 진행하는 전략.	세분화	'상품·영업지역·고객층·물류유통'으로 세분화한 후 세분화된 한 분야에 집중해서 시장점유율을 1등 만드는 전략.

* 일정 한도까지는 생산규모가 커질수록 생산단위가 줄어든다는 경제법칙

나. SWOT 분석

미국 경영 컨설턴트 알버트 험프리(A. Humphrey)[32]는 "강점분석과 약점분석을 통해 기업 내부 능력의 문제점을 발견하고, 회사의 강점을 보강해 실력으로 키울 수 있으며, 외부 기회와 위협 분석을 통해 새로운 아이템을 개발하거나, 특정한 '위기를 기회로 삼을 수 있는 발판'을 캐치해 내어 경영이익을 낼 수 있다"고 하였다.

〈표 6-16〉과 같이, SWOT 분석이란 '내부적 강점(strengths), 내부적 약점(weakness), 외부적 기회(opportunities), 외부적 위협(threats)' 네

강 점	기 회
우리 식당이 다른 경쟁 식당이나 유사업종과 비교하여 내부적으로 우월한 요소들이 얼마나 있는지 파악해 보는 일이다.	외식시장의 변동 상황이나 경제전망, 인구의 변동 상황, 도시계획 등 식당과 관련된 외부적 여건들이 사업을 운영하는 데 긍정적 요소로 반영될 수 있는 부분들을 찾아내어 중·장기적 전략을 수립하는 일이다.
약 점	**위 협**
경쟁 식당이나 유사업종과 비교하여 내부적으로 갖고 있는 단점들이 얼마나 되는지를 파악하여 그를 보완해 나가는 일이다.	외부적 여건이 식당 운영에 부정적인 요소로 작용할 수 있는 부분을 찾아내어 이를 보완해 나가는 일이다.

표 6-16
SWOT 분석

가지 항목을 분석하는 방법을 말한다.

〈표 6-17〉과 같이, SWOT 분석은 크게 SO(강점과 기회), ST(강점과 위협), WO(약점과 기회), WT(약점과 위협) 등 네 부분으로 구분되는데, 그중 가장 중요한 것은 시장의 기회와 기업의 강점을 어떻게 조화시키느냐에 있다. 각 부분에 있어서 기업은 어떠한 것이 통제 가능하고, 어떠한 것이 통제 불가능한가를 파악하여 전략 수행의 초석을 마련하고 그 잠재성을 타진하는 것이 SWOT 분석의 최종 목표이다.[33]

SWOT 분석	기 회
SO전략 (강점-기회전략)	시장의 기회를 활용하기 위해 강점을 사용하는 전략 선택(확대전략)
ST전략 (강점-위협전략)	시장의 위협을 피하기 위해 강점을 사용하는 전략 선택(안정, 성장전략)
WO전략 (약점-기회전략)	약점을 극복함으로써 시장의 기회를 활용하는 전략 선택(우회, 개발전략)
WT전략 (약점-위협전략)	시장의 위협을 피하고 약점을 최소화하는 전략 선택(축소, 철수전략)

표 6-17
SWOT 분석에 의한 마케팅 전략의 특성

다. 목표 설정

목표 설정은 운명이 아니라 방향이며, 명령이 아니라 조직 구성원의 헌신이다. 또한 미래를 결정하는 것이 아니라 자원을 활용하는 수단이며, 미래를 만들어가기 위한 사업의 에너지이다.

목표 설정은 질적·양적 목표로 수립하여야 한다. 질적 목표는 '외식시장의 리더가 된다', '고객감동경영을 실천한다' 기타 등등이다. 양적 목표는 〈표 6-18〉의 역량 항목을 기준으로 분석한다. 고객의 욕구, 경쟁업체 그리고 자사의 강·약점을 파악하여 최적의 목표가 설정되어야 한다.

표 6-18
경쟁업체(자사) 역량 분석

역 량	강점·약점	현 황
경영자	강점	
	약점	
디자인력		
M.D력		
경영 시스템		
차별화된 능력		
영업력		
상품력		
생산력		
자금		
경영실적		
서비스력		
점포 수		
브랜드 가치		

다음은 경쟁에서 이기기 위해서 핵심경쟁력을 발견하여야 한다. 핵심경쟁력은 자사의 경쟁적 우위로 삼는 것이 경쟁전략의 핵심이다.

라. 전략 수립

어떤 상권에 어떤 아이템으로, 누구를 대상으로, 어떤 위치에 매장을 오픈할지를 결정해야 한다. 즉, 외식시장을 여러 형태의 사업성이 있는 여러 개의 시장으로 나눠보고(시장 세분화, segmentation), 그중에서 가장 경쟁력이 있다고 판단되는 목표 시장과 고객을 선정하여(목표 시장, targeting), 가장 경쟁력이 있고 차별화되는 위치에 자리를 잡는(포지셔닝, positioning) 것이 S.T.P전략이다.

S.T.P전략을 마치면, 마케팅 믹스 전략을 수립하면 된다.

1) 시장 세분화

시장 세분화란 일정한 특징을 가진 집단으로 분류하는 것이다. 일단 세분화를 한 후에 여러 세분 시장 중에서 특정한 세분 시장을 선택하게 된다. 즉, 이질적인 전체 시장을 여러 개의 부분으로 구분하는 과정으로, 각 부분은 모든 중대한 관점들이 동질적인 특성을 갖게 된다.

2) 목표 시장

목표 시장이란 식당의 '상품, 서비스, 아이디어'를 판매하는 데 먼저 고객층을 선택해 나가는 것이 중요하다. 그 대상고객으로서 정하여진 시장을 말한다. 여러 개로 분류된 가능성 있는 시장 중에서 가장 경쟁력이 있고, 사업성이 있는 시장을 찾기 위해 가능한 여러 개의 시장을 세부적으로 평가하고 최종적으로 들어가야 할 시장을 선정하는 것을 목표(표적) 시장 선정이라고 한다.

3) 포지셔닝

포지셔닝은 '고객들이 자기 상품을 어떻게 인식하고 있느냐 하는 점이며, 고객들이 여러 경쟁상품을 비교하는 기준을 속성'이라고 한다. 선정된 목표 시장을 그 사업의 시장 전체 중에서, 고객의 기억과 마음속에서 타사와 비교하여 자리(위치)를 잡게 하는 것이다.[34]

포지셔닝에 있어서 성공에 이르는 핵심은 상품-서비스 믹스의 독특하고 고유한 요소를 설정하고 그것을 홍보하는 것이다. 이렇게 하면, 관리자는 경쟁상품-서비스 믹스로부터 자사의 상품-서비스 믹스를 차별화할 수 있으며, 그럼으로써 경쟁적 이점을 얻을 수 있게 된다. 이 접근방법은 독특한 판매제의 설정(unique selling proposition, USP)으로 널리 알려져 있다. 이런 방법으로, 소비자는 식당과 연결될 수 있는 실체적인 어떤 것을 갖게 된다. 청도읍성 수제 맥주는 경쟁전략을 'SWOT 분석, 핵심경쟁력, S.T.P전략'으로 분석하였고, 그다음 마케팅 믹스 전략을 수립하였다.

청도읍성 수제 맥주는 경북 청도읍성 근처에 점포를 개장하였다. 청도읍성 수제 맥주를 농촌체험관광 6차산업 육성사업 가능성이 있고, 관광상품으로 지속될 가능성이 있다고 판단하여 〈표 6-19〉와 같이, 인구통계학적 분석을 하였다.[35]

표 6-19
인구통계학적 분석

19-24세	25-29세	30대	40대 이상
• 남자가 맥주를 가장 선호함 • 여자는 음주빈도가 높음	• 소비문화를 주도하는 연령층 • 여자가 가장 선호함	• 비즈니스 미팅 장소로 이용 • 자신만의 브랜드를 가짐	• 남자는 맥주 선호도가 낮음 • 주부가 맥주 선호도가 높음

또한 〈표 6-20〉과 같이 SWOT 분석도 하였다. 최종 목표는 SO(강점과 기회)전략이다. 이 전략은 우선 전략 방향으로 강점요인을 최대화하고, 기회요인을 활용하였다.

표 6-20
SWOT 분석

강 점	기 회
• 지역 농축산물 사용 • 조합원 청도군민 구성 • 청도읍성 꽃자리 위치 • 청도 관광상품 • OEM방식 운영 • 브루마스터와 마케팅 전문가의 코칭	• 청도읍성 관광객 증가 • 청도군 적극적인 지원 • 새로운 브랜드(청도읍성 수제 맥주) 탄생 • 모바일 앱(전자상거래) 증가 • 수제 맥주의 계속되는 성장 • 감성 소비 증가
약 점	**위 협**
• 브랜드 파워 약함 • 주말과 평일 매출 차이 • 접근성이 약함 • 겨울 비수기 위험	• 저렴한 라거 맥주 경쟁 • 소비 심리의 위축 • 동네 외식업체와의 경쟁 • 소비자들의 부족한 수제 맥주 지식

〈그림 6-23〉과 같이, 자사 역량을 분석하여 '지역 농축산물 사용, 청도군 관광상품'을 핵심경쟁력으로 발굴하였다.

〈그림 6-24〉와 같이 라거 맥주 시장 세분화 분석 결과, 19-24세 연령층은 '남자가 맥주를 가장 선호하고 여자는 음주 빈도가 높

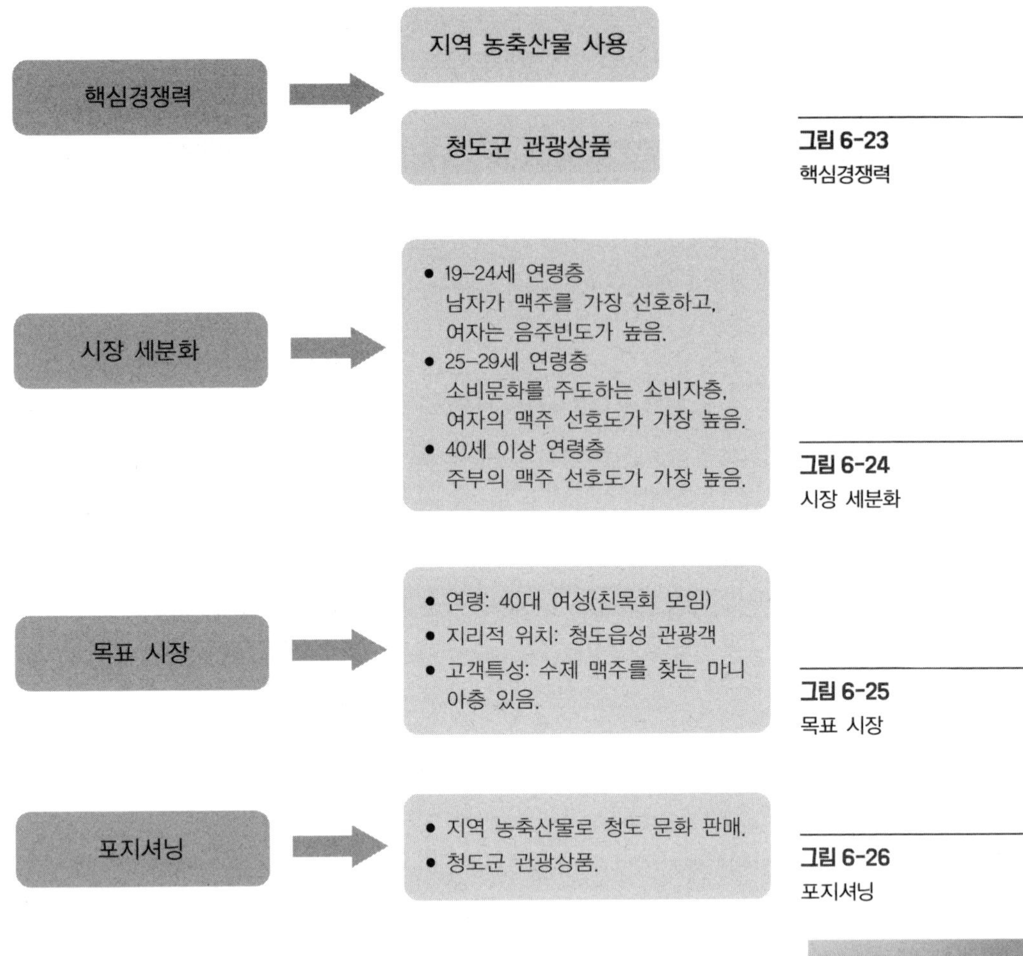

그림 6-23
핵심경쟁력

그림 6-24
시장 세분화

그림 6-25
목표 시장

그림 6-26
포지셔닝

음', 25-29세 연령층은 '소비문화를 주도하는 소비층, 여자가 가장 맥주를 선호함', 40대 이상 연령층은 '주부가 맥주 선호도가 높음'으로 나타났다. 수제 맥주는 지불 능력이 있는 남성으로 학력이 높고, 건강을 생각하는 사람들이 선호하는 것으로 나타났다.

〈그림 6-25〉와 같이, 목표 시장은 40대 여성으로 친목회 모임, 청도읍성을 방문하는 관광객으로 선정하였다.

그림 6-27
청도읍성 수제 맥주

〈그림 6-26〉과 같이, 포지셔닝은 '지역의 농축산물로 청도 문화를 판다. 청도군 관광상품'으로 설정하였다.

〈그림 6-27〉은 청도읍성 수제 맥주 완제품이다.

이와 같은 분석 결과 후, 마케팅 믹스 전략을 수립하였다.

2. 크래프트 맥주 촉진 수단

가. 마케팅 믹스의 개요

크래프트 맥주 전문점은 자기 상품이 다른 업체의 상품들보다 더 가치가 있다는 것을 고객들에게 알려야 한다. 외식사업은 고객의 욕구를 충족시켜 줄 식음료, 분위기, 시설, 서비스 및 메뉴를 계획하고 그 가격을 결정하며, 이들의 구매 및 소비에 필요한 정보를 제공하고, 배분하는 데에 소요되는 일련의 조화된 인간 활동이다.

크래프트 맥주 전문점 마케팅 믹스는 선정된 외식시장 표적에 가장 효과적으로 도달할 수 있도록 각 마케팅 요소 내지 변수를 최적으로 배합시키는 것을 말한다. 즉, 어떤 상권에 어떤 크래프트 맥주와 메뉴로, 누구를 대상으로, 어떤 위치에 매장을 오픈할지를 결정해야 한다.

크래프트 맥주 전문점 마케팅 믹스는 4P's, 즉 '상품(product), 가격(price), 유통(place), 촉진(promotion)'을 사용하여 마케팅 전략을 수립한다. 이것은 마케팅 목표를 달성하기 위해 전략적으로 실시하는 마케팅 활동으로, 이 네 가지 요소를 어떻게 잘 활용하느냐에 따라 마케팅 효과가 극대화될 수 있다. 이러한 전략을 '마케팅 믹스 전략'이라고 한다.

마케팅 믹스의 세부요소는 〈그림 6-28〉, 〈표 6-21〉과 같다.

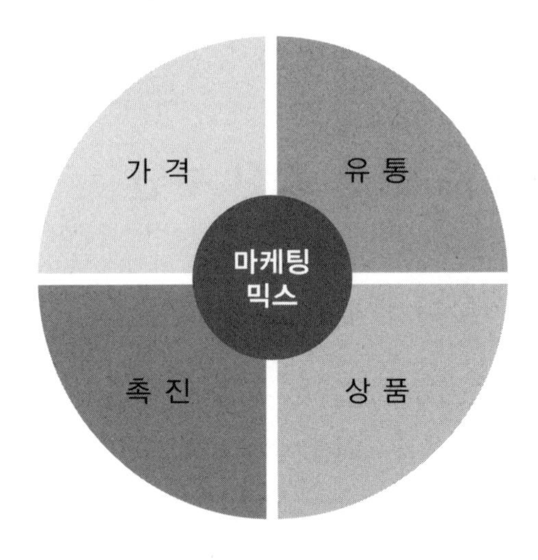

그림 6-28
마케팅 믹스 전략

마케팅 믹스	개 요
상품	소비자 욕구를 충족시킬 수 있는 상품과 서비스, 디자인, 브랜드, 이미지 등을 폭넓게 포함하고 그것을 관리하는 전략이라고 할 수 있다. 무형의 서비스나 브랜드 가치를 포함한 개념이다.
가격	제품의 가치를 가장 객관적으로 나타낸 수치이다. 생산자가 생산한 제품의 가치를 가격이라는 숫자를 통해 판단한다.
유통	고객과의 접촉이 이루어지는 부분의 전체적인 유통경로의 관리를 포함한다. 생산자에서 소비자에게까지 전달되는 과정이다.
촉진	대중들과의 의사소통을 기반으로 매출을 이끌어내는데, 크게 광고, PR홍보, 판매 촉진, 인적 판매의 방법이다.

표 6-21
마케팅 믹스 전략의 개요

크래프트 맥주 전문점은 '상품, 가격, 유통, 촉진' 중 촉진 전략에서 판매 촉진에 집중한다. 창업자나 소상공인, 중소기업들은 약자이므로 마케팅 비용이 적게 드는 판매 촉진을 설명하려 한다.

촉진은 크래프트 맥주 전문점 위치 및 식당 메뉴를 시장에 제공함으로써 고객들이 식당 정보를 정확하게 파악하여 음식점을 방문시키는 수단이다.

촉진 믹스(promotion mix)는 잠재적 소비자에게 설득적 판매 촉진을 주요 역할로 하는 마케팅 믹스의 모든 수단을 포괄하는 활동이다. 촉진 믹스 수단에는 '광고, PR, 판매 촉진, 인적 판매'가 있다. 그중 인적 판매는 판매원 판매라고도 하는데, 판매원이 고객을 만나 대화를 통해 자사의 상품을 사도록 권유하는 마케팅 활동이므로 교재에서는 다루지 않는다.

1) 광고

오늘날 우리는 광고의 홍수 속에 일상생활을 보내고 있다. 인간은 하루에 1500개 정도의 광고와 접촉한다고 한다. 그 만큼 광고의 종류도 다양하다. 광고란 매스커뮤니케이션을 통한 통제된 명시적 정보와 설득이다. 즉, 소비대중에게 자기 점포의 위치나 분위기, 시설, 가격, 서비스의 이용을 궁극적인 목표로 삼고, 이에 필요한 정보를 미디어를 통해서 유료로 전달하는 일체의 행위라 한다.

광고란 '판매 촉진을 목적으로 한 특정한 스폰서에 의한 비대인적이고, 유료적인 매스커뮤니케이션의 형태'라고 하였다. 식당은 '어떤 매체를 통해, 어떤 시장에, 언제, 어떠한 방법'으로 광고할 것인가를 적절히 배합하여 고객의 구매행동을 유발시켜야 한다. 식당은 입지 의존도가 높다. 고객 내점동기(來店動機)를 추구하는 유인전략으로 상권에 적합한 광고를 선별해야 한다. 광고비용도 천차만별이다.

광고의 종류는 매스컴 4매체(신문, 잡지, TV, 라디오) 이외에 케이블광고, 교통광고, 옥외광고, DM(direct mail)광고, PPL광고가 대표적이다.

(1) DM광고

DM광고(직송우편광고)는 광고물을 특정 대상자에게 직접 우송하는 것이다. 장점은 광고 소구 대상을 불특정 다수인 속에서 자유 선택이 가능하고 예정 고객에 대한 광고 소구이다. 또한 단일 광고만의 광고이므로 대상을 독점할 수 있다. 그러나 SNS 마케팅의 발달로 DM광고는 줄어들고 있다.

(2) 신문광고

〈그림 6-29〉와 같이, 신문광고는 지역적 매체로서 가능한 한 자주 많은 고객에게 값싼 광고료로 원하는 고객층에게 메시지를 전할 수 있다.

그림 6-29
신문광고

(3) 잡지광고

잡지는 모든 시장 세분화에 도달할 수 있다. 잡지 구매 가족은 대부분이 광고되는 식당에 대해서 높은 '신뢰도·수용성·친화력'을 갖는다. 이는 신문에 비해 생명이 길고 중복 노출을 제공할 뿐만 아니라 일반적으로 구매력이 높다.

(4) 방송광고

방송광고는 고객에게 식당 정보를 알리는 가장 좋은 매체이다. 매스컴 4대 매체는 인쇄매체, 전파매체 중에 압도적 호소력을 가지고 있다.

TV광고는 거의 모든 계층들에게 전달될 뿐만 아니라, 일반적으로 시청 시간이 길다. 외식사업체 중, 대기업과 중견기업은 TV광고를 하지만 창업자, 소상공인, 중소기업은 광고비 부담으로 TV매체를 이용하지 못하고 PR형태나 판매 촉진을 활용한다.

라디오광고는 사람들과 친근한 매체로서 경제적이고 적은 비용으로 메시지 반복 효과를 가지고 있다. 음식점은 지역 라디오 광고를 이용하는 것도 바람직하다. 방송 프로그램에 음식점 쿠폰을 협찬하여 구매 욕구를 유발할 수 있다. 또한 경제적이다.

(5) 옥외광고

옥외광고는 전주광고(電柱廣告)에서 시작되어 역, 공항 등 전기간판, 네온사인 등 그 종류는 다양하다. 입지산업인 식당 유인 효과와 브랜드 지명도의 향상에 좋다. 상황에 따라 다양하게 사용한다.

(6) 케이블 TV

케이블 지역 광고는 외식업에서 활용할 수 있는 유용한 광고매체이다. 케이블 TV의 주된 장점은 선택성, 낮은 비용 및 유연성이 높다. 외식사업은 케이블 TV를 통해 쉽게 접근할 수 있고, 목표고객 시청자들에게 광고할 수 있다.

(7) PPL광고

간접광고(Product placement, PPL)는 영화, TV드라마, 뮤직비디오, 게임 소프트웨어 등 엔터테인먼트 콘텐츠 속에 식당의 상품을 소품이나 장소 배경으로 등장시켜 소비자들에게 의식, 무의식적으로 상품을 광고하는 것이다.

간접광고는 에펠탑 효과를 가지고 있다. 에펠탑 효과는 마케팅에서 가장 흔하고 쉽게 이용되는 효과로서 소비자에게 제품을 단순, 반복 노출시키면서 인지도를 상승시키고 긍정적인 이미지까지 형성시키는 효과이다. 장점은 TV광고보다 비용이 적고, 노출 효과로 인지도가 상승하고, 자연스러운 연출로 친근감이 상승한다. 단점은 과도한 PPL이 드라마의 흐름을 끊어 반감을 일으킨다. 창업자, 소상공인, 중소기업은 PPL광고비용 때문에 엄두도 내지 못한다.

2) PR

광고는 비대인적·시각적·청각적 메시지로부터 성립되는 유상(有償) 수단이라면, PR(Public Relations)은 판매 촉진의 의도를 갖는 정보, 사진, 기사 등이 신문, 잡지, TV, 라디오 등에 무상(無償)으로 제공된다. 광고는 다만 광고주의 관점에서 고객에게 보여지는데, PR의 장점은 기사통첩이나 사진이 보통 편견 없이 일반 공중에게 인지되므로 광고보다 더욱 신뢰도가 높다.

〈그림 6-30〉과 같이, 주인 열망의 글은 PR의 중요성을 의미한다.

그림 6-30
주인의 열망이 담긴 글

PR도 중요한 촉진수단 중의 하나이다. PR은 크래프트 맥주 전문점이 광고비를 지불하지 않고 판매목적 실현에 도움이 되는 메시지가 인쇄매체나 시청각 매체를 통하여 보도되는 것을 말한다. PR업무는 크래프트 맥주 전문점과 고객 사이의 가장 우호적인 관계를 맺도록 정보를 교환한다. PR의 목적은 자기 점포에 대한 이미지 형성과 좋지 못한 내용의 일소 등이 포함된다.

PR의 용도는 '상품, 인적 서비스, 아이디어, 활동, 조직' 등의 촉진에 사용되고, 크래프트 맥주 전문점 이미지를 높이기 위하여 이용하고 있다. PR의 용도가 제한적이고 사용 횟수도 낮기 때문에 음식점에서는 경시되는 경향이 높다. PR은 광고와 비교하여 극히 낮은 비용으로 대중 인식도를 높일 수 있는 방법이다. 매체 사용 공간이나 시간에 대한 비용을 지불하지 않고 단지 뉴스거리를 개발하고 배포하는 비용만 충당하면 된다.

홍보는 늘 긍정적인 것만은 아니다. 예를 들면 '화재사고, 식중독, 과다 쓰레기 발생, 경영자의 비도덕적 행위' 등과 같은 문제가 발생되면 부정적 이미지를 극복하기 위해 장시간이 소요된다.

PR의 4대 원칙은 아래와 같다.

- 인간적 접촉의 원칙
- 상호 의사전달의 원칙
- 대중이익의 원칙
- 진실성의 원칙

PR의 종류는 '기자회견, 특별기사 제공, 공개강좌, 이벤트, 카운슬링, 강연회' 등이 있다.

(1) 기자회견

크래프트 맥주 전문점은 마케팅 수단 중에서 기자회견을 통한 홍보가 매출 증대에 가장 효과적이다. 취재 내용은 '성공한 경영자, 대박 집 성공사례, 맛의 비결, 새로운 메뉴 개발, 경연대회 수상, 봉사활동' 기타 등등 많은 사례가 있다. 브랜드도 자기 PR시대이다. 여러 홍보 매체들과 미디어 매체들을 이용하여 브랜드를 자연스럽게 대중에게 전파하는 방식이다.

〈그림 6-31〉과 같이, 청도읍성 수제 맥주 기사제공이다.

그림 6-31
기자회견

(2) 특별 기사제공

특별 기사제공은 특정 기획기사를 '조사 데이터와 전문가, 평론가의 코멘트'로 사회시류를 표현한 사진과 함께 제공하는 것이다. 타이밍이 맞으면 큰 반응을 기대할 수 있다.

(3) 오픈 하우스

오픈 하우스는 음식점이 보도관계자와 여론지도자(opinion leader)를 크래프트 맥주 전문점으로 초대하여 메뉴 비법을 발표한다든지, 창업방법, 식당의 철학을 매체를 통하여 일반 소비자에게 전달하는 방식이다.

(4) 이벤트

크래프트 맥주 전문점에서 이벤트 행사를 주관하여 알리는 방법이다. '불우이웃돕기 행사, 봉사활동, 노숙자 돕기, 결식아동 돕기' 등 사회의 귀감이 될 만한 행사를 실시한다.

(5) 카운슬링

경영진에게 '공공적 이슈와 크래프트 맥주 전문점의 위치 및 이미지, 경영 노하우, 맛의 비법' 등에 대하여 자문하는 것을 말한다.

(6) 강연회

성공한 식당 경영자가 초대되어 청중 앞에서 강연하는 것이다.

3) 판매 촉진

판매 촉진은 상품이나 서비스를 판매하기 위한 단기적 인센티브이다. 즉각적인 구매행동의 유도는 판매 촉진의 중요한 목적이지만, 크래프트 맥주 전문점은 단골고객을 유도하는 중요한 촉진수단이다.

판매 촉진이란 소비자가 보통 때보다 앞당겨 크래프트 맥주 전문점을 방문하도록 하는 것을 말한다. 예를 들어, 크래프트 맥주 전문점을 방문할 의사가 없었지만, 생일선물로 무료 쿠폰이 제공되면 쿠폰을 이용하려고 업체를 방문한다. 보통 그와 같은 구매행동의 변화는 판매 촉진으로 인한 인센티브의 결과로 나타난다.

소비자는 특별제공의 혜택을 받기 위해 크래프트 맥주 전문점을 방문한다. 판매 촉진은 전체 판매량을 증가시키지는 않지만, 고객은 많은 혜택을 받는다. 판매 촉진을 이용해 방문한 고객은 편익을 제공받음으로써 단골고객으로 유도할 수 있고, 경쟁하는 크래프트 맥주 전문점에 타격을 줄 수 있다.

판매 촉진은 '단골고객, 예상고객, 잠재고객, 유통업자, 종사원에 대해서 음식점 이미지, 매장 시설, 메뉴 및 가격에 깊은 관심을 가지고 찾아오는 고객에게 소비 의욕을 자극시키기 위해서 작용하는 활동이다'라고 정의할 수 있다.

판매 촉진의 종류는 너무나 다양하다. 경영자가 창조적 사고를 가지고 있다면 다양한 판매 촉진을 만들어낼 수 있다. 판매 촉진의 일반적인 종류를 설명하면 아래와 같다.

(1) 하우스 오간

하우스 오간(house organs)은 잡지나 사내지의 형태로 정기적으로 발행되는 크래프트 맥주 전문점의 간행물로서 사보라 일컫는다. 오늘날에는 직접 소비자에게 우송하는 경우가 많다.

(2) POP광고

POP광고(point of purchase advertising)는 '크래프트 맥주 전문점 전경, 메뉴가격, 특별메뉴, 세트메뉴' 등을 고객의 최종 구매단계에 노출시키는 구매시점 광고라고도 한다. 〈그림 6-32〉는 구매하는 고객 모습이다. POP광고의 종류는 '벽판 쇼윈도, 계산대 위의 입간판과 디스플레이, 시계, 상품 진열을 겸한 진열 상자, 태엽·전기·전파로 움직이는 디스플레이, 점포 안팎의 카탈로그, 영화·슬라이드·사진·포스터, 음식모형 디스플레이' 기타 등등에 의해 직접 소비자의 구매의욕을 자극시켜 구매를 결정하도록 하는 것이다.

그림 6-32
POP광고

(3) 선물로서의 판매 촉진

선물로서의 판매 촉진을 미끼효과라 한다. 미끼효과는 본래 구매하려고 했던 상품에 공짜로 무언가 덤으로 얻는 기분이나 더 싸게 샀다는 것을 소비자에게 느끼게 하는 마케팅이다. 미끼 마케팅은 왝더독(wag the dog) 현상을 볼 수 있는데, 꼬리가 개의 몸통을 흔든다는 뜻으로 상품과 매력적인 사은품으로 소비자의 눈길을 사로잡는 전략이다.

〈그림 6-33〉과 같이, 던킨도너츠는 케이크나 도넛을 일정 개수 이상 구매한 소비자에 한해 '무민' 캐릭터 인형을 저렴하게 살 수 있도록 했다. "무민 인형을 샀더니 도넛을 주더라"라는 우스갯소리가 나올 만큼 인형 때문에 매장을 찾는 발걸음이 늘었다.

그림 6-33
미끼 마케팅

크래프트 맥주 전문점들은 '아이디어, 트렌드, 고객층'을 분석하여 선물을 증정하여야 한다. 이와 같이 크래프트 맥주 전문점의 선물은 고객을 또 다시 방문할 수 있게 하는 판매 촉진 중의 하나이다.

무료로 선물을 증정하는 경우도 있지만, 포인트 제도를 도입하여 마일리지에 의해 선물을 증정하는 경우도 있다. 포인트 제도를 자물쇠 효과라 한다. 자물쇠 효과는 소비자를 묶어둘 수 있는 그 무엇을 제공한다는 의미이다. 외식사업체는 신규 고객 유치보다는 기존 고객 한 명을 계속 유지하는 것이 비용적인 면에서 더 유리하다는 판단이다. 파리바게트·베스킨라빈스 31 등에서 사용할 수 있는 해피 포인트 카드, 투섬플레이스·뚜레쥬르·VIPS 등의 CJ에서 운영하는 곳에서 적립·할인이 가능한 CJ푸드빌 패밀리 포인트 카드, OK 캐시백 카드, 교보문고 카드, 기타 등등 포인트 카드들이 쌓여 있다.

(4) 이벤트

이벤트(event)는 고객을 위해 크래프트 맥주 전문점에서 개최하는 각종 행사의 총칭이다. 소비자의 참가를 촉진해서 행사·쇼·페스티벌 등을 개최함으로써 크래프트 맥주 전문점 PR이나 홍보 효과를 높이고자 하는 대소비자 판매수단의 일종이다.

이벤트는 소비자와의 친근감을 보다 깊게 하는 판매 수단이기도 하고, 비수기를 타개하는 수단이지만 '장소의 제약이 있고, 이벤트 개최 비용, 개최 노하우 부족'의 애로점 때문에 크래프트 맥주 전문점에서 쉽게 손을 대지 못하는 이유도 있다. 이벤트는 아이디어로 연출하여야 한다. 예를 들면, 축하공연, 칵테일 쇼, 음식 시범, 축제 등 다양한 행사를 연출할 수 있다.

〈그림 6-34〉와 같이, 허심청브로이 옥토버페스트는 다양한 먹거

그림 6-34
허심청브로이 옥토버페스트

리, 화려한 무대에서 공연한다. 호텔농심 브루마스터가 직접 만든 정통 독일 맥주를 만나 볼 수 있다.

내부 이벤트는 고객창출기법을 연관지어야 한다. 내부 이벤트를 기획할 때, 중요사항은 고객 입장과 식당 입장을 고려해야 한다. 내부 이벤트 판매 촉진 전략을 기획할 때, '지역성(지역의 특산물, 지역 토속요리), 계절감각(봄, 여름, 가을, 겨울), 기념일, 유행 감각, 개성적(고전감각, 현대감각 조화), 시대감각, 식당 위치 및 주변 고객의 성향 판단, 기간계획, 중식(간단한 메뉴)과 석식(화려한 식단)'을 고려하여야 한다.

〈표 6-22〉와 같이, 내부 이벤트 판매 촉진 전략은 1년 계획으로 수립하여야 한다.

표 6-22
내부 이벤트 판매 촉진 전략

○○년도 판매 촉진 전략

월별	행 사	이벤트 기준 및 판촉 활동
1	시무식, 신년회, 민속의 날, 대입 축하회	DM
2	입춘, 봄방학, 졸업식, 환송회	봄맞이 환경처리 실시
3	입학식, 환영회, 대학 개강 파티	꽃씨를 드립니다
4	봄나들이, 한식, 식목일	DM, 각종 차량에 안내장 부착
5	어린이 날, 어버이 날, 스승의 날, 성년의 날	광고, 효도대잔치
6	각종 체육회, 현충일	국가 유공자 가족 초대전
7	여름 보너스, 휴가, 초중고 방학	DM, 여름철 특선 메뉴 실시
8	여름휴가, 초중고 개학	한여름 더위를 식힐 화채 개발 시식
9	대학 개학, 초가을 레저	도시락 개발
10	운동회, 축제, 결혼러시 행락	DM 발송
11	학생의 날, 취직·승진 축하	광고, 회식 안내
12	망년회, 겨울 방학, 겨울 레저	크리스마스 카드 및 연하장 발송
기타	생일 축하, 월 시식일 등	

그림 6-35
황장군 전단지

(5) 전단

전단(bill)은 판촉에 중요한 수단으로 이용되고, 주로 일정 지역을 대상으로 광범위하게 전달되는 미니콤 매체이다. 전단은 '이벤트(오픈 행사) 시의 즉효, 새로운 메뉴의 개발, 시설의 개조, 서비스나 분위기의 소구를 통한 이미지 고취, 통신판매의 수단'에 유효하다. 식당은 SNS 마케팅 발달로 전단 판매 촉진이 감소하였다.

〈그림 6-35〉는 과거 황장군을 오픈할 때, 사용한 전단지이다. 이 전단지는 판매 촉진 효과가 높아서 그림으로 사용한다.

(6) 세트메뉴

가성비가 좋은 세트메뉴는 구매행동을 쉽게 할 수 있다. 크래프트 맥주 전문점의 세트메뉴는 저가로 인식하기 때문에 고객의 행동을 충동적 구매로 유도할 수 있다. 대구 아리아나 호텔 보카치오브로이는 뷔페를 먹는 고객에게 저녁 9시까지 수제 맥주를 무료로 제공한다.

(7) 쿠폰

쿠폰(coupons)은 우대권을 일정기간 동안에 가져오면 가격을 할인해 주는 판매 수단이다. 쿠폰 발행으로 소비자들에게 실질적인 금전적 혜택을 부여함으로써 쿠폰 자체보다 가치성을 지니게 되고, 고객이 메뉴에 많은 관심을 보인다. 이와 같이 가격을 낮추어 줌으로써 고객에게 구매행동을 유발시키는 것이다.

(8) 간판과 파사드

간판(sige)과 파사드(facade)는 식당의 얼굴이다. 보행자(운전자)가한 지점을 바라보는 시간은 0.3초이다. 이것은 첫 이미지를 연출시키는 중요한 역할을 담당한다. 간판은 '이름, 색상, 크기'에 따라 업체를 떠올리게 한다. 간판의 종류는 '돌출간판*, 스탠드 간판, 정면 간판, 기둥 간판**'이 있다. 간판은 '점포명, 업종명, 주력상품, 서비스 내용, 영업시간, 저렴한 가격'을 내포하고 있어야 한다.

* 2층 이상 건물에 차도에서 4m, 인도에서 3m 높이 이상에 설치.

** 인도로부터 3m 이내에 설치하는 간판으로 높이가 10m.

좋은 간판은 여섯 가지를 고려하여 만들어야 한다.

- 무엇을 알리고 싶은가?
- 어떤 문자로 알리고 싶은가?
- 어떤 서체를 사용하는가?
- 어떤 그림을 넣는가?
- 어떤 색채로 호소하는가?
- 야간에도 눈에 띄는가?

〈그림 6-36〉은 점포 외장의 구성요소이다.

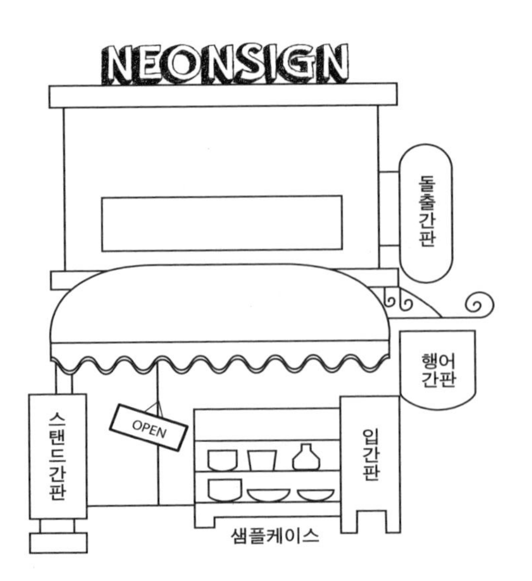

그림 6-36
점포 외장의 구성요소와 사례

파사드는 건축물의 주된 출입구가 있는 정면부로, 내부 공간을 표현하는 것과 내부와 관계없이 독자적인 구성을 취하는 것 등이다. 〈표 6-23〉과 같이, 파사드는 '시인성, 주목성, 가독성, 설득성'의 기능을 가지고 있어야 한다. 〈그림 6-37〉*은 파사드의 예이다.

* 컬러는 278쪽 참조.

표 6-23
식당 파사드의 주요 기능

기 능	내 용
시인성	식별이 쉬운 성질, 멀리서도 잘 보여야 함
주목성	사람들의 시선을 끄는 힘이 강한 정도
가독성	얼마나 쉽게 읽을 수 있는 정도
설득성	최종적으로 들어오게 만드는 능력

그림 6-37
식당 파사드 예
자료 : 정봉원·정성희, 전게서, p.197.

(9) 콘테스트와 경품

콘테스트와 경품은 판촉기법 중 가장 효과적이다. 기획이 잘 되기만 하면, 콘테스트와 경품만큼 신나는 판촉행사도 드물다. 콘테스트와 경품의 마케팅 비용에서 볼 때, 행사가 실제보다 크게 보일 수 있는 기회를 준다. 콘테스트는 소비자로 하여금 어떤 문제를 풀거나 완성시키게 하도록 초대되는 행사이다. 경품은 응모권을 통하여 추첨으로 상품을 주는 것이다.

(10) 스탬프

이 판매 촉진의 형태는 고객으로 하여금 스탬프를 연속적으로 모아서 상품으로 교환하거나 맥주를 무료로 제공하는 방법이다. 이 기법은 새로운 메뉴나 인기 없는 메뉴를 시식을 통해 고객의 입맛을 길들이는 데 상당한 효과가 있고, 경쟁업체의 판매 촉진을 봉쇄하는 데에도 효과가 있다. 고객의 이탈을 방지할 수 있다.

(11) 가격할인

크래프트 맥주 전문점에서 "가장 비싼 메뉴가 무엇인가"라고 질문한다면, 크래프트 맥주 전문점의 빈 의자이다. 이 말은 가격을 할인하더라도 고객을 늘리라는 의미이다. 가격할인은 상품의 값을 깎아주는 것이다. 이것은 마진을 깎아먹는 행위이므로 조심하여야 한다. 가격할인 판매효과는 경쟁이 치열한 경우 가장 적합하다. 일정기간 대에 가격할인 혜택을 주는 반짝 할인을 실시하는 패밀리 레스토랑들도 늘고 있다.

(12) 환불

환불이란 말 그대로 돈을 돌려주는 것이다. 크래프트 맥주 전문점에서는 상품의 현저한 잘못이 있을 때, 무조건 돈을 되돌려 주는 것을 말한다.

그림 6-38
문베어의 사내광고

(13) 사내광고

〈그림 6-38〉과 같이, 사내광고는 크래프트 맥주 전문점 안에서 고객의 의사를 촉진한다. 고객은 결정하기를 싫어한다. 음식점 안에서 그들이 결정할 수 있도록 도와줘야 한다. 즉, 식음료와 디저트

를 소개하는 텐트카드(tent card)를 놓거나, 로비나 승강기에 크래프트 맥주 전문점 메뉴, 상점 판촉 포스터를 걸어서 특색을 표시하라. 고객이 크래프트 맥주 전문점에 들어와서 주문할 때까지 여섯 번 정도 사내 광고를 보면, 고객의 의사결정에 도움이 된다.

판매 촉진의 종류를 종합하여 〈표 6-24〉와 같이, 이용을 자극하는 판매 촉진 방법이다.

방 법	수 단
신규 고객 유치 방법	전단지 배포, 광고·홍보, 이벤트, SNS 마케팅
현 고객만족도 증대 방법	VIP카드 발행, 신상품 개발, 생일(기념일) 카드 발송, 판촉상품 제공
내점빈도 증대 방법	스탬프 활용, 마일리지 제공, 적립금 제공
객단가 증대 방법	세트상품 개발, 고단가 상품 개발, 기획상품 개발
성수기 매출 증대 방법	오늘의 런치메뉴 개발, 금일의 베스트 메뉴 개발, 계절 특선메뉴 개발
비수기 매출 저하 방지 방법	일부 상품 D/C 제공, 특정 상품 페스티벌, 상품 및 상품권 제공

표 6-24
이용을 자극하는 판매 촉진 수단

자료: 은종성, 《SNS를 활용한 우리점포 알리기》, 에이드북, 2013, p.12.

다. SNS 마케팅의 전략

1) SNS 마케팅의 개요

고객들이 인터넷 포털사이트에 검색하기 전에 해야 할 마케팅은 SNS 마케팅이다. SNS 마케팅은 낚시 글이다. SNS 마케팅은 트위터, 인스타그램(Instagrm), 페이스북(Facebook)에 올리기 전, '포털 사이트 검색광고, 콘텐츠 등록, 파워 블로그, 카페지기' 등에 웹(web) 기사(신문기사)를 게재하여야 한다. 대중매체에 이슈를 만들고, 스토리텔링을 만들어 바이럴 마케팅을 한 후 판매를 시작하여야 한다.

SNS(social networking service)는 사회적 개념을 인터넷 가상공간(그림 6-39)으로 가져온 것으로, 사람과 사람의 관계를 맺어 네트워크를 형성하고 관심사를 공유하며 소통하는 서비스를 통한 마케팅을 SNS 마케팅이라고 한다.

그림 6-39
SNS 계정

인터넷과 SNS 홍보는 고객 유입, 구매 전환, 재구매를 나누어서 접근해야 한다. 고객 유입은 전단지, 현수막, 블로그, 카페, SNS 등을 통해 고객을 우리 매장에 유입시키는 홍보활동을 말한다. 구매 전환은 실제로 고객이 우리 매장에 방문해서 구매하는 것을 말한다. 재구매는 한 번 이상 구매한 사람이 다시 구매하는 것을 의미한다.

고객 유입, 구매 전환, 재구매 활동 중 많이 간과하는 것 중 하나가 구매 전환 활동이다. 구매 전환에는 가격, 품질, 서비스 수준, 소비자 평가 등의 요소가 있다. 전단지, 현수막, 블로그, 카페, 지식검색, 키워드 광고 등을 통해 고객을 아무리 많이 유입시켜도 내가 경쟁력이 없다면 고객은 구매로 연결되지 않는 것이다. 따라서 소상공인이 인터넷과 SNS에 홍보를 진행하기 위해서는 '상품의 품질에 문제는 없는지, 고객 입장에서 만족할 수 있는 서비스는 제공되고 있는지, 한 번 이상 방문한 고객을 관리할 수 있는지' 등에 대한 사항이 점검되어야 한다. 만약, 준비되어 있지 않은 상태에서 홍보를 진행하면 비용만 지출되고 말 것이다. SNS 마케팅은 마케팅 범위가 넓고 파급력이 대단하고 비용대비 효과가 뛰어나며 정확한 목표고객을 분석해서 빠른 피드백을 얻을 수 있는 장점이 있다. 그리고 다른 마케팅 방식과는 차별화된 요소라고 설명할 수 있다.

음식점에 가면 음식 사진을 소셜 미디어에 올린 손님에게 할인 쿠폰이나 무료 음식을 주는 이벤트를 종종 보게 된다. 고객이 입소문을 내도록 유인하는 것이다. 과거 기업들이 SNS 계정의 인기를 높이는 식으로 SNS 마케팅을 진행했다면, 최근에는 고객 스스로 개인 SNS에 상품정보를 올리도록 유도하는 마케팅이 주목받고 있다.

마케팅 컨설턴트 김철환 소장은 "소셜 미디어 마케팅에 대한 생각을 바꿔야 한다"라며 "단순히 SNS 계정을 관리하는 것에 그치지 않고 고객의 입으로 우리 기업 제품을 이야기할 수 있도록 만들어야 한다"라고 설명했다.[36] 예를 들어, 연간 고객 탈퇴가 50%라면, 100명 고객은 1년 후에 50명이 된다. 2년 후에는 25명이 되면서 점점 0으로 수렴한다. 하지만 고객 한 명당 0.5명의 새로운 고객을 소개할 수 있다면, 고객 탈퇴가 50%라 해도 1년 뒤 고객은 50명으로 유지하게 된다. 고객 소개 비율이 0.5보다 높으면, 시간이 지날수록 고객 수는 늘어난다.

접객기업은 어떻게 하면 고객의 입소문을 유도할 수 있을까?

(1) 고객 눈높이에 맞추어라

먼저 상품과 서비스, 고객과 고객 경험을 개인에게 맞춤화하는 방법이다. 이름 하나하나 인쇄하는 것은 조금 위험성이 있다. 하지만 특정 부서를 언급하거나 그룹을 언급하는 것도 개인화하는 방법이다. 실제로 한국에서는 '경영학과처럼', '고용노동부처럼'이라는 라벨을 붙인 소주가 화제를 모아 인터넷에 많이 공유됐다.

(2) 상품과 서비스에 고객을 참여시켜라

상품과 서비스에 고객을 참여시키는 것도 입소문을 늘릴 수 있다. 롯데리아 모짜렐라 이벤트는 고객을 쉽고 간편하게 참여시켜 높은 반응을 보였다. 맥도날드는 '빅맥송' 노래를 부르면 빅맥을 공짜로 제공하는 고객 참여 이벤트를 했다. 크래프트 맥주 전문점도 빨리 마시기 이벤트를 실시하여 고객 참여를 유도할 수 있다.

(3) 자랑거리를 제공하라

자랑거리를 제공하는 방법이 있다. 예를 들어, 음식점들은 종종 거대한 크기의 음식을 만들어 제한시간 동안 먹는 고객에게 상품을 주는 이벤트를 벌인다. 이러한 게임 요소는 고객의 참여를 유도하고 외부 SNS 공유가 잘 된다. 한정판 제품을 만들어 고객에게 특별한 경험을 제공하는 경우도 SNS에 많이 알려질 수 있다.

(4) 시각적인 경험을 강조하라

시각적인 경험을 강조하는 것도 중요하다. 예를 들어, 통영에 있는 한 카페는 라테 거품 위에 욕을 쓰면서 유명세를 타기 시작했다. 예전에 '욕쟁이 할머니' 가게들이 관심을 받았던 것과 비슷하다. 욕쟁이 할머니 가게는 SNS에서 화제가 되지 않았지만 통영에 있는 카페는 SNS에서 계속 회자되고 있다.

과거 마케팅은 상술에 가까워 상품이 별로여도 그럴듯하게 포장하고 광고를 내보면서 소비자의 관심을 받을 수 있었다. 현대 마케팅의 주체가 기업에서 고객으로 넘어가고 있어, '어떡하면 우리 고객에게 의미 있고 재밌는 경험을 줄 수 있을까?'라는 본질에 대해 더 고민하면서 해결해야 한다.

표 6-25
SNS 마케팅의 장단점

〈표 6-25〉는 SNS 마케팅의 장단점이다.

장 점	단 점
• 광고, 홍보비 절약 • 다양한 마케팅 전송 가능 • 고객과의 의사소통이 용이 • 상품과 서비스에 대한 피드백이 빠름 • 발전 가능성이 많은 시장	• SNS의 악이용 • 해킹, 악성코드로부터 자유롭지 못함 • 사용자의 편중 현상 • 많은 경쟁업체의 집중 현상 • 빠른 발전에 따라가지 못하면 도태되기 쉬움 • 안티고객 발생

2) SNS 마케팅의 수단

(1) 바이럴 마케팅

바이럴 마케팅(viral marketing)은 누리꾼이 이메일이나 다른 전파 가능한 매체를 통해 자발적으로 어떤 기업이나 기업의 제품을 홍보하기 위해 널리 퍼뜨리는 마케팅 기법으로, 컴퓨터 바이러스처럼 확산된다고 해서 이러한 이름이 붙었다. 상품이나 광고를 본 네티즌들이 퍼 담기 등을 통해 서로 전달하며 자연스럽게 컴퓨터 바이러스처럼 확산된다고 해 바이럴 마케팅이라 한다.

(2) 트위터 마케팅

트위터는 초대형 컨퍼런스 콜(conference call)과 비슷한 개념이다. 누군가에게 정보를 제공하는 사람이 될 수도 있고, 다른 사람이 이야기한 내용에서 도움을 받을 수도 있으며, 단지 무료한 시간을 보내는 장소가 될 수도 있다. 접객기업 관점에서, 트위터는 페이스북과 마찬가지로 '신뢰'를 전제로 하며 고객과의 관계형성, 고객지원, 시장조사 및 분석, PR 및 마케팅 활동 측면에서 활용될 수 있다.

트위터를 개설한 후 관심 분야의 사람들을 찾아서 팔로잉하고, 리트윗이나 멘션을 통해서 대화를 시도하고, 관심 키워드를 검색해서 정보를 얻고, 타임라인을 살펴보면서 정보 공유가 되는 사람을 팔로잉한다면 접객기업에게 도움이 될 수 있다.

(3) 블로거 마케팅

블로그는 인터넷 홍보에 있어서 가장 중요한 채널 중 하나이다. 트위터는 너무 많은 트윗량으로 정보의 휘발성이 강하고, 페이스북은 친구가 되기 전까지는 담벼락 글이 보이지 않는다. 블로그는 체계적으로 정보를 생산, 관리할 수 있으며, 검색을 통해 언제든지 다시 고객에게 노출될 수 있기 때문이다. 물론, 여러 서비스 중 네이버 블로그 1순위가 되어야 한다. 웹상에서 네이버의 검색 점유율은 70%를 넘고 있으며, 모바일상에서도 65%를 상회하는 점유율을 보이고 있다. 이는 고객 10명 중, 7명이 네이버를 통해 유입되고 있다는 것으로 국내에서 네이버의 영향력을 단적으로 보여주는 지표이다.

블로그는 RSS, 태그, 트랙백 등의 네트워크적 기능, 콘텐츠의 공개적 기능, 텍스트, 사진, 동영상 등의 다양한 형태의 콘텐츠 활용, 모바일 영역의 간편한 호환 등으로 소셜미디어 중에서 기존 전통미디어와 경쟁할 수 있는 서비스로 부각되고 있어 향후 중요성은 더욱 증가할 것으로 보인다. 주의할 것은 한 가지 주제를 가지고 더 깊고, 더 넓게, 더 다양한 시선으로, 재미있게, 멀티미디어적 요소를 가미해서 운영하여야 하며, 무엇보다 열정이 있어야 한다는 것이다. 몇 개의 포스팅과 광고성 콘텐츠로는 소비자를 설득할 수 없다. 소비자와 커뮤니케이션을 하고 설득하기 위해서는 양질의 콘텐츠와 열정이 필요한 것이다.

(4) 카카오톡

그림 6-40
카카오톡 플러스 친구를 통한 쿠폰

카카오톡 플러스 친구를 통한 쿠폰은 다양한 SNS를 통한 판매촉진이다. 그중 가장 흔히 볼 수 있는 카카오톡 플러스 친구를 통한 정기적인 광고와 쿠폰 발행이 〈그림 6-40〉이다.

카카오톡 플러스 친구를 통한 이점을 살펴보자.

- 쿠폰 발행으로 높은 고객의 호응을 얻어냄
- 평균 60%가 사용한 것으로 집계되며 효율성이 매우 높음
- 실질적인 금전적 혜택을 부여해 고객에게 구매행동 유발시킴

(5) 페이스북

소셜 네트워킹 플랫폼(social networking platforms)은 지난 몇 년 동안 마케터들 사이에서는 화제였다. 소셜 네트워킹 성장은 잠재적 마케팅 중 가장 수익성이 높다.

소셜 네트워킹 플랫폼은 마이크로 세그먼트(micro-segment) 고객들을 구분하여 그들을 대상으로 고객들과 대화를 시작하여 회사의 브랜드 인지도를 높일 수 있도록 회사가 관리하여 이익 창출을 위해 모든 혜택을 고객에게 부여하는 것이다.

이렇듯 세계적인 유명 피자 브랜드인 파파존스, 에너지 드링크의 창시자 브랜드인 레드볼, 그리고 미국의 유명 고급 마트 브랜드인 '타겟'과 같은 회사들은 그들만의 '시장'에서 새로운 포털을 생성하는 수단으로 페이스북을 사용한다.

파파존스는 페이스북에 '좋아요'를 누르면 공짜 혜택을 준다. 레

드볼은 메인 화면에 페이스북을 두고 있다. '타겟'은 페이스북 페이지를 기업의 사회적 책임 활동을 촉진하기 위한 플랫폼으로 쓰고 있다.

〈그림 6-41〉과 같이, 신메뉴 음료를 다양하게 즐기는 인증 샷을 촬영하여 공차 페이스북 드림콘서트 이벤트 게시물에 업로드하면, '엑소, 샤이니, 비투비, 기타'의 드림콘서트 티켓을 무료로 준다.

그림 6-41
공차 페이스북 드림콘서트 이벤트

자료 : 아시아투데이, 2016. 5. 24

제 3 절 인적 자원 관리

외식사업은 총매출액 중 '인건비와 식자재원가' 비율이 가장 높다. 두 비율을 'FLCOST'(식자재원가(food cost), 인건비(labor cost))라고 한다.

외식사업은 직원 관리가 어렵고 중요하며, 순이익에 영향을 미친다. 경영자는 직원들과의 갈등으로 식당경영에 회의를 느끼게 된다. 인적 자원 관리는 식당이 필요로 하는 인력의 고용·유지·개발·활용을 자발성과 자율성의 원리에 입각하여 계획·조직·지휘·통제하는 것이다.

현대의 인적 자원 관리는 종사원들의 자율성을 강조하고 있다. 자율성은 종사원의 욕구를 어느 정도 충족시킬 수 있는가에 달려 있다. 이들의 욕구가 식당 업무에 충족되자면, 종사원의 욕구도 적당해야 한다. 또한 경영자는 그들의 욕구를 충족할 수 있는 능력을 갖추어야 한다.

1. 채용 관리

크래프트 맥주 전문점 인적 구성은 생물과 같다. 종사원들은 영원히 한 위치에만 머물러 있는 것이 아니라 승진하거나 다른 직무로 전환하거나 퇴직하게 된다. 따라서 식당은 계속 변화하는 상황을 수용해야만 한다. 크래프트 맥주 전문점은 인적 자원의 의존도가 높고, 이직률이 높은 사업으로 인적 자원 수급계획이 매우 중요하다.

인적 자원 수급계획에 지원자를 확보하는 활동이며, 선발은 지원자를 평가하여 선택하는 것이다. 지원자는 '신문·인터넷·직업소개소·교육기관·학원' 등을 통해서 확보된다. 선발 과정은 '지원서·인터뷰·시험·면접' 등을 이용한다.

모집인원을 결정하기 위한 간단한 공식은 아래와 같다.

모집인원수=소요인원수−(현재 인원수−퇴직예상 인원수)
모집결정 인원수=모집인원수+(모집인원수×퇴직률)

채용은 지원자 중 크래프트 맥주 전문점 업무에 가장 적합한 자질을 갖추었다고 판단되는 인력을 고용한다. 채용 시 유의점은 '직무의 명확성, 윤리적 고려, 인성과 직무에 부합되는 사람'이어야 한다. 종사원 채용의 관건은 우수한 인재를 택하기보다는 성실한 인재를 택하는 일에 달려 있다 해도 과언이 아니다.

그림 6-42
구인모집

종사원 채용 시 확인사항은 아래와 같다.

① 성명, 생년월일, 주소, 연락처 등 이력서 기재사항

② 얼굴 확대 사진

③ 건강수첩

④ 주민등록등본

⑤ 주요경력

⑥ 성격

⑦ 취미 및 기호

⑧ 언어사용 및 태도

⑨ 점포의 선택 이유

⑩ 장래의 희망, 꿈

크래프트 맥주 전문점 인력계획 수행 목적은 다음과 같다.

- 조직이 필요로 하는 인력의 양과 질을 획득한다.
- 크래프트 맥주 전문점의 인적 자원을 최대한 활용한다.
- 잠재적인 인력의 부족현상과 과잉상태를 예측하고 적절히 대응한다.

2. 임금 관리

크래프트 맥주 전문점 경영은 인간 활동에 의해 이루어진다. 따라서 크래프트 맥주 전문점은 종사원 각자에게 일정한 직무를 부여하고, 각 직무는 목표달성을 위해 관리되어야 한다. 직무계획은 앞에서 논의한 인력계획과 함께 인사 관리 시스템의 투입요소가 된다.

임금수준은 두 가지의 의미로 나누어 생각할 수 있다.

첫째, 동일 크래프트 맥주 전문점 내 직무의 차이와 직위의 차이에 따른 임금격차

둘째, 크래프트 맥주 전문점 자체의 임금수준, 즉 크래프트 맥주 전문점이 일정기간 동안 지급하는 평균임금으로 노동시장과의 관계에서 균형을 유지하고 임금의 상한과 하한을 관리하는 것을 의미한다.

임금수준의 결정요인은 다음과 같다.

- 생계비 수준
- 크래프트 맥주 전문점의 지불능력
- 통상적 임금수준
- 최저임금

크래프트 맥주 전문점 경영자는 업무 처리 능률을 최대한 발휘할 때, 종사원의 능률을 극대화시킬 수 있다. 따라서 경영자는 업무 처리에 최선을 다하여 경영 효율성을 극대화시켜야 한다.

경영자는 중요한 업무와 그렇지 않은 업무를 명확히 구분하고,

중요한 업무에 우선적으로 대처해야만 한다. 특히, 주방 관리는 통제하기 어렵다. 주방 실무 책임자에게 주방 관리 결정권을 위임해야 한다. 경영자는 요리를 맛있게 만들 줄 알고, 적당량의 분량을 잘 조절할 줄 아는 주방장을 채용해야 한다. 이와 같은 역량을 갖춘 주방장은 이윤 폭이 높은 메뉴를 신속하게 만들어내는 방법까지도 알고 있고, 재료도 절약한다. 스스로 업무를 개선하고자 하는 조리사에게는 업무 개선이 이루어질 수 있도록 뒷받침해 주는 것이 매우 중요하다. 잔소리 한 마디에 말없이 떠나는 미성숙한 조리사는 아직도 많다. 좋은 인성과 주인의식 있는 직원을 만나는 것도 경영자의 운이다.

종사원은 약간의 금전적 인센티브보다는 상사의 부하 능력 인정, 부하 이름 기억, 칭찬, 격려, 사랑, 신뢰와 같은 정신적·비금전적 인센티브와 자기 직장에 대해서 느끼는 긍지, 소속감, 일체감, 보람, 충성심, 애사심, 가족적 분위기, 행복감과 같은 정신적 동기부여를 훨씬 중시한다.

경영자는 종사원에게 베푼 다음 대가를 바라지 않고 답례가 없더라도 섭섭하게 여기지 않은 덕(德)이 있어야 한다.

종사원 노무관리는 아래와 같다.

- 상여금과 특별수당
- 종사원들의 식사 규정
- 유급 휴가
- 종사원 복장에 관한 규정
- 종사원 건강진단 및 진료
- 유급 휴일

- 단체 생명보험 가입
- 상해 및 재해에 대한 보험
- 종사원의 특별 이익 분배
- 종사원의 교육비 보조
- 종사원의 국민연금, 산재보험, 고용보험, 의료보험
- 종사원을 위한 퇴직금과 연금
- 종사원지주제도

〈표 6-26〉은 인건비 및 제경비 일람표를 작성하는 양식이다.

표 6-26

인건비 및 제경비 일람표

년 월

품목 / 일자	급여	P/A 급여	복리 후생비	소모 품비	수선비	연구 개발비	세탁비	교통비	교육비	기타
1										
2										
3										
4										
5										
6										
7										
8										
9										
10										
11										
12										
13										
14										
15										
16										

년　월

품목 / 일자	급여	P/A 급여	복리 후생비	소모 품비	수선비	연구 개발비	세탁비	교통비	교육비	기타
17										
18										
19										
20										
21										
22										
23										
24										
25										
26										
27										
28										
29										
30										
31										
합 계										

제 4 절

메뉴 전략

1. 메뉴의 개요

가. 메뉴의 가치

메뉴는 크래프트 맥주 전문점의 상품 전략을 나타낸 것으로, 마케팅 전략상 극히 중요한 위치를 차지하고 있다. 메뉴는 말없는 세일즈맨이다. 메뉴(menu)는 '상세히 기록한다'라는 의미를 지니고 있다. 메뉴의 어원은 라틴어로 미누뚜스(minutus, 아주 작은, 간단한, 상세히 기록한다)에서 유래하였다. 메뉴는 우리말로 '차림표, 식단'이고, 불어는 'Carte', 일어는 '곤다테효(獻立表)', 중국어는 '채단자(菜單子)', 영어는 'Bill of Fair', 스페인어는 'Minuta' 등으로 쓰인다. 메뉴는 세계 공용어로 통용된다.

메뉴란 말의 시작은 1498년경 프랑스 어느 귀족의 아이디어라고 전해지고 있다. 그 후 1540년 프랑스 그랑위그 후작이 요리에 관한 내용, 순서 등을 메모하여 자기 식탁 위에 놓고 차례로 나오는 음식을 먹은 것이 손님들에게 좋은 평판을 들으면서 유럽에 전해졌다.

메뉴는 크래프트 맥주 전문점의 얼굴이고, 판매수단에 중요한 역할을 한다. 크래프트 맥주 전문점 경영에서 메뉴는 '전략을 세우고, 판매를 계획하고, 점포·고객·경쟁을 분석하여 판매'하고, 식음료 원가 관리를 정확히 작성하여 고객으로 하여금 식사 욕구를 자극하여 선미를 일으켜야 한다.

성공한 크래프트 맥주 전문점의 메뉴를 살펴보면, 〈그림 6-43〉과 같이, 네 가지 특성을 가지고 있다. 메뉴 가치란 '차별성+시장성+가성비+영양성'의 공식에 의해 탄생한다. 메뉴는 항상 독창적이면서 대중적인 메뉴를 개발하고, 가격 대비 품질에 만족하고, 영양가가 있어야 한다.

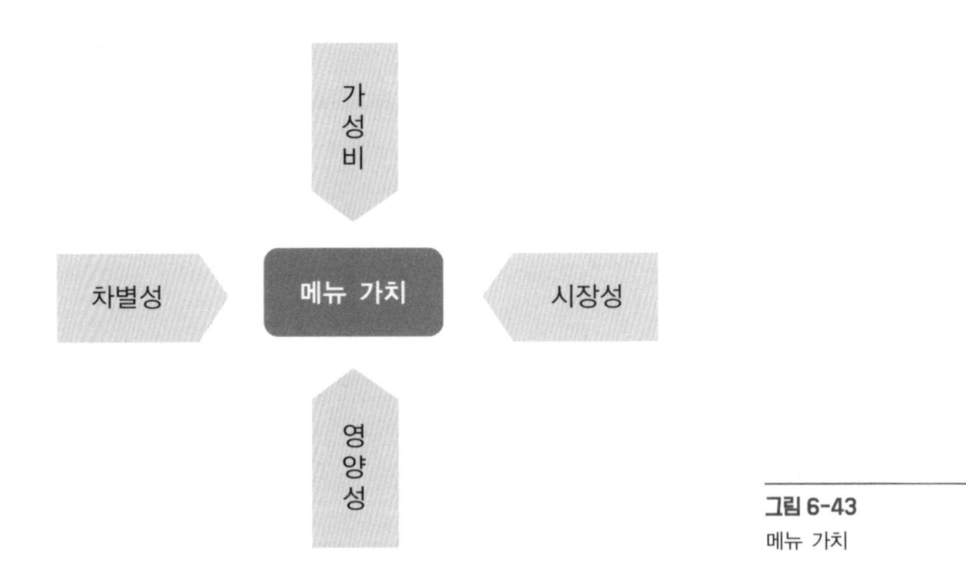

그림 6-43
메뉴 가치

메뉴 가치를 높이는 방법은 고객의 지불 가능 금액(적정 객단가)을 파악하고, 적정 객단가에 부합되는 경쟁업체의 메뉴 구성을 조사하고, 경쟁업체와 같은 원가로 다양한 메뉴가 구성되어야 하고, 메뉴 가격 결정 방법을 선택하고, 고객의 가치인식을 적절하게 조절하여야 한다.

메뉴 가치는 '품질, 가격, 서비스'와 가장 연관성이 깊다. 특히 품질과 가격은 가성비에 의해 결정된다. 서비스와 가격 사이에도 유사한 관계가 존재한다. 고객은 더 높은 가격을 질 좋은 서비스를 제공받는다고 인식하고 있다. 식당 경영자는 고객이 원하는 것이 무엇인지를 파악하여 지속적으로 가격 결정 전략을 수정하여야 한다.

2. 효율적인 메뉴 전략

효율적인 메뉴 전략을 위해 '물류 공급의 안정성, 매뉴얼 작성과 활용'이 있어야 한다.

가. 물류 공급의 안정성

물류 공급의 안정성은 '식품원가와 인건비'의 절감과 재고 관리 통제가 용이하고, 집중적 연구개발이 가능하다. 이것은 식당의 고유한 맛을 창출하여 경쟁력을 강화할 수 있다.

물류 공급의 안정성을 확보하기 위해서는 아래와 같은 시스템이 구축되어야 한다.

- 냉동, 냉장, 레토로트(retort) 등의 물류 시스템을 확립하여야

한다.

- 식재료를 공급하는 식재 메이커 업자와의 신뢰관계는 식재료의 신선도와 유통기한 준수와 같은 시스템이 구축된다.

시스템이 구축되어야 메뉴 작업이나 합리화가 진행된다. 물류가 일정하게 공급되지 않으면, 물류비용이 높아져 식당경영을 압박한다. 물류 시스템은 상품력을 효율화시킬 수 있다.

나. 매뉴얼 작성과 활용

경쟁력을 향상시키기 위해서는 '표준량 목표와 조리작업 매뉴얼'을 작성하여 메뉴 표준화를 이루어야 한다. 즉, 고객들에게는 항상 같은 맛과 같은 품질을 제공하여야 한다. 모든 체인점들은 메뉴의 균일성이 있다. 요리의 균일성을 유지하기 위한 중요한 작업은 메뉴의 매뉴얼화이다. 즉, 재료의 표준화와 조리작업의 매뉴얼 및 활용이다.

표준화를 위한 메뉴 매뉴얼의 첫 단계는 재료의 표준화인 식재료 매뉴얼이라고 할 수 있다. 즉, 표준량 목표 작성이다. 두 번째 단계는 조리작업 매뉴얼의 작성과 활용이다. 아무리 요리 재료의 품목과 양이 동일하다고는 하여도 조리작업이 통일되지 않으면 음식의 맛이나 모양 등이 동일하게 만들어지지 않는다.

〈표 6-27〉, 〈그림 6-44〉와 같이 표준량 목표와 조리작업 매뉴얼을 설명한다.

돈까스

재 료	용량	단위	기타
돼지 등심	0.18	kg	1890
베타믹스	0.05	kg	158
달걀	1	kg	180
습 빵가루	0.02	kg	106
소금	0.01	kg	370
후추	0.005	kg	
마늘가루	0.01	kg	550

소스

재 료	용량	단위	기타
밀가루	15	g	28
버터	15	g	99
케첩	15	g	47
설탕	15	g	37
우유	200	ml	440
물	400	ml	
파인애플(캔)			780
비용			4685

표 6-27
수제 돈까스 표준량 목표

만드는 방법

1. 돼지등심을 일정한 크기로 자르고 스테이크 망치로 두드린다.
2. 소금, 후추로 간하고, 마늘가루를 뿌린다.
3. 베타믹스에 달걀과 물을 넣어 반죽한 뒤 빵가루를 묻힌다.
4. 180℃ 온도에서 튀긴다.
5. 소스는 브라운 루를 만들어 캐첩을 넣어 볶고 물과 우유를 넣는다. 선택사항으로 파인애플을 주스와 함께 갈아서 넣어준다.

그림 6-44
조리작업 매뉴얼

자료 : 정봉원, 전게 보고서, p.14.

3. 크래프트 맥주와 음식 궁합

가. 맥주와 음식의 페어링

요사이 '치맥(치킨과 맥주), 피맥(피자와 맥주), 스맥(스테이크와 맥주)' 이란 용어를 많이 사용한다. 맥주와 음식의 궁합은 다른 술보다 이점이 많다. 먼저 맥아가 있다. 연한 맥아 보리를 한 움큼 먹어보면 달콤한 견과류 향미가 난다.

초콜릿 맥아를 먹으면 볶은 커피 같은 맛이 난다. 곡물이 가진 특성이 감칠맛을 더해 음식에 상호보완적으로 작용한다. 이런 곡물에서 맥주의 바디와 깊이가 생긴다. 바디와 깊이는 깔끔하면서 섬세하거나, 견과류 맛이 나면서 향신료 맛이 나거나, 부드러우면서 바디하거나, 캐러멜 같거나, 진하고 볶은 풍미이거나, 쌉쌀하거나 달콤하거나, 토닉 워터처럼 가볍거나 크림처럼 묵직할 수 있다.

핵심적으로 고려해야 할 사항은 맥주의 바디, 강도, 알코올 도수이다. 즉, 맥주와 음식이 비슷한 강도를 가져야 하고, 맥주의 바디는 편안한 풍부함이나 경쾌한 쌉쌀함 둘 중 하나를 제공할 필요가 있다. 밍밍한 맥주는 음식과 전혀 어울리지 않는다. 음식에 압도당해 향미가 살아나지 못하기 때문이다.

홉이 맥주 향기의 대부분을 제공한다. 게다가 우리 미각은 대부분 냄새와 직결되어 있다. 홉이 음식을 흥미롭게 만들 수 있는 것은 이 때문이다. 짜릿하게 강렬하고 맵싸하고 향기롭고 꽃 같고 열대과일 같으며, 시트러스, 흙, 허브 같은 향기와 향미가 비슷하거나 상호보완적인 향미끼리 다리를 놓아 맥주와 요리를 연결해 줄 수 있기 때문이다.

홉은 쓴맛도 제공한다. 이 쓴맛이 무겁고 기름진 향미와 질감을 잡아줄 수 있으며, 혀에 약간의 기분 좋은 자극이 되어 맛을 재미있게 만든다. 쓴맛이 너무 강하지 않도록 주의하기만 하면 된다. 아주 쓴 맥주는 짭짤한 스낵과 먹을 때만 좋다. 대부분의 맥주에서 이스트는 중립적인 향미나 미묘한 과일 맛을 낸다. 이스트는 이미 힘든 과업을 해냈다. 즉, 맥주에 깊이와 강렬함을 제공하는 알코올을 만들어냈다.

일반적으로 알코올 함량이 높아질수록 향미 프로필도 풍부해진다. 그래서 헬레스(helles)는 가볍고 섬세한 반면, 도펠복은 독하고 달콤하며 좀 더 풀바디에 가깝다. 어떤 스타일에서는 이스트가 향미와 질감을 더하기도 한다. 아마 해페바이젠의 풀바디와 에스테르 향기, 위트(wit)의 맵싸한 과일 향과 톡 쏘는 피니시, 풀바디를 가진 여과하지 않은 맥주, 또는 이스트와 박테리아로 신맛을 낸 식욕을 돋우는 산미와 기름진 맛을 잡아주는 능력을 가진 사우어 맥주(sour beer)가 그런 경우일 것이다.

탄산도 영향을 미친다. 이때 탄산은 혀의 새로 고침 버튼과 같다. 맥주는 입속을 휩쓸고 지나가면서 작은 거품들이 터지는 생동감을 안겨줘서 현재 혀가 맛보고 있는 것에 싫증이 나거나 너무 익숙해지지 않게 해준다. 기름기가 많은 고기나 단 디저트의 경우, 탄산이 향미를 돋우고 입 안을 가볍게 한다.

과일이나 향신료, 대체 곡물, 커피, 술통(barrel)을 이용해서도 맥주의 향미와 질감을 바꿔 특정 유형의 식품에 가까워지거나 멀어지게 방향을 틀 수 있다.

마크 드렛지(Mark Dredge)[37]는 '조합, 궁합에 맞는 음식, 지역성, 피해야 할 것, 맛있게 마시는 방법'을 아래와 같이 설명하고 있다.

(1) 조합

조합은 잘 어울려서 서로 향미를 끌어당기는 맥주와 요리의 한두 가지 측면을 골라낸다는 뜻이다. 초콜릿 브라우니와 진한 초콜릿 같은 스타우트를 함께 맛보거나, 세종의 미묘한 거친 향미가 나는 맵싸함을 후추처럼 알싸한 맛이 나는 샐러드와 짝지어 본다. 중요한 것은 향미를 연결해서 한데 묶어 향상시키는 것이다.

(2) 궁합에 맞는 음식

향미가 풍부한 음식은 풍미가 작렬하는 맥주와는 충돌할 수 있다. 때때로 모든 것을 부드럽게 만들거나 강한 향미를 누그러뜨리는 페어링이 필요하다. 칠리의 얼얼한 매운맛이 좋은 예다. 홉은 칠리의 매운맛에 맞서 강하게 치고 나오기 때문에 어울려 노는 대신 싸우게 된다. 부드러운 초콜릿 같은 밀크 스타우트와 고추의 매운맛 조합을 시도해보자. 이 경우 밀크 스타우트가 모든 것을 진정시킨다. 같은 방식으로 우유는 차에 들어 있는 타닌의 떫은맛을 차분하게 가라앉힌다. 풀바디와 과일류 향미에 쓴맛이 적은 헤페바이젠도 칠리의 불타는 매운맛을 진화할 수 있다. 매운맛뿐 아니라 어떤 풍미 강한 음식도 맥주로 균형을 맞출 필요가 있다. 강한 향미의 경우, 섬세한 맥주가 미각을 새롭게 하고, 가벼운 느낌을 유지해 줄 수 있다. 두 헤비급 선수가 서로 강타를 주고받는 것처럼 향미를 향미로 맞받아치는 대신 말이다. 위트, 필스너, 세종처럼 쌉쌀하거나 맵싸한 피니시를 가진 맥주나 페일 에일과 IPA처럼 기름기를 잡아줄 수 있는 쓴맛을 가진 맥주, 사우어 맥주처럼 톡 쏘는 신맛을 가진 맥주를 시도해보자.

이런 페어링은 향미 간의 균형을 맞추고 제어해서 어떤 향미가 너무 압도적이거나 서로 싸우지 않기 위한 것이다. 맛있게 마시는 법은 여러 다른 향미와 질감을 결합해서 부분의 합보다 큰 전체를 만드는 것이 목표이다. 예를 들어, 훈연 맥주는 고기의 풍미를 주사기로 스테이크나 소시지에 주입하는 것과 같다. 과일 같은, 기름기를 없애주는 IPA는 치즈버거의 기름진 맛을 잡아줄 뿐 아니라, 햄버거의 양념과 치즈 조합과도 잘 어울린다. 또 달콤하고 새콤한 체리 맥주는 초콜릿 디저트의 맛을 북돋우고 생기 넘치게 만든다. 맥주는 이처럼 추가적 요소가 되어 음식에 보탬이 된다. 또는 음식이 맥주에 보탬이 된다.

(3) 지역성

지역성은 음식과 맥주 조합에는 중요한 지리적·계절적인 측면이 존재한다. 지역 맥주와 지역 요리는 보통 자연스럽게 상호보완적이게 마련이다. 농후한 맛의 만두, 돼지고기와 풀바디의 어두운 색 프라하 라거, 거친 향미가 나고 약간 달콤하며 강렬한 감칠맛이 나는 비프스튜와 EBS엑스트라 스페셜 비터나 벨기에 두벨, 아시아풍 요리와 열대지방 특유의 향이 나는 퍼시픽 페일 에일(pacific pale ale), 홍합과 감자튀김(moules-frites) 요리와 벨기에 블론드(belgian blonde)나 위트처럼 말이다. 제철 음식도 염두에 두어야 한다. 즉, 가을이 다가올 때는 호박 맥주를 거친 향미가 나는 채소에 곁들이고, 크리스마스 음식인 칠면조에는 강렬한 향신료 맛이 나는 독한 에일을 선택하고, 여름에는 가벼운 샐러드와 함께 블론드를 마셔라.

(4) 피해야 할 것

어떤 향미는 서로 어울리지 않는다. 어떤 맥주는 특정 음식과 그냥 무조건 어울리지 않는다. 예를 들어 섬세한 헬레스는 초콜릿의 맛에 압도당할 것이다. 임페리얼 스타우트는 어떤 섬세한 음식도 압도해 버릴 것이다. 산미와 쓴맛은 충돌한다.

(5) 맛있게 먹는 법

진한 황금빛을 띤 필스너는 맛이 진하면서도 목 넘김이 부드럽다. 끝 맛은 쌉싸름하면서도 깔끔하다. 바이첸은 여성스럽다. 색상은 필스너보다 연하고 밀과 보리를 원료로 사용하다 보니 한층 맛이 부드럽다. 은은한 과일 맛처럼 향긋한 여운이 남는 게 특징이다.

짙은 색상의 흑맥주인 둔켈은 볶은 맥아를 사용해 구수한 맛이 난다. 크래프트 맥주는 '돼지고기, 소시지, 닭튀김, 슈바이네 학센' 등의 단백질이 풍부한 안주가 어울린다.

〈그림 6-45〉와 같이, '슈바이네 학센'은 독일식 족발이다. 초벌

그림 6-45
슈바이네 학센
자료 : 잔뿌, '슈바이네학센이 맛있는 술집 헌터스문', 2019.1.30.

로 고기를 삶은 후 껍질에 칼집을 내 오븐에서 다시 구워 겉은 바삭하고 살코기는 부드럽고 촉촉하다. 소금에 절인 양배추를 발효시킨 독일식 김치인 사우어크라우트와 함께 먹으면 한층 고기 맛이 고소하다.

나. 맥주 스타일별 한국 음식과 잘 어울리는 안주

음식의 맛과 향이 강한 음식은 맛과 향이 강한 맥주와는 서로 부딪칠 수도 있고, 때로는 음식과 술을 더 부드럽게 하거나 맛과 향을 누그러뜨리는 페어링이 필요하다. 예를 들어, 아주 매운 닭발의 얼얼한 매운맛과 강한 홉은 서로 부딪혀 더 맵고 쓴맛이 난다. 하지만 부드러운 밀크 스타우트(흑맥주)는 고추의 매운맛을 부드러운 매운맛으로 진정을 시킨다.

홉의 쓴맛이 적은 밀 맥주도 고추의 매운맛을 상승시킨다. 음식의 매운맛뿐만 아니라 강한 맛과 향을 맥주로 균형을 맞출 필요가 있다. 훈제한 기름기가 많은 생선, 진한 향의 향신료를 사용한 쓴 요리, 식초를 기본으로 사용하는 새콤한 요리, 향이 강한 치즈, 아주 짠 음식 등이 그렇다.

음식의 맛과 향이 강한 경우, 섬세한 맥주가 미각을 새롭게 하고, 가벼운 느낌을 유지해 줄 수 있다. 끝 맛이 씁쌀하거나 맵싸한 맥주나 페일 에일과 IPA처럼 기름기를 잡아줄 수 있는 쓴맛을 가진 맥주, 사우어 맥주처럼 톡 쏘는 신맛을 가진 맥주를 페어링해 보자. 이런 페어링은 맛과 향의 균형을 맞추고 제어해서 어떤 맛과 향이 너무 압도적이거나 서로 부딪히지 않기 위한 것이다.

1) 라거 맥주

〈그림 6-46〉과 같이, 라거 맥주(필스너, 쾰슈, 바이젠 등)는 비교적 알코올 도수가 낮고 깔끔하면서 시원한 청량감을 느낄 수 있는 갈증을 해소하는 알코올음료로, 맛과 향이 강한 국물 요리보다는 약간의 짠맛이 있는 스낵 종류(오징어, 김, 새우, 감자 칩, 콘)가 잘 어울린다고 볼 수 있다.

맥주를 먹는 이유 중 하나가 스트레스를 풀기 위함도 있다. 성인 남성의 61%가 심리적으로 스트레스 수준이 상승할 때 달콤한 간식보다는 짠맛 나는 스낵을 먹는다는 조사 결과도 있지만 실제로 우리 몸은 스트레스 지수가 높아지면 짠맛을 찾는다. 미국 플로리다 대학의 연구에 따르면, 소금을 섭취하면 스트레스 호르몬으로 불리는 코티솔(cortisol)의 양이 감소한다고 한다. 또한 체내에 염분 농도가 높아질 때 옥시토신(oxytocin) 수치도 높아진다고 한다. 옥시토신은 기분을 좋게 하는 호르몬 중 하나이며, 옥시토신은 신경조절물질로 정서적 안정감을 증가시켜 불안감과 긴장감을 해소하고 스트레스 호르몬의 분비를 억제하기 때문이다.

그림 6-46
라거 맥주와 잘 어울리는 안주

감자 돼지고기 볶음

미역 튀김

야채 닭꼬치

견과류

2) 에일 맥주

(1) 페일 에일

〈그림 6-47〉과 같이, 페일 에일은 밝고 다소 가벼운 스타일의 맥주로서 잘 어울리는 안주 또한 맛과 향이 많이 강한 음식보다는 중간 정도 강도의 음식들이 잘 어울린다. 페일 에일은 치즈, 연어, 토마토 등 특유의 향과 맛이 있으나 강하지 않는 샐러드, 수육 및 족발, 소시지 등이 잘 어울린다.

그림 6-47
페일 에일과 잘 어울리는 안주

닭강정

밀전병

리코타 치즈 샐러드

당면 잡채

(2) 인디아 페일 에일

인디아 페일 에일은 아이피에이(IPA)라고도 한다. 페일 에일보다는 향과 맛이 강하고 알코올 도수 또한 다소 높은 바디감이 있는 맥주 스타일이다. 맥주 본질의 맛과 향이다. 강한 맥주이므로 안주 또한 조금은 맛과 향이 강한 음식이 잘 어울린다. 〈그림 6-48〉과 같이, IPA는 한국음식과도 잘 어울린다. 생선전, 야채전, 두부전 등 전류와, 맛과 향이 다소 강한 치즈류, 삼겹살, 수육과 족발, 스테이크 등 고기요리와도 잘 어울린다. 술과 음식의 궁합은 음식으로 인하여 술의 맛과 향이 상승하여야 하고, 음식 또한 술에 의해 맛이 더 좋아야 한다. 한국의 전류는 콩기름의 고소함과 약간의 느끼함이 있다. 그 약간의 느끼함을 쌉쌀한 맥주의 홉에 의해 개운하게 해주고 홉의 쌉쌀한 맛은 콩기름의 고소함이 궁합을 이루게 하면서 생선의 담백한 맛, 야채의 달콤한 맛 등은 맥주의 맛을 상승하게 한다.

그림 6-48
IPA와 잘 어울리는 안주

떡산적

갈비찜

수육

도토리묵 전

(3) 흑맥주

〈그림 6-49〉와 같이, 흑맥주는 크리스털 몰트에 의한 커피 맛, 초콜릿 맛 등 곡물의 태운 쓴맛이 난다. 안주 또한 초콜릿 맛이 나는 빵과 초콜릿도 궁합이 잘 맞지만 불닭발의 매운맛을 부드럽게 해준다. 굴과도 궁합이 잘 맞는 것으로 알려져 있다. 초코 빵, 초콜릿, 매운 닭발, 주꾸미, 초무침, 굴 등이 흑맥주의 맛을 상승하게 하거나 균형이 잘 맞는 안주들이다.

그림 6-49
흑맥주와 잘 어울리는 안주

해산물

정과류

떡갈비

꽃 송편

(4) 사우어 맥주

〈그림 6-50〉과 같이, 사우어 맥주는 시큼한 맛이 강하면서 약간의 씁쌀한 과일 맛과 향이 난다. 술통 숙성으로 감칠맛을 더하기도 한다. 톡 쏘는 새콤함, 씁쌀한 끝 맛, 발포성 탄산 덕분에 식욕을 돋우고 음식에 곁들이는 반주로도 많이 애용한다. 한국음식으로 어울리는 안주는 홍어무침, 가자미식혜 무침, 맛과 향이 강한 음식들이 잘 어울리며 특히 삭힌 음식들이 잘 어울린다.

그림 6-50
사우어 맥주와 잘 어울리는 안주

초무침회

닭가슴 샐러드

야채 겨자소스

김치 돼지고기찜

그림 6-6
맥주잔 스타일

그림 6-37
식당 파사드 예

부록

소규모 주류제조자를 위한 가이드북

1. 소규모 주류란

가. 소규모 주류제조자의 정의

소규모 주류제조자란 「주세법 시행령」에 따른 시설기준을 갖추고, 탁주, 약주, 청주 또는 맥주를 제조하여 그 영업장에서 최종 소비자에게 판매하거나 다른 사업자의 영업장에 판매할 수 있는 자를 말한다.

소규모 주류제조자에 대한 지원을 강화하기 위하여 기존의 소규모 맥주에서 소규모 탁주·약주·청주로 확대 시행(2016. 2. 25.) 이후 시설기준 및 판매경로 확대 시행(2018.4.1.)[38]

나. 소규모 맥주제조자 시설기준

1) 시설기준(주세법 시행령 별표3의 제4호 및 주세사무처리규정 제32조, 제33조)

○ 담금·제성·저장용기
- 당화·여과·자비조 등의 총용량 : 0.5kℓ 이상
- 담금 저장조 : 5kℓ 이상 120kℓ 미만

○ 시험시설
- 간이증류기 1대
- 주정계(0.2도 눈금, 0~30도) 1조

○ 유량계 또는 전자자동계수기 2개(고장·파손에 대비한 예비 포함)
- 국가표준기본법 제14조에 따라 통상자원부장관의 지정을 받은 교정기관의 검정을 받아 적합하다고 인정된 것을 사용

○ 합성수지 용기는 식품·의약품분야 시험·검사 등에 관한 법률 제6조 제2항 제1호에 따른 식품 등 시험·검사기관의 시험분석에서 사용적격 판정을 받은 것을 사용

○ 작업장은 독립건물이거나 완전히 구획되어서 위생에 영향을 미칠 수 있는 다른 목적의 시설과 구분되어야 하며, 충분한 조명·환기 및 방충시설을 갖추어야 함

○ 제조하는 작업장과 판매장소는 명백하게 구분

2) 소규모 맥주제조자 시설기준 확대(2018.4.1.)

구 분	기 본	변 경
담금·저장조 용량	5kℓ 이상 75kℓ 미만	5kℓ 이상 120kℓ 미만

3) 시험시설

간이증류기	알코올분을 측정하기 위해 시료를 증류하는 간이 장치
주정계	술의 알코올 함량을 측정하는 액체용 비중계

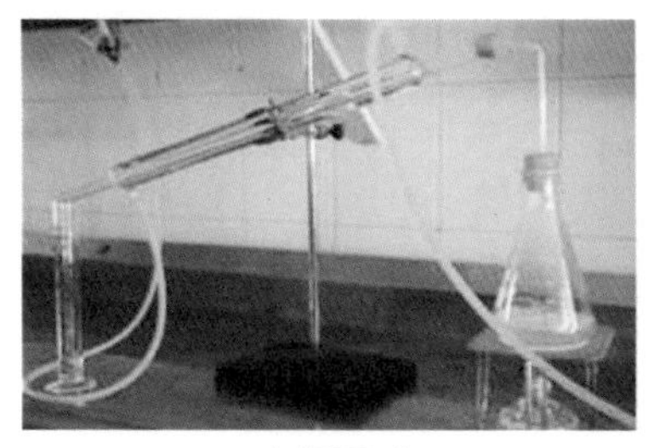

간이증류기

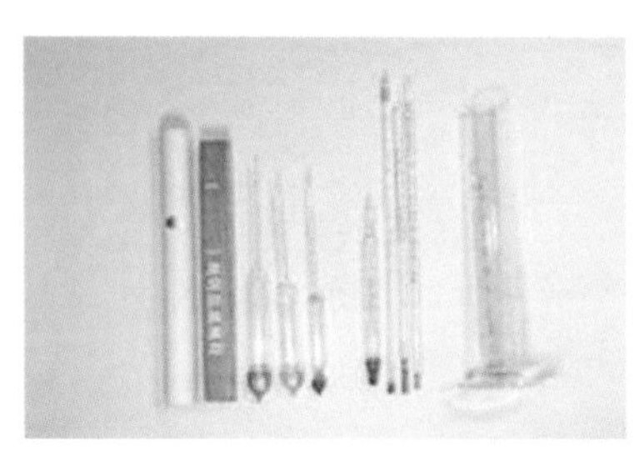

주정계, 온도계, 메스실린더

○ F 알코올분 측정법 : 시료를 100㎖ 메스실린더의 눈금까지 취하고 이것을 삼각플라스크에 옮긴 다음, 약 15㎖의 물로 2회 씻은 용액을 삼각플라스크에 합쳐 증류한다. 증류용액이 70~80㎖(소요시간은 약 20분 내외)가 되면 증류를 중지하고 물을 가하여 100㎖ 메스실린더의 눈금까지 정확히 맞춘 다음 잘 흔들어 15℃에서 주정계를 사용하여 측정(주류분석규정에 준함)

유량계

- 제조장에서 생산한 주류의 제조량을 파악하기 위해 설치하며 유량계기의 고장 또는 파손에 대비하여 1개 이상의 예비 유량계기를 보유하여야 한다.
- 유량계기가 고장 또는 파손되어 보수, 대체 또는 제거하려는 때에는 사전에 관할 세무서장의 승인을 받도록 하여야 하며 이의 제거 또는 설치는 국세공무원이 참여하여 실시하도록 하여야 한다.

다. 소규모 맥주 규격

1) 일반사항

① 발아된 맥류, 홉, 물을 원료로 하여 발효시켜 제성하거나 여과하여 제성한 것

② 녹말이 포함된 재료, 당분, 캐러멜 등 추가 가능

③ 과실(과즙) 첨가 가능, 주정 혼합 가능

④ 허용 첨가재료

- 당분, 산분, 조미료, 향료, 색소, 식물
- 아스파탐, 스테비올배당체, 솔비톨, 수크랄로스, 아세설팜칼륨, 에리스리톨, 자일리톨, 효소처리 스테비아, 우유, 분유, 유크림, 아스코르빈산, 식품위생법상 허용되는 식품첨가물 중 유화제, 증점제, 안정제 등 성상의 변화없이 품질을 균일하게 유지시키는 것

2) 제한사항

① 발아된 맥류 사용량은 발아된 맥류, 녹말이 포함된 재료, 당분 또는 캐러멜 등의 합계 중량 기준 10% 이상 사용

② 과실(과즙)의 중량은 발아된 맥류, 녹말이 포함된 재료의 합계 중량 기준 20% 이하 사용

③ 주류(주정, 주정을 물로 희석한 것 포함)를 첨가할 경우 해당주류의 알코올분은 25% 미만

④ 맥주 성분규격

- 에탄올 : 표수도수의 ±0.5% 이하
- 메탄올(mg/mℓ) : 0.5% 이하
- 수크랄로스(g/kg) : 0.58% 이하
- 아세설팜칼륨(g/kg) : 0.35% 이하

2. 소규모 주류제조면허 취득절차

가. 주류제조면허 제도

○ 주류를 제조하려는 자는 주류 종류별 주류제조장마다 시설기준과 요건을 갖추어 면허를 받아야 함(주세법 제6조).

 - 기존 주류 제조면허자가 다른 주종의 주류를 제조하려는 경우 면허를 추가로 받아야 함

○ 면허의 구분

<table>
<tr><td colspan="2">일반면허</td><td>• 아래 전통주 및 소규모 주류면허 이외의 면허</td></tr>
<tr><td rowspan="2">전통주면허</td><td>민속주면허</td><td>• 주류부분의 시·도지정 문화재 보유자가 제조하는 주류
• 주류부분의 식품명인이 제조하는 주류</td></tr>
<tr><td>지역특산주면허</td><td>• 농업경영인 및 생산자단체가 직접 생산하거나 제조장 소재지 관할 특별자치시·특별자치도·시·군·구 및 그 인접 특별자치시·시·군·구에서 생산한 농산물을 주원료로 하여 제조하는 주류 중 특별시장·광역시장·특별자치시장·도지사·특별자치도지사의 제조면허 추천을 받은 주류</td></tr>
<tr><td colspan="2">소규모 주류면허</td><td>• 탁주, 약주, 청주, 맥주를 제조하여 아래의 방법으로 판매할 수 있는 제조자
- 병입한 주류를 제조장에서 최종소비자에게 판매하는 방법
- 영업장(직접 운영하는 타 영업장 포함) 안에서 마시는 고객에게 판매하는 방법
- 본인 영업장 외 식품접객업 영업허가를 받거나 영업신고를 한 자의 영업장에 판매하는 방법(종합주류 및 특정 주류 도매업자를 통하여 판매하는 것을 포함)
- 주류소매업의 면허를 받은 자, 백화점·슈퍼마켓·편의점 또는 이와 유사한 상점에서 주류를 소매하는 자에게 판매하는 방법</td></tr>
</table>

* 소규모 주류 경쟁력 제고를 위해 소매점 유통 허용(2018.4.1.)

나. 소규모 주류제조면허 취득 절차

① 주류제조면허 신청

제조면허신청서, 사업계획서 등 면허관계 구비서류를 완비하여 제조장 소재지 관할 세무

서에 제출

② (필요시) 시설조건부 면허※ 취득

○ 6월 이내 착수 1년 이내 완공조건의 시설조건부 면허

○ 시설 착공 시 관할 세무서에 신고

③ 완공 신고

관할 세무서에 설비 완공 신고(제조설비 신고서) 및 용기검정 신청서 제출

④ 시설확인 및 용기검정

관할 세무서에서 주류별 시설기준 충족 여부 확인 및 제조용기 용량 산출을 위한 용기검정 실시

- 작업장과 판매장 명확히 구분, 산업통상자원부장관의 지정을 받은 교정기관에서 적합 인정받은 유량계 보유 등

⑤ 제조면허 취득

관할 세무서에서 제조면허증 발급

※ 면허의 제한

○ 면허가 취소된 후 2년 이내의 경우

○ 국세(지방세)를 체납한 경우

○ 국세(지방세)를 50만원 이상 포탈하여 처벌 또는 처분을 받은 후 5년 이내의 경우(대리인, 임원, 지배인 포함)

○ 공거래에 따라 처벌을 받은 후 5년 이내의 경우(대리인, 임원, 지배인 포함)

○ 금고 이상의 실형으로 집행이 끝나거나 면제된 날부터 5년 이내의 경우(대리인, 임원, 지배인 포함)

○ 금고 이상의 형으로 집행 유예기간 중에 있는 경우(대리인, 임원, 지배인 포함)

○ 면허 신청인이 파산선고를 받고 복권되지 아니한 경우

○ 주세법 위반으로 조사 중이거나 고발 중 일 때

○ 제조장 위치가 관련 법령에 어긋나서 부적당한 경우

다. 소규모 주류제조면허 신청 시 구비서류

○ 주류제조면허신청서(주세법 시행규칙 별지1호 서식, 정부전자수입인지 5만 원 첨부)

○ 사업계획서

○ 제조장 소재지의 국토이용계획 확인원

○ 제조장 부지 및 건물의 자가소유 증명서 또는 임대차계약서

○ 제조장의 위치도, 평면도, 제조시설 배치표

○ 제조시설 및 설비 등 설명서 및 용량표

○ 제조공정도 및 제조방법 설명서(해당 주류 제조방법신청서 첨부)

○ (법인의 경우) 정관, 주주총회 또는 이사회 회의록, 주주 및 임원 명부

○ (공동사업의 경우) 동업계약서 사본

○ (민속주, 지역특산주의 경우) 특별시장·광역시장·특별자치시장·도지사·특별자치도지사의 추천서 사본

※ 제조시설 설치를 완료한 경우 제조 및 판매설비 신고서(주세사무처리규정 제26호 서식) 및 용기검정 신청서를 함께 제출

3. 제조관리

가. 제조장 공통사항

○ 작업장은 독립 건물이거나 완전히 구획되어서 다른 목적의 시설과 구분되어야 함
- 충분한 조명, 환기 및 방충시설 구비

○ 주류의 담금, 저장, 제성용기 중 합성수지는 시험검사기관의 시험분석에서 사용적격 판정을 받은 것을 사용해야 함

○ 주류의 담금, 저장 제성용기는 제조방법상 필요한 경우 설치함

○ 살균탁주, 살균약주 제조장의 경우 살균 관련 제반시설을 구비해야 함

- 살균실험실
- 살균기 또는 살균조
- 살균시험기구 : 현미경, 무균상자, 고압살균기, 냉장고, 항온항습기

○ 제조장에서 제조한 주류를 외부로 반출하여 판매할 경우에는 용기주입시설 및 세척시설과 여과·살균시설을 갖추어야 함

* 냉장유통·보관시설을 갖춘 경우에는 여과·살균시설을 갖추지 아니할 수 있음

○ 제조용기 세척전문설비*가 설치되어야 주류 제조시설을 공통으로 이용 가능

* 배관, 용기 등을 분해하지 않고 세척할 수 있는 CIP(Cleaning in place) 방식의 설비

나. 제조시설 변동 신고

○ 제조장 이전 사유가 있는 경우

- 이전 예정일 15일 전까지 전입지 관할 세무서장에게 신고

* 제조장 이전 신고서 제출

○ 제조장 내 제조시설의 신설·확장·개량 등 변동이 생긴 경우

- 주류제조용기의 폐기·추가 등 변동 사유 발생일로부터 20일 이내에 관할 세무서장에게 신고하고, 용기를 추가한 경우 용기검정을 받은 후 사용

* 제조 및 판매설비 신고서 및 용기 추가 시 용기검정신청서 제출

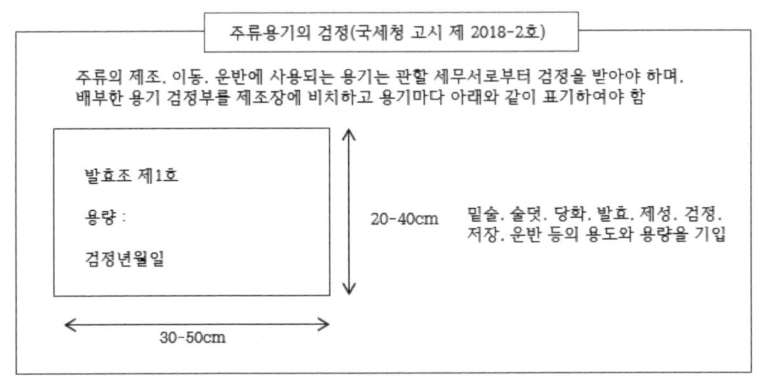

주류용기의 검정(국세청 고시 제2018-2호)

다. 제조방법 신청

○ 신규 주류제조면허자의 경우 제조방법신청서를 관할 세무서에 제출하여 승인받은 제조방법에 의한 주류를 제조하여야 함

- 제조방법을 변경 또는 추가하고자 하는 때에는 예정일 15일 전에 제조방법신청서를 작성하여 관할 세무서장에게 승인신청을 하여야 함

  * 주원료의 사용량 변경, 첨가물료의 추가 또는 변경, 발효제의 변경 등은 중요한 변경사항이므로 반드시 관할 세무서장에게 제조방법 승인신청을 하여야 함

○ 제조방법신청서 작성 시 유의사항

- 식물 : 「식품위생법」상 허용되는 식물만 사용 가능

  * 인터넷 홈페이지 : 식품의약품안전처 식품안전정보포털(http://www.foodsafetykorea.go.kr) → 식품전문정보 → 식품원료 → 식품원료목록에서 사용 가능여부 확인

- 첨가재료 : 주세법시행령에 규정된 것만 사용 가능

  * 인터넷 홈페이지 : 식품의약품안전처 식품안전정보포털(http://www.foodsafetykorea.go.kr) → 식품·안전 정보 → 식품첨가물 정보 → 품목별 기본정보에서 사용기준 검색 가능

○ 기타 첨부 서류 작성요령

1) 제조공정설명서

○ 제조공정도

- 상표명 및 제조방법 기호
- 제조공정도 도표

○ 제조공정설명

- 제조공정 순서에 따라 기재
- 2개 이상의 유형의 공정이 있는 경우, 또는 다른 공정을 거쳐 생산된 원료가 투입되는 경우 등 특이사항은 각각 작성
- 식물, 과실, 식품첨가물 등을 사용한 경우 공정단계에 반드시 표시하고, 식품첨가물의 경우 식품기준 관련문서(품목보고서, 수입면장 등) 첨부
- 가열, 살균, 여과 공정이 있을 경우 추가 기재, 특히 살균여부 반드시 기재

- 추출공정이 있을 경우 추출용매, 원료사용량 등을 반드시 기재
- 기타 효소 등을 첨가할 경우 종류를 기재

2) 제조방법(신규·추가·변경)사유서

○ 설비의 개량, 공정개선 등으로 각종 비율이 변경된 경우 그 사유를 상세 기재

○ 기타 특이사항 기재

라. 주류 분석 감정 관련 사항

○ 주류제조방법(신규·추가·변경) 승인 이후 최초로 생산한 주류에 대해 관할 세무서에 출고 전 주질감정을 신청하여야 하며 주류면허지원센터의 주질 감정에 적합판정을 받은 후 출고하도록 함

주질감정 업무처리 절차

구 분	내 용
주질감정 신청	• 주류제조자 : 주류제조 후 채취 신청
채취 및 발송 (세무서)	• 관할 세무서 담당자 주류제조장에 출장
	• 분석시료 채취 - 병입·포장 단위로 3-6본 채취 - 병입되지 않은 주류는 500㎖ 기준 3본 채취
	• 채취표 날인·첩부 - 채취표 1부, 채취조서 2부 작성, 채취자·참여자 날인 - 채취표는 채취물품에 첩부, 병마개 봉인 • 포장 등 운송준비 완료, 공문 발송
배 송	• 택배배송(또는 직접운송) → 배송기간 추가 소요됨을 감안하여 배송
주류면허지원센터	• 채취물품 주류면허지원센터 도착 - 비살균주는 3본 접수 즉시 항온기(3℃ 이하) 보관 • 접수순서별 주질 감정, 분석 - 규격위반 시 1본은 냉장보관 후 이의 없으면 폐기 • 감정결과 세무서에 통보(전자문서)
통 보	• 세무서에서 주류제조자에게 결과 통보

* 불량 또는 부패주류는 담당공무원 참여하에 폐기 또는 변성하여 처리

○ 주류의 수출, 군납, 자가참고용 등으로 분석·감정서(영문감정서 포함)가 필요한 경우에 주류제조면허자 또는 주류판매면허자가 감정 의뢰할 수 있음

신청구분	채취자	분석의뢰 접수	구비서류
군납·수출용	관할 세무서 담당자	관할 세무서장	분석·감정의뢰서, 주류견본채취조서, 주류견본채취표
자가참고용	주류 제조·판매 면허자	주류 제조·판매 면허자	분석·감정의뢰서, 주류견본채취표

- 분석감정서 민원발급 신청 절차와 분석·감정의뢰서 서식은 주류면허지원센터 홈페이지(http://i.nts.go.kr/) 자료실 27번 게시물 참조
- 분석·감정의뢰 시 수수료는 정부전자수입인지를 구입하여 분석·감정의뢰서에 첩부
  * 수수료 : 분석 1항목 당 1200원, 감정서 사본 1부당 300원

○ 주류배송 시 파손되지 않도록 스티로폼 박스 등으로 포장하여 배송
- 비살균주류의 경우 하절기(5~9월)에는 세무서에 비치된 특수냉장 포장박스에 냉장포장하고, 그 외 계절은 냉장 포장박스 또는 스티로폼 박스 등에 냉장포장하여 배송
- 비살균주류는 다음과 같이 요일별 배송기간을 고려하여 배송

배송신청 요일	택배배송 방법
월, 화, 수(오전)	익일택배 또는 일반택배(평균 2일 소요)로 배송 * 익일택배 가능한 택배사 : 우체국택배(서울과 수도권 일부지역에 한함), 한진택배
수(오후), 목	발송을 자제하되 긴급한 경우 항공택배(익일 이내 도착)로 발송
금	발송 금지

* 수요일 오후 이후 일반택배로 배송할 경우 배송기간이 4~5일 소요될 수 있어 비살균주류 변질 우려

4. 판매관리

가. 상표신고

○ 세무서[국세청 고시 제2017-12호]

- 주류제조자가 상표를 사용하거나 변경하려는 때에는 사용개시 2일 전(최초로 사용하는 상표 또는 주요 도안의 변경 시에는 10일 전)까지 제조장 관할 세무서장에게 신고하여야 함
- 판매하기 전 관할 세무서에 해당 주류의 출고가격 및 상표에 대하여 사용 개시 2일 전까지 신고하여야 함

○ 식약처 〔식품위생법 시행규칙 제45조〕

- 제조하려는 주류 각각에 대하여 「식품위생법 시행규칙」 「별지 제43호 서식」에 따라 작성한 품목제조보고서를 제품생산 시작 전이나 시작 후 7일 이내에 작성 및 제출

나. 소규모 주류의 유통

○ 소규모 주류는 병입한 주류를 제조장에서 소비자에게 직접 판매 가능

- 제조자는 용기주입시설 및 세척시설, 냉장보관시설을 갖추고 납세증명표지(청주, 맥주)와 식품 등의 표시기준(식약처 고시)에 따른 상표 등을 부착하여야 최종소비자에게 판매 가능
- 이 경우 주류의 용도구분 표시는 생략할 수 있음

○ 소규모 주류를 영업장에서 판매하기 위해 이동·저장 용기를 사용하는 경우 용기에 용량, 검정 연월일과 식품 등의 표시기준(식약처 고시)에서 정하는 사항을 표시하고 판매 전까지 주류의 규격 위반 등이 발생하지 않도록 냉장시설 등을 이용하여 보관

○ 소규모 주류 외부유통 판매(종합주류도매업자, 특정주류도매업자를 통한 판매 포함) 가능

- 제조자는 용기주입시설 및 세척시설, 냉장보관시설 등을 갖추고 납세증명표지(청주, 맥주)와 식품 등의 표시기준(식약처 고시)에 따른 상표 등을 부착하여 판매

  * 여과·살균시설을 갖추거나 냉장유통·보관시설 갖추어 판매, 운반하여야 함

- 주류소매업의 면허를 받은 자, 백화점·슈퍼마켓·편의점 또는 이와 유사한 상점에서 주류를 소매하는 자에게 판매

- 카지노사업장 또는 항공기, 선박에서 무상으로 주류를 제공하는 자에게 판매하는 방법

다. 소규모 주류 출고가격 신고

○ 주류의 제조장 출고가격을 변경(신규 포함)하는 자는 변경일로부터 2일 이내에 출고가격신고서를 제출

○ 출고가격의 계산

- 출고가격 = 과세표준(제조원가 + 이윤) + 주세 + 교육세 + 부가가치세

구 분	탁주	약주	청주	맥주
주세율	5%	30%	30%	72%
교육세율	-	-	10%	30%
부가가치세율	10%			

예시) 탁주의 제조원가 950원에 이윤 50원을 붙였을 경우 출고가는?

① 과세표준 = 제조원가 950 + 이윤 50 = 1000원

② 주세 = 1000 × 주세율 5% = 50원

③ 교육세 = 교육세 면제 = 0원

④ 부가가치세 = (과세표준 1000 + 주세 50 + 교육세 0) × 부가가치세율 10% = 105원

∴ 출고가 = ① + ② + ③ + ④ = 1155원

○ 소규모 주류의 출고가격

- 탁주, 약주, 청주의 경우, 통상의 제조수량에 따라 계산되는 제조원가에 통상이윤상당액(제조원가의 10%)을 가산한 금액에 해당 주조연도의 과세대상인 탁·약주 및 청주 출고수량을 기준으로 하여 다음의 구분에 따른 비율을 곱한 금액으로 함

① 먼저 출고된 5kℓ 이하 : 100분의 60

② ①의 수량 이후 출고된 5kℓ 초과 수량 : 100분의 80

- 맥주의 경우, 통상의 제조수량에 따라 계산되는 제조원가에 통상이윤상당액(제조원가의 10%)을 가산한 해당 주조연도의 과세대상인 맥주의 출고수량을 기준으로 하여

다음의 구분에 따른 비율을 곱한 금액으로 함

① 먼저 출고된 200kℓ 이하 : 100분의 40

② ①의 수량 이후 출고된 200-500kℓ 이하의 수량 : 100분의 60

③ ②의 수량 이후 출고된 500kℓ 초과 수량 : 100분의 80

④ 쌀 함량 20% 이상인 맥주 : 출고수량 전체의 100분의 30

* 제조원가 = 원료비 + 부원료비 + 노무비 + 경비 + 일반관리비(판매비 포함) 중 당해 주류에 배부되어야 할 부분으로 구성되는 총금액

5. 세무신고 및 식약처 의무사항 안내

가. 주세 신고 납부

○ 매 분기 주류 제조장에서 출고(제조장에서 음용 등 주세법 제29조에 따른 출고 간주 포함)하는 경우 주세과세표준 신고·납부

○ 주류의 종류, 알코올분, 수량, 가격, 세율, 산출세액, 공제세액, 환급세액, 납부세액 등을 적은 신고서를 출고한 날이 속하는 분기의 다음달 25일까지 관할 세무서장에게 제출

○ 교육세가 부과되는 주류(청주, 맥주)의 경우 교육세 과세표준 및 산출세액 등을 기재하여 신고·납부

나. 부가가치세 신고 납부

○ 부가가치세

- 상품을 판매하거나 서비스를 제공할 때 거래금액에 일정금액의 부가가치세를 징수하여 납부
- 부가가치세 = 매출세액(과세표준×세율) - 매입세액

○ 신고·납부 방법

- 부가가치세는 아래 과세기간으로 하여 확정 신고·납부
- 법인사업자의 경우에는 예정 신고·납부(4월, 10월) 및 확정 신고·납부(7월, 다음해 1월)를 모두 해야 함

사업자	과세기간	확정 신고대상	확정 신고 납부기간
일반과세자	제1기 1.1 ~ 6.30	1.1 ~ 6.30까지 사업실적	7.1 ~ 7.25
	제2기 7.1 ~ 12.31	7.1 ~ 12.31까지 사업실적	다음해 1.1 ~ 1.25
간이과세자	1.1 ~ 12.31	1.1 ~ 12.31까지 사업실적	다음해 1.1 ~ 1.25

○ 주의사항

- 주류제조자의 부가가치세는 제조원가, 이윤, 주세, 교육세의 총액에 부가가치세율을 적용하여 계산됨

다. 종합소득세 신고 납부

○ 종합소득세는 개인이 지난해 1년간의 경제활동으로 얻은 소득에 대하여 납부하는 세금으로서 모든 과세대상 소득(이자·배당·사업·근로·연금·기타)을 합산하여 계산하고, 다음해 5월 1일부터 5월 31일까지 관할 세무서에 신고·납부

- 매년 11월에 소득세 중간예납세액을 납부하여야 하고, 다음해 5월 확정신고시 기납부세액으로 공제

○ 소규모 주류제조장을 운영하는 사업자는 장부를 비치·기장하고 사업소득금액(총수입금액에서 필요 경비를 차감한 금액)에 대하여 6-42% 세율로 계산한 소득세를 납부

라. 식품 제조·가공업 영업등록

○ 「식품위생법」 제37조 및 동법 시행령 제26조의2에 따라 주류를 제조하는 경우에는 식품의약품안전처에 등록을 하여야 함

- 「식품위생법 시행규칙」 제36조(별표14)의 식품제조·가공업 시설기준 등을 갖춘 후, 「식품위생법 시행규칙」 별지 제41호의2 서식의 신청서 및 첨부서류를 구비하여 관

할 지방식약청에 등록 신청

마. 「식품위생법」에 따른 자가품질 검사

○ 「식품위생법」 제31조에 따라 식품(주류) 제조·가공업자는 각 주류별 정해진 자가품질 검사 항목에 대해 3개월마다 1회 이상 검사하고 검사결과를 2년간 보관하여야 함

- 자가품질위탁 시험·검사기관*에 위탁하여 검사할 수 있음

* 자가품질위탁 시험·검사기관 조회 : 식품의약품안전처 홈페이지 → 정책정보 → 시험검사기관 지정현황 → "식품 및 축산물 민간시험기관 현황" → "자가품질위탁 시험·검사기관"

○ 주류면허지원센터는 주류제조자가 자가품질검사 의뢰 시 「식품·의약품분야 시험·검사 등에 관한 법률」에 따라 시험·검사 성적서를 발급할 수 있음

신청구분	채취자	분석의뢰 접수	구비서류
자가품질검사용	주류제조면허자	주류제조면허자	분석·감정의뢰서, 주류견본채취표

- 자가품질검사 의뢰절차 및 관련서식 등은 주류면허지원센터 홈페이지(http://i.nts.go.kr/) 자료실 22번 게시물 참조

* 수수료는 식품의약품안전처 고시에 준하며 정부전자수입인지를 구입하여 분석·감정의뢰서에 첩부

분석항목	수수료	비 고
메탄올	53,000원	수수료 변경 예정
알데히드	20,000원	
총산	8,600원	-
보존료	43,000원	-
납	76,700원	-
중금속	14,700원	-
염화물	8,600원	-

* 식약처 고시 개정에 따라 '19.2월 수수료 변경 예정
(메탄올 53,000원→23,400원, 알데히드 20,000원→23,400원, 메탄올과 알데히드를 동시에 분석시 28,400원)

참고문헌

1 정철 외 4, 《맥주개론》, 광문각, 2016, pp.17–18.

2 Garrett Oliver, *The Brewmaster's Table*, Win, 2005, p.24.

3 정철 외 4, 전게서, p.25.

4 Garrett Oliver, op. cit., pp.28–29.

5 이윤주, "비어벨트를 찾아서", 주간한국, 2010.9.28.

6 조슈아 M. 번수타인 저, 정지호 역, 《맥주의 탄생부터 크래프트 맥주의 세계까지》, 푸른숲, 2013, pp.72–74.

7 무라카미 미쓰루 저, 이현정 역, 《맥주, 문화를 품다》. 알에이치코리아, 2012, pp.287–288.

8 마크 드렛지 저, 유지연 역, 《크래프트 비어 월드》, AgendA, 2016, pp.12–13.

9 정철 외 4, 전게서, p.483.

10 원융희, 《맥주의 세계》, 살림, 2013, pp.22–24.

11 구본자 외 4, 《수제 맥주 창업론》, 한올, 2017, p.29.

12 Garrett Oliver, *op. cit.*, pp.5–6.

13 Garrett Oliver, *op. cit.*, pp.7–9.

14 Garrett Oliver, *op. cit.*, pp.10–11.

15 Garrett Oliver, *op. cit.*, p.13.

16 구본자 외 4, 전게서, pp.38–40.

17 백남길·김장호, 《외식창업경영》, 지식인, 2014, pp.18–19.

18 임현철 외 2, 《외식창업실무지침서》, 한올출판사, 2012, p.21.

19 강태봉, "성장 가능성 높은 아이템, 크래프트 비어에 주목!", 외식뉴스, RGM컨설팅, 2018.4.20.

20 강태봉, "직원과의 신뢰로 회사부도와 자연재해 극복", 외식뉴스, RGM컨설팅, 2018. 5.8.

21 송정, "맥주 더 맛있게 마시려면 잔부터 바꿔라", 중앙일보, 2018.10.30.

22 국세청주류면허지원센터, 《소규모 주류제조자를 위한 가이드 북》, 2018, p.5.

23 최경석, 《음식점창업 무작정 따라 하기》, 길벗, 2009, p.36.

24 백남길·김장호, 전게서, p.232.

25 경상북도, 〈하우스맥주 관광 자원화 방안 기본구상〉, 2015, p.14.

26 경상북도, 상게 보고서, p.22.

27 경상북도, 상게 보고서, p.13.

28 경상북도, 상게 보고서, p.27.

29 정봉원·정성휘, 《외식사업과 창업론》, 형설, 2018, pp.118-119.

30 알 리스, 잭 트라우트 저, 이수정 역, 《마케팅 불변의 법칙》, 비즈니스맵, 2008, p.37

31 정봉원·정재원, 《관광과 호텔을 위한 마케팅》, 형설, 2017, pp.76-77.

32 A. Humphrey, "SWOT Analysis for Management Consulting", SRI Alumni Newsletter, 2005, p.1.

33 고재용 외 2, 《사례로 배우는 마케팅》, 파워북, 2014, p.112.

34 Philip Kotler·Johe Bowen·James Makens, *Marketing for Hospitality and Tourism*, 3rd ed., Prentice Hall, N.J., 2014, p.223.

35 정봉원, 〈농촌체험관광 6차산업 선도경영체 육성사업 컨설팅 : 청도읍성 수제 맥주 사업계획서〉, 청도읍성협동조합, 2018.

36 김철환, "디지털 마케팅 2015년 핫이슈 결산 & 2016년 전망", 블로터, 2015.11.25.

37 마크 드렛지 저, 유지연 역, 《크래프트 비어 월드》, AgendA, 2016, pp.39-40.

38 국세청주류면허지원센터, 《소규모 주류제조자를 위한 가이드 북》, 2018, pp.5-24.

찾아보기

저자소개

구본자

현재) 대구가톨릭대학교 식품가공학과 박사과정, 대경대학교 식음료산업학과 교수, 대경대학교 글로벌양조 경영원 원장, 대한수제맥주학회 부회장, (사)대구음식문화포럼 기획이사

저서) 수제 맥주 창업론(한올)

경력) 2018. korea Home Brewing Championship(Stout부분 1위), 청도복숭아 맥주, 감맥주 연구 및 개발, 대구약령시 야관문, 홍삼 맥주 연구 및 개발, 포항 이모 맥주 연구 및 개발, 포항 부추 맥주 연구 및 개발, 밀양 얼음골 사과 맥주 연구 및 개발, 밀양 얼음골 사과 맥주 제조기법 강의, 괴산 대학찰옥수수 맥주 제조기법 강의, 대구치맥페스티벌 수제 맥주산업화 경진대회 심사위원, 대구 맥주학교 운영(2014-2017년)

정봉원

현재) 경영학 박사, 영진전문대학교 글로벌호텔항공관광계열 교수, 대한수제맥주학회 회장, (직)영진산업인력개발원 원장, 대구음식문화포럼 부회장

저서) 외식사업과 창업론(형설출판사), 관광과 호텔을 위한 마케팅(형설출판사), 대인관계 성공전략(영진전문대학 출판부), 감성리더십(영진전문대학 출판부), 고객만족 벤치마킹 리엔지니어링 S곡선(두리비즈니스컨설팅), 설득을 위한 대화의 기술(한국경제신문사), 행복한 일터의 커뮤니케이션(한언)

경력) 원불교. 하이닉스반도체, 현대중공업, LG전자, LG필립스LCD, 코오롱, 이수페타시스, 평화발레오, 희성전자, 동부하이텍, 대구경북여성과학기술인지원센터, 경북새일지원센터, 대구백화점, 동아백화점, SK-에론, 노동부, 대구(경인)노동청, 조폐공사, 한국도로공사, 부산교육청, 대구교육청, 현대자동차, 고용노동연수원, 대한영양사협회, 전라북도영양사협회 외 다수

신석호

현재) 관광경영학 박사, 영남대학교 식품경제외식학과 겸임교수, 대한수제맥주학회 상임이사, 미래경영교육원 원장, 경북농업6차산업 전문위원, 경북농민사관학교 책임교수

저서) 여행기획상품론(백산출판사) 외 다수

경력) 경북농업마이스터대학 초대학장, 경북농업FTA 위원 역임, 경북도청, 경북농업기술원 및 산하기관, 경찰공무원 외 기업체 교육 다수

이재훈

현재) 관광학 박사, 영진전문대학교 글로벌호텔항공관광계열 교수, 한국호텔관광학회 이사, 조주기능사 자격시험 심사위원(실기, 필기), 일학습병행제, 과정평가형 시험 출제위원, NCS기반 직무평가 ISC위원

저서) 호텔 식음료 실무론(2003, 백산출판사), 호텔외식 음료경영실무론(2007, 백산출판사), 음료서비스실무론(2015, 기문사)

경력) 경희대학교 대학원 호텔경영학과 박사, 세종대학교 세계경영 대학원 호텔경영석사, 웨스틴 조선호텔(신세계) 등 5성급 호텔 식음료, 구매, 영업지원 근무, 경희대학교 관광대학 겸임교수 역임, (주)이참 에프앤비 대표이사 역임, 한국 호텔 구매자협의회 섭외부장 역임, 호텔관리사 자격 취득, 조주기능사 자격 취득, 커피마스터 자격증, 관광경영학회 이사 역임, 외식산업학회 상임이사 역임, 소상공인진흥원

크래프트 맥주 창업론
소규모 크래프트 맥주 전문점 창업 가이드북

인쇄 2019년 7월 10일 1판 1쇄 **발행** 2019년 7월 15일 1판 1쇄

지은이 구본자 · 정봉원 · 신석호 · 이재훈
펴낸이 강찬석
펴낸곳 도서출판 미세움
주소 (07315) 서울시 영등포구 도신로51길 4
전화 02-703-7507 **팩스** 02-703-7508 **등록** 제313-2007-000133호
홈페이지 www.misewoom.com

정가 15,000원

이 도서의 국립중앙도서관 출판예정도서목록(CIP)은 서지정보유통지원시스템 홈페이지(http://seoji.nl.go.kr)와 국가자료종합목록 구축시스템(http://kolis-net.nl.go.kr)에서 이용하실 수 있습니다.
CIP제어번호: CIP2019022192

ISBN 979-11-88602-21-6 03320